TOUTE VÉRITÉ EST BONNE À DIRE

CLAUDE ALLÈGRE

TOUTE VÉRITÉ EST BONNE À DIRE

Entretiens avec Laurent Joffrin

Robert Laffont / Fayard

ISBN 2-221-09307-0

Mes trois années passées au ministère de l'Éducation nationale, de la Recherche et de la Technologie furent trois années de réformes destinées à préparer la France à entrer dans le nouveau siècle ; trois années de passions, de tensions, d'émotions, de créations, de négociations partagées par mon cabinet, les directeurs multiples, les recteurs, les présidents d'universités et des centaines de personnes qui m'ont suivi dans les rudes chemins des réformes pour construire cette vaste entreprise collective. Comme moi, ils croient que l'engagement pour bâtir l'avenir de notre jeunesse vaut bien tous les risques.

C'est à eux tous, avec qui j'ai eu le plaisir de travailler et de partager des moments inoubliables, c'est aux milliers de personnes qui m'ont témoigné leur soutien, que je veux dédier cet ouvrage.

Claude Allègre

1

La blessure

Laurent Joffrin : Samedi 25 mars 2000, vous déjeunez avec Lionel Jospin à Matignon. C'est un déjeuner crucial. Le Premier ministre a décidé de remanier le gouvernement. Jospin va vous annoncer, à vous l'ami de quarante ans, le ministre de l'Éducation, qui jouez un rôle essentiel dans son dispositif, qu'il se passe de vos services...

Claude Allègre : C'est un mauvais souvenir, c'est vrai. Je n'ai pas vu le Jospin que j'aime. Il revenait du Conseil national du PS auquel je n'avais pas voulu assister. Il portait un costume marron sombre avec une cravate grise ; il était tendu – je m'en souviens très bien. Après un bref accueil dans le fumoir, nous sommes vite passés dans la salle à manger. C'est un endroit incommode à cause des serveurs qui entrent et qui sortent : dès qu'on discute d'affaires importantes, il faut attendre qu'ils aient fait leur travail pour parler. Jospin était froid et mal à l'aise, fermé et fuyant. Nous disions tous depuis toujours : il y a Lionel et il y a Jospin. Lionel est chaleureux, drôle, bon camarade, direct, simple et facile. Jospin peut être forcé, raide, formel, solennel, cassant parfois, il a l'esprit de sérieux de celui qui entre dans un rôle d'homme d'État, il revêt une sorte de corset institutionnel. Là, c'était le Jospin des mauvais jours. Il m'a expliqué que la situation avec les enseignants du secondaire était trop tendue, que le PS craignait des représailles électorales, bref, que le rapport des forces était défavorable. C'est le grand credo de Jospin : il faut analyser le rapport des forces et se caler sur la résultante; tout le reste est secondaire. De ce point de vue, il est bien l'héritier fidèle de Mitterrand. Comme on ne pouvait pas trop réduire mes attributions et qu'un redécoupage des responsabilités gouvernementales – indispensable si on voulait me donner un poste important – était trop complexe, il m'a déclaré : « Le mieux est que tu sortes du gouvernement. » J'ai objecté qu'on pouvait faire le gros dos, attendre, tenir, que l'opinion nous en serait reconnaissante. Cela lui paraissait impossible. À son attitude, j'ai pensé qu'il était inquiet. Il m'a dit : « On réfléchit encore, et je te rappellerai avant lundi, mais je crois que c'est la bonne solution. » Il n'était pas à l'aise. Je crois sincèrement que c'était aussi pénible pour lui que pour moi et que son attitude était une protection contre lui-même, contre son cœur qui risquait de l'incliner à faire ce que sa raison lui interdisait.

L.J. : Vous affirmez : « Jospin était inquiet. » N'est-ce pas, simplement, qu'il avait trouvé le moyen de sortir d'une difficulté en sacrifiant deux ministres? Ce n'est pas une manifestation d'inquiétude ou de peur. C'est un calcul politique...

C.A. : Peut-être, mais c'était un mauvais calcul, en tout cas du point de vue chronologique. Remanier éventuellement, mais pourquoi à ce moment? Peut-être avait-il raison, mais je jugeais cela trop rapide et trop brutal. Cela donnait le sentiment qu'on cédait à la pression.

En fait, il ne m'a pas dit l'essentiel ce jour-là : il voulait surtout faire entrer Fabius dans le gouvernement. Ce qui, compte tenu de notre histoire commune, aurait impliqué une petite explication qu'il ne voulait pas avoir.

L.J. : S'il vous avait proposé de rester au gouvernement avec Fabius aux Finances, auriez-vous accepté?

C.A. : Je préfère ne pas répondre à une question qui ne s'est pas posée. Depuis quelques mois, Fabius avait fait entendre une petite musique différente, à la manière de Blair, notamment en plaidant pour la baisse des impôts. Jospin en avait été irrité. Puis il y a eu le voyage en Israël. Parlant du Hezbollah, Jospin a employé le terme d'agressions « terroristes », alors qu'un accord mis sur pied par la France prévoyait qu'on s'abstiendrait d'une telle caractérisation quand le Hezbollah s'attaquerait à l'armée israélienne qui occupait le Sud-Liban. Les médias ont donné à ce qui n'était sans doute qu'un lapsus un retentissement considérable. Il s'en est voulu. Il tient la maîtrise du discours pour un des attributs essentiels de l'homme politique. Il ne cessait de nous faire la leçon sur ce point. À partir de cet incident, il a eu un passage à vide.

L.J. : La faute n'est-elle pas bénigne ? Après tout, Jospin avait fait la preuve de sa capacité. Sa situation globale restait bonne. Il était toujours le leader de la gauche et son candidat probable à la présidentielle...

C.A. : C'est vrai. Pour moi, l'affaire a été exagérément grossie par les médias. Mais elle a compté. En général, Jospin a une grande confiance en lui, notamment dans la manière de communiquer. Il se tient pour le meilleur successeur de Mitterrand. Il n'est pas un obsédé de l'ambition, un drogué du pouvoir, bien au contraire. Il regarde son propre sort avec une sorte de fatalisme. Il a une vie en dehors de la politique. Mais quand il voit une ouverture, il connaît ses qualités, il la saisit. Et, là, il est tout entier dans l'action, avec une grande exigence à l'égard de lui-même et une grande clarté d'esprit. Ce lapsus israélien l'a affecté. Il a commencé à se faire du souci. Il y avait eu l'affaire malheureuse de la cagnotte budgétaire qui attisait les revendications, les grèves de Bercy, l'agitation soudaine des profs, puis trois partielles qu'il croyait gagner, dont deux ont été perdues, une baisse importante dans les sondages. Selon moi, il éprouvait le besoin de reprendre la main dans une situation instable. Il craignait aussi une contagion sociale, comme Juppé en avait rencontré en 1995. François Hollande le poussait au remaniement au nom du PS. Le groupe parlementaire devenait un peu turbulent. Bref, il sentait la nécessité de bouger. Alors il a voulu rassembler tous les socialistes, toutes les tendances, ce que je peux comprendre. Mais, à mon avis, il l'a fait à un mauvais moment, en donnant l'impression de céder à la rue. C'est ce que j'ai mal compris et mal accepté.

L.J. : Vous voulez dire que vous avez eu avec lui un différend total...

C.A. : Total, non, mais un différend. Ce n'était pas la première fois. Au cours du temps, il est arrivé à plusieurs reprises que nous soyons en désaccord sur l'analyse politique. Avec des buts et des objectifs communs, nous divergions sur la manière d'y parvenir. Il a souvent eu raison, mais pas toujours. Par exemple en 1994, quand il croyait sa carrière politique finie. Après tout, nous n'étions pas si nombreux à croire à son avenir....

L.J. : Vous êtes-vous senti trahi ?

C.A. : Trahi, non, abandonné, oui. Dans les deux dernières années, je n'avais pas grand-chose à me reprocher. Matignon n'avait tiré aucune sonnette d'alarme, ne m'avait pas critiqué sur ma gestion. La décision m'a paru précipitée et injuste.

L.J. : Revenons en arrière. Au début janvier 2000, lorsque vous présentez vos vœux à la presse, vous êtes serein. Vos réformes s'appliquent et le front syndical est calme. Trois mois plus tard, vous êtes écarté du gouvernement dans un climat d'hallali. Que s'est-il passé entre-temps ?

C.A. : L'explication est très simple : j'ai été victime d'une opération organisée qui a conduit Lionel Jospin à me sacrifier. Ce n'est pas la colère des enseignants contre tel ou tel projet qui m'a fait tomber, c'est un complot, une cabale préparée patiemment, souterrainement, par les forces conservatrices du monde enseignant contre la personne du ministre. Dans un ministère qui était totalement aux mains des syndicats depuis des années et en particulier d'un syndicat depuis quatre ans, j'avais remis les choses en place, restauré l'autorité du ministre, j'avais engagé des réformes qui bénéficiaient aux élèves (et pas seulement aux enseignants), j'avais mis cette société éducative en mouvement, tout en m'attaquant à la maîtrise des dépenses, bref, j'incarnais la Réforme avec un grand R d'une manière qui était devenue insupportable pour eux. Ces forces n'ont eu de cesse que de me faire partir.

L.J. : Quelles sont ces forces conservatrices ?

C.A. : Le SNES, le principal syndicat de l'enseignement secondaire, qui a su trouver l'appoint d'un certain nombre d'enseignants et d'intellectuels attachés aux méthodes pédagogiques les plus traditionnelles et à un enseignement élitiste qui n'existe plus. Le SNES n'a pas hésité à s'allier au syndicat de droite le plus extrême, le SNALC.

Le SNES voulait sa revanche. Un an plus tôt, nous lui avions infligé une défaite majeure en faisant adopter les réformes sans qu'il puisse s'y opposer, faute d'une mobilisation suffisante. Tout-puissant sous Bayrou, le SNES était redevenu un syndicat comme les autres. Naturellement, je l'avais associé à toutes les discussions, à toutes les négociations concernant la réforme du second degré. Mais son extraordinaire capacité à s'opposer à toute réforme avait été vaincue, son obsession de créer des postes, des postes, encore des postes, avait été maîtrisée. Il ne contrôlait plus les nominations, les mutations et les promotions des enseignants. Pour la première fois depuis des décennies, son pouvoir avait été battu en brèche. J'étais devenu son ennemi personnel, psychologiquement et politiquement. Un an après ma nomination, je le sais, Monique Vuaillat, la secrétaire générale du SNES, a dit à François Bayrou : « J'aurai sa peau. »

Avec mon équipe, nous ne nous sommes pas aperçus immédiatement de la tactique souterraine mise en œuvre. Nous avions quelques difficultés dans la gestion de la carte scolaire (dont, en principe, je ne m'occupais pas), et certains collèges, dans le Midi par exemple, demandaient des moyens supplémentaires. Ce n'était pas très difficile à résoudre. De la même manière, la réforme du statut des professeurs de l'enseignement professionnel se heurtait à des oppositions qu'on pouvait facilement surmonter par la négociation. Rien de terrible. Puis j'ai vu tout à coup éclore des polémiques parfaitement artificielles : je voulais, disait-on, supprimer la dissertation, rumeur ridicule qui suscitait des textes enflammés dans les journaux (avec la complaisance particulière de l'un d'eux, *Le Monde*, qui publiait les attaques et non les réponses ou les lettres favorables) ; je voulais réformer l'enseignement des maths et le remplacer par l'usage des ordinateurs, bruit tout aussi inepte. Puis on m'a fait savoir que tout cela participait d'un plan, d'une stratégie d'ensemble...

L.J. : « On » vous a fait savoir... Qui ?

C.A. : Tous les syndicalistes ne m'étaient pas hostiles... J'ai appris que le SNES avait réuni un important budget de communication, que l'on alimentait la protestation en y ajoutant des attaques personnelles violentes, que les sites Internet « anti-Allègre » avaient été réactivés, que les rumeurs les plus affolantes s'y propageaient. J'ai même su que la direction du SNES se considérait en difficulté et qu'elle devait à tout prix obtenir un succès de cette nature. L'un de ses dirigeants, Denis Paget, a écrit dans *L'Humanité*, après mon départ du ministère : « C'était lui ou nous. » Propos ridicules : je n'ai jamais eu l'ambition de détruire ce syndicat. Mais cela exprimait bien l'état d'esprit guerrier de son état-major.

L.J. : Mais enfin, les profs qui vous critiquaient n'étaient pas tous manipulés par le SNES !

C.A. : Directement, non, bien sûr, indirectement, par imprégnation progressive, si. Mais, encore une fois, tout cela s'est déroulé à contretemps. En fait, nous étions entrés dans une phase d'apaisement. Les réformes étaient passées. Je me gardais depuis deux ans de tout propos abrupt, qui aurait pu réveiller les passions. Les choses rentraient progressivement dans l'ordre. Il suffisait de tenir. Les vacances n'étaient pas loin. Encore une ou deux semaines et la campagne faisait long feu. Le milieu n'était pas uni. Il n'y avait pas de front du refus contre moi. De plus, les parents d'élèves, après s'être laissé manipuler par un faux slogan – celui qui consistait à demander plus de moyens pour l'éducation –, commençaient à se mobiliser en ma faveur. On s'apercevait que le SNES voulait non seulement ma peau mais aussi celle de toutes les réformes. Or celles-ci ne sont pas si impopulaires qu'on l'a fait croire. La preuve en est, d'ailleurs, que mon successeur les a reprises pour l'essentiel, sans susciter autre chose qu'une opposition de forme. Depuis mon départ, j'ai reçu de très nombreuses lettres d'enseignants qui regrettent la tournure prise par les événements. Il ne fallait pas céder. Ma politique avait remis le SNES à sa vraie place, qui doit être celle d'un syndicat et non celle d'un gérant de fait du système éducatif. Que nous réserve l'avenir ?

L.J. : Vous pensiez gagner, mais on vous a lâché...

C.A. : Une partie des dirigeants du PS voulait me faire partir. Ils ont été intimidés par le chantage du SNES, qui a menacé de faire voter contre les socialistes aux prochains scrutins. Toutefois il faut bien dire que cette menace ne tient pas. Les « votes anti-Allègre » ont toujours été marginaux. Et, surtout, la reddition coûte bien plus cher que la résistance : dans l'épreuve, face à la rue, Jospin n'aurait pas dû céder. Surtout quand le mouvement était dans la phase de reflux.

L.J. : Il vous avait soutenu jusque-là sans faille...

C.A. : C'est parfaitement exact. Jospin, en fait, considérait que je devais réaliser les réformes qu'il n'avait pas pu faire, ou terminer, quand il était ministre de l'Éducation. Les réformes Allègre étaient très voisines dans l'esprit de celles qu'il avait lui-même engagées lorsqu'il était ministre et qu'il n'avait pas pu faire complètement aboutir, car le soutien du Premier ministre, mais surtout du président de l'époque, lui manquait. Le SNES, avec qui il avait cependant cherché à entretenir de bons rapports, lui avait créé aussi pas mal de difficultés. Il connaissait bien la musique... Il se souvenait des grèves contre lui et notamment celle des lycéens. Et il m'avait soutenu sans faiblesse au printemps 1999 où, pourtant, les affrontements avaient été plus rudes que ceux de 2000, mais enfin... Après la première manifestation de mars, il m'a appelé, très gentiment. Il était amical, affectueux, même. Il s'inquiétait de mon moral. Je lui ai expliqué la situation de la carte scolaire à Montpellier, ce que nous voulions faire. Il a juste dit : « Bon, bon, oui, très bien... » Ensuite, il y a eu la manifestation du 16 mars, plus nombreuse, plus agressive. Cette fois, il parlait à la télévision le soir même.

L.J. : Entre-temps, il y avait eu la grève de Bercy. Christian Sautter, lui aussi, était en mauvaise posture...

C.A. : Oui. Là aussi, il aurait fallu continuer la réforme lancée par DSK. À mon avis, le gouvernement en serait sorti renforcé et Lionel aussi. Cette réforme de l'administration des Impôts était nécessaire et populaire. Pourquoi avoir reculé? Nous avons regardé l'émission rue de Grenelle, avec mon cabinet. Je trouvais bizarre qu'il intervienne à la télévision un soir de manif...

L.J. : Et Jospin n'a pas prononcé votre nom...

C.A. : Ce n'était pas l'essentiel. Le plus important, c'est qu'il n'a pas prononcé le mot « réformes ». Pourtant, le matin même, nous avions interrogé son cabinet. On nous avait rétorqué : « Le Premier ministre réaffirmera la nécessité des réformes. » Le soir, plus rien. Nous avons compris : nous étions lâchés.

L.J. : Vous avez cherché à savoir ce qu'il en était, à prendre contact avec Jospin ?

C.A. : J'ai parlé au directeur de cabinet de Jospin, Olivier Schrameck. C'est un ami que je connais bien et que j'estime beaucoup. Je lui ai demandé si un remaniement se préparait. Il m'a répondu qu'il fallait le faire à froid, et non au milieu d'une crise. Il a ajouté : « Il faut que vous vous voyiez d'urgence, Lionel et toi. » Un déjeuner a été fixé au samedi, puis annulé. Jospin avait un calendrier très chargé : des rencontres internationales, la préparation du dossier sur les retraites, le discours lors du colloque sur la citoyenneté. Nous nous rencontrions dans telle ou telle manifestation officielle, par exemple aux assises de la citoyenneté organisées à la Défense par Martine Aubry et Jean-Pierre Chevènement ou au dîner d'État offert au roi du Maroc à l'Élysée le lundi. Mais il a fallu attendre plus d'une semaine et demie pour se parler en tête à tête. Entre-temps, Christian Sautter avait présenté sa démission. Il avait été blessé, lors de son audition au groupe socialiste, par quelques interventions très dures, notamment par celles de Paul Quilès et des fabiusiens, puis par le commentaire de Lionel à la télévision et son couplet sur le dialogue nécessaire. Il se heurtait à un mur syndical, soutenu en sous-main par des dirigeants et des députés du PS. Et surtout, quand Jospin a parlé des responsables de Bercy, il a dit dans une seule phrase : « Dominique Strauss-Kahn... Sautter... Florence Parly ». L'omission du prénom était un détail significatif. Christian était un fidèle, il était du premier noyau du groupe d'experts auprès de Lionel. Au moment du congrès de Rennes, il avait été le seul dans l'équipe de l'Élysée à se déclarer pour Jospin. Et voilà que Lionel disait « Sautter... ».

Jospin avait été interrogé sur le remaniement à RTL. Il avait répondu maladroitement, en utilisant une pirouette : « Ça s'annonce après », et les médias avaient aussitôt traduit : le remaniement est imminent. Le jeudi, Jospin et Sautter sont allés ensemble à Lisbonne. Je ne sais pas exactement ce qu'ils se sont dit, mais je sais que c'est là que Jospin a décidé de remanier vite : Christian Sautter voulait partir, quoi qu'il arrive. C'est Matignon qui avait souhaité la réforme de Bercy à l'origine. La réforme de l'État est un des serpents de mer de l'énarchie. Le ministère des Finances était un laboratoire. Sautter mettait en œuvre une réforme mal engagée mais qu'il avait été loin de concevoir seul. Là aussi, les responsables syndicaux ont employé le chantage auprès du parti. Ils ont actionné le groupe socialiste et fait pression. Hollande a relayé ces injonctions. Toujours est-il que Jospin s'est rendu à ses arguments. Il a décidé de retirer la réforme. À regret, je le sais, car il voulait vraiment réformer Bercy comme l'Éducation, d'ailleurs. Mais c'était l'état du rapport de forces, tout au moins tel qu'on le lui présentait... Du coup, il ne pouvait plus garder la même équipe.

L.J. : Qu'avez-vous fait après le déjeuner du samedi avec Jospin ?

C.A. : Ce qu'on fait dans ces cas-là. J'ai réuni quelques collaborateurs pour leur annoncer que nous faisions nos valises et je me suis occupé de les recaser honorablement. Il y avait une grande émotion, un abattement et, en même temps, un sentiment d'injustice. Ils ne comprenaient pas, certains étaient accablés, d'autres en colère. Jospin m'a rappelé lundi matin, juste avant l'annonce du remaniement. Il m'a confirmé ce que je savais : « Il vaut mieux que tu sortes. » Puis il m'a demandé ce qu'il fallait indiquer dans le communiqué de Matignon. Fallait-il écrire : « Il a été mis fin à sa demande aux fonctions de Claude Allègre », ou bien « Il a été mis fin », sans autre précision. En d'autres termes fallait-il annoncer que j'avais démissionné, ou bien que j'avais été congédié ? J'ai demandé cinq minutes pour réfléchir. Puis j'ai rappelé au bout de quatre minutes et j'ai dit : « Tu écris "mis fin" sans commentaire. Je veux qu'on comprenne que, moi, je ne cède pas à la rue. » J'ai demandé à Jospin qui me remplaçait. Il a préféré éluder. Quand Mitterrand l'avait évincé, en 1993, c'était au profit de Lang. Jospin avait lui aussi été blessé, car il trouvait cela injuste. À l'époque, j'avais été très solidaire de sa réaction. Puis Lang avait modifié, dilué, édulcoré les réformes qu'il avait faites, notamment sur le lycée, il avait signé des accords avec l'enseignement catholique – les accords Cloupet-Lang – auquel, malgré la pression personnelle de Mitterrand, il avait, lui, résisté. De tout cela, de quelques phrases aussi prononcées ultérieurement par Lang, il avait gardé une blessure. Au moment de la présidentielle, Lang avait dit : « C'est un loser. » Il y avait une distance entre eux.... Contrairement à moi-même qui ai toujours gardé de bons rapports avec Jack Lang. Ironie : Jospin me remplaçait à son tour par Lang. Il a sans doute craint une réaction un peu vive de ma part. Par-delà les personnes, Lang et Fabius étaient le symbole d'une époque et d'une manière de faire de la politique dont nous nous étions démarqués...

L.J. : À peine un mois de crise, et vous n'êtes plus ministre. Le choc est rude...

C.A. : Oui, c'est comme un feu de maquis en Corse. Au départ, il y a quelques flammèches, loin, dans la forêt. Le lendemain matin, votre maison n'est plus qu'une ruine noircie. Mais je ne regrette rien. Et chaque jour, depuis que je ne suis plus ministre, j'ai des témoignages de soutien de personnes qui ont cru en moi et en mes réformes ; par écrit, dans la rue, au restaurant... Je l'avoue, cela fait plaisir. J'ai toujours pensé qu'il fallait réaliser les réformes, même si l'on soulève critiques et résistances. On n'est pas ministre de la République pour soigner sa popularité et ne rien réformer. Enfin, ce n'est pas ma conception. Je regrette de ne pas avoir achevé ma tâche, bien sûr. Il y avait un gros travail à effectuer pendant la présidence française de l'Europe, notamment pour la Recherche et l'Université. Mais c'est la vie... La vie politique, en tout cas. En fait, au moment du changement de gouvernement, ma préoccupation essentielle a été l'avenir de mes réformes. La plupart étaient passées, mais deux restaient en suspens : celle de l'enseignement professionnel et celle des lycées. Allait-on les abandonner ? Ç'aurait été catastrophique. Car, après tout, si le sacrifice d'un poste ministériel a servi à faire adopter les réformes, c'est un moindre mal. J'ai donc échafaudé un plan pour défendre les réformes avec une pugnacité que certains ont trouvée excessive.

L.J. : Quel plan ?

C.A. : Je voulais faire clairement savoir à mes successeurs, Jack Lang, Jean-Luc Mélenchon et Roger-Gérard Schwarzenberg, que je ne laisserais pas mes réformes passer à la trappe par démagogie sans réagir. Je voulais alerter l'opinion qui, je le sais, me soutenait dans sa grande majorité, en particulier les parents d'élèves, pour les inviter à être vigilants. Ce qu'ils furent. Au total, la tactique a payé. Après quelques semaines d'incertitude, toutes les réformes ont été confortées.

L.J. : Quel était votre état d'esprit ?

C.A. : J'étais meurtri par l'injustice, par la soudaineté de la décision, et en même temps, aussi curieux que cela puisse paraître, soulagé et ravi de retourner à ce qui est la passion de ma vie : la recherche. Je retourne donc à mon métier de chercheur. Je ne peux pas m'en passer. La vie politique n'est pas la seule vie pour moi. Je suis navré de ce qui s'est passé, mais aussi fier et apaisé. Je n'avais pas envie d'être un ministre classique. J'ai l'habitude de déranger, je l'ai toujours fait dans toutes les étapes de ma vie, comme chercheur, comme professeur, comme directeur d'institut, comme animateur scientifique. Mon plaisir, c'est de créer, d'inventer, donc forcément un peu de bousculer. J'ai toujours été détesté par les uns, et beaucoup aimé par les autres. Sans doute, je ne prends parfois pas assez de temps pour expliquer mon action, pour dialoguer, pour convaincre, pour entraîner. Mais je suis tenaillé par une phrase de mon grand-père : « Qu'as-tu fait de ta vie ? » J'ai sans cesse peur de gâcher le temps qui m'est imparti. D'où cette volonté incessante de réformer. J'aurais pu être un bon gros ministre sympathique, dont on aurait dit : « C'est un bon ministre de l'Éducation : il ne fait rien. » La direction du parti socialiste m'aurait soutenu à fond...

J'ai préféré m'engager, quitte à prendre des coups. J'espère que, comme me l'a écrit un éminent collègue ministre, « une fois les passions retombées, l'Éducation nationale ne sera pas la même avant et après Allègre »...

2

Le dinosaure de l'Éducation nationale

LAURENT JOFFRIN : Votre nom est associé à cette phrase qu'on a reproduite des centaines de fois ces dernières années : « Il faut dégraisser le mammouth. » Le mammouth est votre emblème. Pourquoi préférer le dinosaure ?

CLAUDE ALLÈGRE : Le mammouth est l'ancêtre de l'éléphant. Géologiquement parlant, il est relativement récent. Les dinosaures, en revanche, vivaient à l'ère secondaire et ils étaient parents avec les reptiles. Pour parler de l'Éducation nationale, je préfère le mot « dinosaure ».

L.J. : Vous avez raison, ce sera beaucoup plus populaire auprès des profs !

C.A. : Mettons-nous bien d'accord. Les critiques que je fais s'adressent au système. Il n'a jamais été dans mes intentions d'attaquer « les profs ». Mon projet a toujours été de les entraîner dans la réforme pour les aider à se sortir d'une situation difficile. Quand j'ai dénoncé tel ou tel manquement, je visais une minorité. L'immense majorité des profs font un travail que la société moderne rend de plus en plus difficile. Mais l'Éducation nationale, elle, ressemble à un dinosaure. L'image du dinosaure correspond mieux au gigantisme et à l'inertie du système. Et n'oubliez pas – je parle en géologue – que les dinosaures ont disparu parce qu'ils n'ont pas évolué.

L.J. : Le mammouth était devenu un mot de passe...

C.A. : Oui, mais je désignais l'administration centrale de la rue de Grenelle et non l'ensemble de l'Éducation nationale... C'est vrai que le mot a fait fortune. Et je me souviens du premier sommet franco-allemand, quand mon collègue Jürgen Rüttgers m'a dit : « J'ai quelque chose pour toi, tu es une gloire en Allemagne, tu as ta photographie dans le *Frankfurter Allgemeine Zeitung*. C'est rarissime. D'habitude, il n'y a pas de photographie. » Il m'a donné le journal. J'étais effectivement en photo en dernière page avec cette légende : « *Der Mammouth Jäger* » (« le chasseur de mammouth »). Quelque temps après, on a interrogé Tony Blair sur sa réforme scolaire et on lui a dit : « Voulez-vous aussi dégraisser le mammouth ? » Il a répondu : « Je veux le supprimer. » Le mot a fait florès. Mais je le répète, le mot mammouth ne s'appliquait pas dans ma bouche à l'Éducation nationale en général mais à l'administration centrale que je voulais rendre plus svelte, moins omniprésente. J'ai d'ailleurs fait décroître cette administration centrale de plus de cinq cents personnes. Évidemment, les gens n'ont pas été mis à la porte ; ils ont été transférés plus près du terrain, dans les rectorats ou les universités (et souvent plus près de chez eux). Je n'avais pas l'idée de mettre à la porte qui que ce soit. C'était ridicule de penser cela. Je voulais assouplir et déconcentrer. Ni plus ni moins.

L.J. : Quand vous avez vu que le mot avait fait fortune, est-ce que vous ne vous êtes pas dit : « Au bout du compte, ce n'est pas si mal » ?

C.A. : Tout le monde a dit ça. Moi pas. Je n'étais pas très content. Mais, c'est un fait, tout le monde disait ça. Je me souviens d'un classement du *Journal du Dimanche*, quelques mois après : j'étais la cinquantième personne la plus populaire de France. Les experts en communication de mon cabinet trouvaient ça bien. Mais ce n'était pas ce que je recherchais. Pour moi, cela a été contre-productif. Je voulais fonder ma stratégie sur le soutien du pays et des parents pour faire bouger les choses et triompher ainsi du conservatisme enseignant. Mais je ne souhaitais pas le faire avec des mots comme « dégraisser ». Je n'avais l'intention de blesser personne. Et, finalement, ça n'a pas été bénéfique pour mon action. J'étais populaire à l'extérieur parce que ce que je disais était vrai, était sincère, était juste, correspondait à ce que tous les parents vivaient chaque jour. Ce n'était pas le mot qui plaisait, c'était le fond de mon discours. Je cherchais dans un premier temps à dénoncer les lacunes, les dysfonctionnements, à entraîner les parents et, à partir de là, à convaincre les enseignants qu'il fallait bouger et les amener à être les moteurs de la réforme. Mais, c'est clair, dans l'enseignement secondaire, cette stratégie a échoué. Dans le primaire, ce fut très différent. Certes, il y avait aussi une certaine inertie à vaincre, surtout pour ouvrir l'école sur des intervenants extérieurs. Mais l'état d'esprit est bien meilleur. Chez les instits, le mot « réforme » ne fait pas peur. Dans le secondaire, toute idée de réforme est suspecte si elle ne consiste pas à donner plus de vacances, à faire moins de cours ou à accorder des augmentations aux enseignants. Une réforme purement pédagogique est une agression.

L.J. : Laissons le mammouth et parlons du dinosaure...

C.A. : La métaphore est d'abord justifiée par la taille du système. Fixons les idées. Le nombre total d'élèves et étudiants s'élève à 15 millions, soit un quart de la population française. Le nombre de personnes dépendant de l'Éducation nationale est égal à 1,2 million dont 1 million de fonctionnaires d'État.

Les fonctionnaires de l'Éducation nationale représentent la moitié du total des agents de l'État. Il y a donc à peu près un adulte pour 12 élèves. On compte 60 000 écoles, 80 000 collèges, 3 500 lycées, 75 universités. En arrivant, je voulais écrire une lettre à tous les fonctionnaires de l'éducation. On m'a fait remarquer que l'opération coûterait plus de 4 millions de francs en timbres ! Si j'avais voulu répéter l'opération dix fois dans l'année, avec le prix des enveloppes, cela faisait plus de 60 millions. C'est-à-dire plus que le budget communication du ministère de l'Éducation nationale ! Et l'on n'a pas compté naturellement le prix de fabrication des documents.

Ce simple calcul vous montre la difficulté de tout ministre de l'Éducation nationale pour communiquer avec ses troupes.

L.J. : Comment avez-vous traité le problème ?

C.A. : Nous avons installé un site Internet. Nous avons cherché des astuces multiples pour faire une revue, envoyer des documents à telle ou telle catégorie de personnel en négociant des prix de routage. Mais on ne pouvait pas aller très loin... Second exemple. Vous avez une manifestation avec 40 000 enseignants. Elle est assurée de faire la une de tous les journaux télévisés. Et, pourtant, cela représente 5 % de l'ensemble. Quelque 20 000 étudiants parisiens dans la rue, cela représente 10 % des étudiants parisiens. Néanmoins, ça pèse. Et ainsi de suite... Vous avez là une belle illustration de la différence entre ce qu'on appelle en mathématiques valeur relative et valeur absolue. Pour qui sait jouer là-dessus, et les syndicats savent le faire, c'est un levier d'action considérable.

L.J. : On dit que l'Éducation nationale est la première entreprise du monde...

C.A. : Par la taille, oui. Mais pas par les méthodes ! Lorsque je suis arrivé, il n'y avait aucune gestion des ressources humaines !

Tout était réglé par des programmes informatiques ou des documents écrits, sans contacts humains, sans souplesse. Les personnels sont des numéros de matricule avec tel grade, telle ancienneté, etc. Ils sont traités par des barèmes, automatiquement. Nous avons créé le premier réseau de DRH. Ce qui n'a pas plu aux syndicats. Ils considéraient que la gestion du personnel leur revenait ! Ce système est extrêmement centralisé et organisé de manière pyramidale.

L.J. : Comment se présente cette pyramide ?

C.A. : Au sommet, il y a l'administration centrale : 4 000 personnes lorsque je suis arrivé, 3 300 aujourd'hui. Puis dans chaque région – qu'on appelle académie – des rectorats. C'est l'équivalent des préfectures pour l'administration de l'État. Le recteur représente le ministre dans la région. C'est un personnage considérable. Les rectorats sont, en plus petit, des répliques de l'administration centrale, très hiérarchisés. Certains sont de belle taille : 1 000 personnes au rectorat de Lille, 800 au rectorat de Lyon.

L.J. : Il y a aussi les inspecteurs d'Académie... Quel est leur rôle par rapport aux recteurs ?

C.A. : Ils ne sont ni inspecteurs ni d'Académie. Ce sont des sortes de vice-recteurs, qui coordonnent l'enseignement scolaire au niveau du département (le recteur le fait au niveau de l'académie). Ils dépendent à la fois du préfet et du recteur. Ils ont eux aussi une administration à leur disposition. Voilà l'architecture, la trame à laquelle se superposent les corps d'inspection. Au sommet, il y a l'inspection générale, puis les inspections du secondaire et du primaire. Ce réseau de l'inspection est plaqué sur la pyramide administrative, sans lien hiérarchique clair, ce qui crée un tissu opérationnel touffu auquel les enseignants sont soumis sans toujours bien le comprendre. De plus, ces inspecteurs, qui ne sont que 2 700, inspectent peu, car ils sont submergés par les tâches administratives. Un enseignant est inspecté une fois tous les cinq ans au mieux. C'est plus souvent une fois tous les huit ans ! Encore un dysfonctionnement !

L.J. : Que font les inspecteurs quand ils n'inspectent pas ?

C.A. : Ils passent beaucoup de temps à faire passer des concours divers et variés et à organiser des réunions d'enseignants. Toujours pendant la période scolaire, ce qui entraîne des absences des enseignants. Encore une fois, il s'agit d'une architecture pyramidale : tout part du sommet, tout est centralisé. La gestion de la carte scolaire est centralisée, les programmes d'enseignement sont centralisés, les mutations aussi jusqu'à la rentrée 1999 et l'application de ma réforme, les concours de recrutement sont centralisés, sauf pour le primaire. Rendez-vous compte que pour certains Capes (anglais, maths, lettres modernes...) il y a 20 ou 30 jurys différents, 10 000 ou 15 000 candidats. Et, malgré cela, il n'y a qu'une seule liste de reçus. Tout ce système de gestion est contrôlé par une série de commissions où les syndicats constituent la moitié des membres. Tout cela se réunit à la centrale, au ministère. Et, pour bien solidifier le tout, l'administration centrale émet un flot continu de circulaires, d'arrêtés, parfois de décrets. C'est comme pour les dinosaures. Si on leur marche sur la queue, il faut attendre un temps fou pour que le cerveau s'en aperçoive et réagisse. Leur cou est tellement long que leur tête ne voit pas où ils mettent les pieds.

J'ai tenté d'arrêter le flot de circulaires qui, à une époque, atteignait trente par mois. J'ai demandé à les viser toutes pour faire le tri. Le nombre est tombé à une ou deux par mois. On a alors inventé un nouveau document administratif : le « fax », sur lequel je n'avais pas de contrôle !

L.J. : Cette centralisation est enracinée dans l'Histoire c'est l'héritage de l'esprit républicain d'origine, égalitaire et centralisateur...

C.A. : Effectivement, c'est de cette manière qu'on la justifie, encore aujourd'hui. Pour beaucoup, égalité veut dire centralisation. Dans l'esprit de certains syndicats animés par d'anciens communistes, c'est clair. Pour beaucoup d'entre eux, l'échec du centralisme soviétique était dû à la mauvaise application de principes équitables ! L'organisation centralisée, normalisée, mécanisée, était l'exemple à suivre. Pour eux, cette organisation était juste, elle assurait l'égalité, puisqu'elle était aveugle. D'où une gestion fondée sur des critères normalisés, quantitatifs, traités ensuite par des ordinateurs depuis Paris. Gestion des ressources humaines, mutations, promotions, crédits pédagogiques, tout devait se passer ainsi. On assurait ainsi l'égalité entre les régions, entre les établissements, on évitait la subjectivité, les gens étaient traités avec un numéro matricule, en principe sans passe-droit ni piston... Naturellement, cette centralisation était contrôlée au sommet par des commissions paritaires où les apparatchiks syndicaux, permanents, immuables, payés pour cela – néanmoins, il faut le dire aussi, compétents, techniquement compétents – faisaient la loi. D'ailleurs, les membres de ces commissions se nomment eux-mêmes « commissaires ». Ils ne disent pas « commissaires du peuple », mais on n'en est pas loin.

L.J. : Et l'administration, dans tout cela, que faisait-elle ? Elle laissait faire les syndicats ?

C.A. : L'administration vivait en symbiose avec les syndicats. François Bayrou avait abdiqué devant le SNES et avait décidé de cogérer l'Éducation nationale avec lui. L'administration venait de vivre quatre années où les syndicats étaient tout-puissants. L'administration était traumatisée. Des exemples ?

Certains syndicalistes, au nom des commissions de mutation, emportaient avec eux les listes sorties de l'ordinateur et les rapportaient le lendemain avec les modifications qualitatives qu'ils désiraient. L'administration enregistrait. Lorsqu'un administrateur s'opposait trop vivement à l'un des leaders syndicaux du SNES, il était rappelé à l'ordre par le ministre lui-même.

Nous avons dû opérer une reconquête républicaine... C'était difficile, car beaucoup de fonctionnaires étaient d'accord avec les syndicats sur le principe de la centralisation et certains avaient même trouvé un certain confort dans la pseudo-cogestion. C'est tellement logique, rationnel, ça donne tellement de pouvoir à ceux qui sont au sommet... Dans l'anonymat absolu, sur un sujet donné, un fonctionnaire décide. Cela à travers les changements de ministre, les variations de conjoncture. Quand je suis arrivé, certains bureaux avaient les mêmes titulaires depuis trente ans ! Cette administration centrale avait établi des canaux hiérarchiques verticaux avec les services correspondants des rectorats, court-circuitant du même coup les recteurs. En jargon, on appelait ça les « tuyaux d'orgues ». L'une des mesures que nous avons prises pour « dégraisser le mammouth » a consisté à changer d'affectation 80 % des fonctionnaires de l'administration centrale. Sans cela, nous n'aurions pas pu réformer.

L'idée de centralisation est tellement ancrée dans l'esprit de l'administration qu'il existe une prime d'administration centrale ! Lorsqu'un fonctionnaire est muté à l'extérieur, dans une université ou dans un rectorat, il perd de l'argent. Ce qui n'aide pas à déconcentrer, même si on s'arrange toujours pour compenser.

L.J. : N'avez-vous pas tendance à surestimer le rôle des syndicats ?

C.A. : Non, pas du tout ! Ce système immense, centralisé, figé, était cogéré avec les syndicats. Les syndicats sont face à l'administration dans toutes les instances consultatives, à tous les niveaux, rectoraux comme centraux. Ce face-à-face permanent avec l'administration avait permis de nouer des liens entre eux, des liens de partenariat et souvent d'estime réciproque. Au niveau du ministre et de son cabinet, une connivence informelle et privilégiée s'était établie avec l'un des syndicats, le SNES, qui régnait en maître.

Quelque temps après notre arrivée, Ségolène Royal demande à Monique Vuaillat, une secrétaire générale du SNES, comment la joindre en cas de besoin. Elle donne un numéro d'urgence. Ségolène l'interrompt et lui dit : « Mais c'est un numéro du ministère ! » Réponse : « Oh, pardon ! »

Bien sûr, Bayrou n'était pas le premier à cogérer le ministère. D'autres l'avaient fait avant lui, beaucoup d'autres. Cela traduit en fait le désarroi que les ministres ressentent devant l'immensité du système. Ils se disent : appuyons-nous sur les syndicats. Or on pourrait l'accepter si c'était une cogestion à l'allemande. On décide ensemble. On applique ensemble. Mais, à l'Éducation nationale, c'est différent. Les syndicats poussent leurs revendications suivant une séquence immuable par la négociation informelle, par la négociation formelle, par la rue. Mais ils ne se sentent pas obligés de défendre l'accord obtenu devant leurs troupes. Ce n'est pas une cogestion qu'ils souhaitent. C'est une gestion corporatiste ! Le ministre doit obtenir les moyens financiers qu'ils réclament et l'administration mettre en œuvre les décisions qu'ils ont imposées. On est à front renversé. Le véritable rôle d'un ministre est de s'opposer aux excès des revendications syndicales. En février 1998, pour mon premier budget, les responsables syndicaux m'ont demandé : « Quand prépare-t-on le budget ? » Je leur ai répondu que ce n'était pas de leur responsabilité, que c'était celle du gouvernement. Ils m'ont dit : « Avec Bayrou, on le faisait toujours. » Tout cela pour illustrer ce que l'on a trouvé en arrivant et la remise en ordre qu'il a fallu faire. J'espère que Lang ne va pas ressusciter Bayrou, mais, je l'avoue, j'ai quelques craintes.

L.J. : Une chose surprend toujours le profane, c'est le vocabulaire particulier employé dans le milieu enseignant...

C.A. : C'est un volapük! À l'Éducation nationale, on ne parle pas français, on parle « ednat ». Une langue dont je connais désormais un peu du vocabulaire, mais dont je ne maîtrise pas les subtilités. Le sommet, ce sont certains cours de pédagogie des IUFM. On parle, par exemple, du « référentiel bondissant » : c'est un ballon. Dans une leçon de pédagogie, on a pu écrire qu'il faut toujours garder en cohérence le système de coordonnées personnelles avec le référentiel bondissant. Ça veut dire : en foot ou en basket, il faut savoir où est le ballon.

L.J. : C'est une caricature, ou vous l'avez vraiment lu?

C.A. : Je l'ai lu. De même que j'ai lu : « Fâché de ne pouvoir exprimer ses potentialités de manière interne, Nicolas s'investit dans l'espace extérieur. » Ça veut dire : Nicolas s'embête en classe, il regarde par la fenêtre. Je me souviens avoir visité une école, une école du XXIe siècle, qui marchait bien. Les enseignants travaillaient en équipe. À la fin de la visite, je dis : « Bon, c'est bien, je vois qu'il y a beaucoup d'intervenants, c'est bien »; et là-dessus la directrice intervient et me dit : « Mais, monsieur le Ministre, je vous rassure, l'unicité du référentiel est respectée. » Ça voulait dire qu'il y avait un maître principal. Ou bien, je vais visiter un collège et l'un des inspecteurs qui m'accompagnent dit aux profs : « En somme, vous appliquez une pédagogie d'isomorphisme. »

L.J. : Qu'est-ce que ça veut dire?

C.A. : Je n'ai pas osé poser la question, j'ai eu peur de passer pour un imbécile! C'est simple. Quand l'équipe de profs travaille en équipe, elle fait travailler les élèves en équipe. Quand elle travaille individuellement, elle fait travailler les élèves individuellement. On calque ce que fait l'élève sur l'attitude de l'équipe pédagogique. Isomorphisme. Vous devriez le savoir! Un autre jour, on me propose de me faire visiter un atelier de « motricité rapprochée ». J'étais intéressé, je me demandais ce qu'était cette nouvelle expérience. En fait, il s'agissait d'apprendre à écrire. La motricité, c'était le mouvement que fait la main en écrivant! C'est un mal français. On dit souvent que les philosophes français, quand ils ont inventé un mot, pensent qu'ils ont inventé un concept. Je crois que pour certains c'est vrai. On confond nouveauté conceptuelle et vocabulaire abscons. Par l'intermédiaire des IUFM, ces « philosophes du jargon » ont contaminé l'Éducation nationale. Par exemple, pour dire qu'on va donner des cours particuliers à un élève, on dit à des parents immigrés : nous faisons participer votre fils à une classe de remédiation. Que vont-ils comprendre? Déjà, François de Closets disait il y a dix ans que, lorsqu'il allait à une réunion de parents d'élèves, il ne saisissait pas ce que disait le prof principal! C'est comme ça. Et les circulaires sont comme ça. C'est souvent écrit dans un volapük épouvantable. Évidemment, ça renforce les discriminations sociales...

L.J. : Vous ne pouviez pas changer cela?

C.A. : J'ai essayé. J'ai envoyé des lettres d'instruction demandant qu'on parle français. Je l'ai répété aux réunions de recteurs et de directeurs. J'ai refusé de signer des circulaires en « ednat ». Mais je me suis fait des ennemis. Je me souviens d'une visite de lycée. J'avais fait des plaisanteries sur le référentiel bondissant à la télévision. J'ai été pris à partie par une dame qui était professeur d'éducation physique. Elle m'a dit : « Vous vous moquez de nous à la télévision! Vous êtes un scientifique. Dans votre domaine, vous avez bien des mots techniques, pourquoi pas nous? » Je lui ai répondu que les scientifiques créent des mots quand ils n'existent pas dans la langue française. Mais, pour le reste, ils parlent français. Un ballon, c'est un ballon, il n'y a pas besoin de l'appeler référentiel bondissant, excusez-moi!

Assurément, ça traduit quelque chose. Un enfermement et une volonté de réhabilitation à la fois. Un complexe d'infériorité. Les profs de gym veulent être reconnus à l'égal des autres. Alors ils compliquent leur expression, comme les autres. Pourtant, le prof d'éducation physique est un prof essentiel, parce qu'il entretient un rapport différent avec l'élève. Il peut faire énormément pour les élèves rebelles, difficiles. Je n'ai aucun a priori à l'encontre des profs de gym, au contraire. Mais certains l'ont pris comme ça.

L.J. : Parce que les mots sont plus nobles. La concierge préfère qu'on l'appelle gardienne et le chef du personnel DRH. C'est humain...

C.A. : Oui. Et puis les mots nouveaux vous appartiennent. C'est la même logique que le médecin de Molière. À partir du moment où les mots ne sont pas compris des autres, ils vous donnent une supériorité. Comme l'Éducation nationale est un monde immense dans lequel le ministre éprouve de grandes difficultés à communiquer avec les profs, nous avons créé une revue. Une bonne revue, je pense, qui s'appelait *XXIe Siècle*. On a eu beaucoup de mal à la diffuser. Les syndicats se sont offusqués : jusque-là, la communication leur était sous-traitée. Un leader syndical m'a dit : « Je ne comprends pas que vous fassiez une revue. Nous, on en fait une par semaine ; ça va très bien. Pourquoi est-ce que vous essayez de nous doubler. »

Je lui ai dit : « Je n'essaie pas de vous doubler, j'essaie de fonder une revue qui décrive de manière ordonnée toutes les actions de mon ministère, de la recherche au primaire. » Il ne comprenait pas. Pour lui, si je voulais informer, c'était à des fins de propagande.

Là encore je voulais faire autre chose. Je voulais mettre sur pieds une revue qui « ouvre », qui ne maintienne pas chacun dans son petit monde, dans sa boîte. La notion d'isolement s'étend aussi à l'intérieur de l'Éducation nationale où chacun est enfermé dans sa petite case, dans sa corporation, et je voulais essayer de donner de la fluidité à ce système feuilleté comme des couches géologiques, en communiquant avec tous en même temps.

L.J. : La communication passe par l'appareil. Vous aviez des recteurs, des directeurs d'établissement qui répercutaient...

C.A. : Non. C'est long et difficile. Le budget de communication de l'Éducation nationale est le vingtième de celui du ministère des Finances, alors qu'il y a 1,1 million de fonctionnaires.

L.J. : Mais, au total, l'Éducation nationale est le premier budget de l'État : 350 milliards. Cela doit permettre de faire pas mal de choses...

C.A. : Le budget total de l'éducation en France est de 600 milliards, dont 350 vont à l'Éducation nationale (il y a les actions d'éducation des autres ministères, comme l'Agriculture, et surtout les crédits des collectivités territoriales, qui construisent les bâtiments...). Effectivement, lorsqu'on ne détaille pas les chiffres, on pense qu'il y a de quoi faire. Mais, en réalité, 95 % du budget de l'Éducation scolaire sont consacrés aux salaires. C'est le résultat de la revendication historique des syndicats : des postes, des postes, des postes. Le système n'a aucune souplesse.

L.J. : C'est-à-dire ?

C.A. : En dix ans, on a augmenté le budget de l'Éducation scolaire de 100 milliards, alors que le nombre d'élèves a diminué de 400 000. Cette augmentation de budget de plus d'un tiers s'est accompagnée d'une quasi-disparition du budget affecté à l'animation pédagogique. Les crédits pédagogiques ont chuté de 90 %, les crédits d'équipement aussi. Quand les profs veulent faire des expériences pédagogiques nouvelles, il n'est pas rare qu'ils les financent de leur poche. Les dépenses informatiques atteignent à peine celles du ministère de la Justice. Si on veut développer Internet à l'école, on ne peut compter que sur l'argent des régions, des départements et des communes. La situation des personnels non enseignants, les techniciens, les infirmières, les assistantes sociales, administratifs, etc., est catastrophique. Il faudrait une infirmière par établissement. Il y en a une pour deux ou trois. Quant aux crédits de communication interne, ils sont ridiculement faibles, comme je vous l'ai dit.

Depuis trente ans, la revendication des syndicats enseignants a toujours été la même : des postes d'enseignants, des postes d'enseignants. Toujours plus, toujours plus. Comme ils sont puissants, ils ont obtenu gain de cause. Plus on a d'enseignants, plus on a de syndiqués, plus on est puissant. Puissant vis-à-vis des pouvoirs public, mais surtout puissant vis-à-vis des autres syndicats.

Vous n'entendez jamais le SNES dire qu'il faudrait plus d'infirmières ou d'assistantes sociales dans les lycées, ou reconnaître que c'est l'enseignement supérieur qui souffre d'une pénurie de crédits... Pourtant, le vrai besoin est là. Non, le seul mot d'ordre, c'est toujours plus d'enseignants du secondaire. Toujours plus de troupes !

L.J. : Mais le SNES perd des adhérents chaque année...

C.A. : Raison de plus ! Si le pourcentage de syndiqués décroît, il faut que la masse augmente !

L.J. : Ces efforts ont tout de même amélioré l'encadrement et les conditions de travail...

C.A. : Oui, évidemment. On a augmenté les salaires. On a eu raison : les enseignants étaient mal payés. C'est Jospin et Mitterrand qui l'ont fait. On a amélioré le taux d'encadrement.

Dans l'enseignement secondaire, on a un enseignant pour 13 élèves [1]. C'est l'un des meilleurs taux d'encadrement du monde. Meilleur que celui des établissements privés. Néanmoins, il existe encore des classes surchargées à plus de 35 élèves !

L.J. : Comment est-ce possible ?

C.A. : Parce que les exigences des syndicats sont démoniaques. Les progrès réalisés ne doivent jamais éteindre la revendication. Alors on a multiplié les options, souvent pour une poignée d'élèves. Au bac, on peut choisir entre 42 langues étrangères ! Formidable ! Mais, avec deux ou trois élèves dans certaines options, c'est un luxe qu'on a obtenu au détriment des classes de maths ou de français, qui restent nombreuses.

On organise la formation continue des enseignants pendant les heures de classe. Du coup, il faut créer des bataillons de remplaçants. Je l'ai dit, quand on a quatre mois de vacances, se former en abandonnant les élèves, c'est scandaleux. Il y a beaucoup d'enseignants qui ne sont pas en face des élèves.

L.J. : Vous abordez la question sulfureuse des absences...

C.A. : Bien sûr ! Car ce système coûte cher.

L.J. : Vous trouvez que les enseignants ont trop de vacances ?

C.A. : Non. C'est un métier très pénible. Mais je pense qu'on pourrait consacrer quelques jours de congé à se réunir, à se former ou s'informer.

L.J. : Comment cela se passe-t-il dans les autres pays ?

---

1. Canada : 20 ; États-Unis : 16 ; Allemagne : 15.

C.A. : Partout dans le monde, on fait la formation pendant les congés scolaires, sauf en France. Nous avons les vacances les plus longues et nous ne prévoyons aucune obligation pendant ce temps. En outre, d'autres personnes se sont peu à peu attribué des vacances scolaires, même quand elles n'enseignaient pas : les chefs d'établissement, les inspecteurs. Les vacances longues, rappelons-le, ont été instaurées pour les élèves.

L.J. : La semaine de travail est très longue et les vacances annuelles aussi. Ne pourrait-on pas, à temps de travail constant, raccourcir la semaine et allonger l'année scolaire ? Tout le monde y gagnerait...

C.A. : Malheureux ! Taisez-vous ! Le ministre qui proposerait quelque chose de ce genre sauterait en trois jours ! Il me semble que j'ai beaucoup donné. On ne pouvait pas me demander de me suicider tout de suite.

L.J. : Mais est-ce que le raisonnement est juste ?

C.A. : Fermez la porte et parlons plus doucement : oui, le raisonnement est juste. Mais il y a autre chose : c'est la journée qui est trop longue. C'est pour ça que je n'ai jamais soutenu la semaine de quatre jours. Qui que vous soyez – a fortiori des enfants –, vous ne pouvez avoir que quatre heures d'attention soutenue par jour. Il ne faut pas me raconter qu'on est intensément attentif pendant douze heures d'affilée. Ce n'est vrai pour personne. En fait, dans la vie professionnelle, on est moyennement attentif. La journée de l'enfant est trop longue. Mais toucher aux vacances des enseignants dans l'intérêt de l'enfant, je vous le dis tout net : c'est impensable. J'ai pris dans ce domaine une mesure d'une impopularité totale. J'ai demandé qu'à la rentrée de septembre les enseignants arrivent un jour et demi avant les élèves pour pouvoir se concerter. Eh bien, il y a eu toute une campagne là-dessus ! Les bulletins du SNES ont été remplis d'appels : on rogne sur nos vacances ! nous n'avons plus que 112 jours de vacances hors les fêtes ! Or je vous donne le résultat de trente ans de revendications. En 1960, il y avait 220 jours de classe. Il y en a 170 aujourd'hui. Si on adopte la semaine de quatre jours, il y en aura 140 ! Les enfants ont perdu plus de deux ans d'enseignement pour l'ensemble de la scolarité. Avec la semaine de quatre jours, ils perdraient un an de plus. Et, pendant ce temps, le nombre d'heures de cours par jour augmente, les programmes sont devenus démentiels, et vous vous étonnez que vos enfants soient épuisés. Les enseignants, eux, travaillent moins, sont mieux payés et ont plus de vacances. Quant aux absences, on est dans l'aberration : elles font perdre à chaque enfant de six mois à un an de scolarité. Vous ne trouvez pas qu'il fallait que quelqu'un dise : c'est assez ! Pour cette raison, j'ai tenté une opération d'économie, tout aussi justifiée que la première et tout aussi impopulaire : la régularisation des heures supplémentaires annuelles.

L.J. : Qu'est-ce que les heures supplémentaires annuelles ?

C.A. : Ce sont des heures supplémentaires attribuées à l'année et payées, qu'on les fasse ou non. Ainsi un prof de classe préparatoire qui a six heures supplémentaires annuelles, mais qui arrête ses cours en avril à cause des concours des grandes écoles, continue à toucher ses six heures supplémentaires pendant le dernier trimestre.

L.J. : C'est une prime...

C.A. : En quelque sorte. Sauf qu'on distribue en principe ces heures en fonction des besoins pédagogiques. Ces heures annuelles sont calculées sur 42 semaines de travail, alors qu'à la vérité on effectue 36 semaines au plus. Il y avait là une anomalie administrative que dénonçait la Cour des comptes. Dans le même temps, les syndicats disaient : « Il faut transformer les heures supplémentaires en postes. »

L'idée est née dans mon entourage de faire une opération vérité. On ramènerait le paiement des heures supplémentaires à 36 semaines. Avec l'argent récupéré, on créerait des postes d'emplois jeunes, d'aides-éducateurs. Nous nous sommes battus avec les Finances pour être sûrs de récupérer les sommes économisées. J'étais fier de moi. Je me disais : « C'est formidable. Je supprime une anomalie, j'obtiens qu'on me laisse l'argent, et je crée des postes pour les jeunes. » En même temps, j'avais un discours conquérant : l'Éducation nationale donne l'exemple. Elle crée des emplois pour les jeunes, en revenant à des normes vraies, honnêtes. En supprimant des heures complémentaires, elle emploie les jeunes qu'elle a diplômés (bac à bac + 2).

En fait, ce fut une catastrophe psychologique et symbolique. C'est en dénonçant cette décision que le SNES a rallié les profs contre moi. « Vous voyez bien, il vous en veut puisqu'il réduit votre niveau de vie. »

L.J. : Vous m'avez dit pourtant que les syndicats demandaient qu'on transforme les heures supplémentaires en emplois.

C.A. : C'était un piège. Nous sommes tombés dedans ! Tout cela a été aggravé par une erreur technique.

On m'avait dit que l'ajustement de 42 à 36 semaines ferait perdre aux gens 100 à 200 francs par mois. Je me disais : 100 francs par mois pour créer 30 000 emplois jeunes, 30 000 jeunes qu'on sort du chômage, ça en vaut la peine. Concrètement, les choses ne se présentaient pas ainsi. On m'avait donné une moyenne. En réalité, certains ne perdaient rien, d'autres perdaient 500 ou 800 francs et d'autres, enfin, perdaient 2 000 ou 3 000 francs par mois ! Les profs des classes prépa, par exemple. Matignon n'avait pas vu le danger non plus et trouvait ça très bien. Si j'avais su que des gens perdaient 1 000 ou 2 000 francs par mois, je n'aurais évidemment pas pris cette décision, tout au moins sans un surcroît de précautions.

Du coup, ça a servi de leçon au gouvernement pour la gestion de l'affaire des 35 heures. Si vous vous souvenez, on a changé de disque. À l'origine, on parlait de créer des emplois grâce à la réduction des heures supplémentaires, y compris dans le privé. Après mon expérience, Martine Aubry a compris le film. On n'a plus parlé de suppression d'heures supplémentaires.

Bref, cet immense budget est un immense gâchis. Et il augmente sans cesse... Je me suis rendu compte de cela tout de suite. Comme je l'ai dit, j'étais également solidaire de la volonté du Premier ministre de satisfaire les critères d'entrée dans l'Union monétaire. J'ai donc cherché dès le début à mieux gérer, à faire les réformes nécessaires à moyens constants.

L.J. : Les cyniques diront que cela a été votre erreur principale. Réformer l'Éducation nationale à budget constant : personne ne s'est jamais lancé dans une telle aventure ! C'était suicidaire !

C.A. : Si vous parlez du réalisme politique habituel, sans doute. Si vous recherchez l'intérêt général, celui des citoyens ou celui des parents et des enfants, je crois que j'ai eu raison de montrer qu'on peut réformer sans dépenser beaucoup plus. Entendons-nous bien : je ne dis pas que le budget de l'Éducation nationale est trop élevé. Je pense que, sur beaucoup de chapitres, il est insuffisant : les crédits pédagogiques, l'aide aux élèves et aux étudiants, tout ce qui touche le social, les universités... En revanche, les dépenses de personnel devraient diminuer. En tout cas, être mieux gérées. Mais, ce dont je me suis aperçu, c'est qu'il était très difficile de redéployer.

L.J. : Pourquoi ? Sur 350 milliards, il doit bien y avoir des gaspillages qu'on peut réduire...

C.A. : Il y a divers chapitres qui devraient être « maîtrisés », comme on dit en volapük administratif. D'abord, il y a les concours. La France dépense 1,5 milliard pour les examens et les concours. Cela va du bac (on reçoit pourtant 80 % des candidats) au concours de l'École normale supérieure de la rue d'Ulm où, pour la modique somme de 25 millions, on reçoit 300 élèves par an ! En passant par les multiples concours du ministère. L'égalité républicaine a un prix élevé ! Ensuite, il y a l'infernal système des remplaçants qui découle des absences trop nombreuses et qui coûte environ 30 milliards. Enfin, il y a les 8 milliards d'heures supplémentaires.

Voilà ce qui est visible. À cela, il faut ajouter les 80 000 personnes qui ne sont pas en face d'élèves.

L.J. : Mais où sont-elles ?

C.A. : Les unes sont déchargées de classe pour être directeurs ou directrices d'école, environ 15 000. D'autres sont détachées dans des associations diverses et variées. Quelque 2 000 sont connues de l'administration centrale, mais entre 4 000 et 8 000 décharges ont été négociées par les rectorats au profit d'associations, de collectivités territoriales, etc., sans que le ministère ait son mot à dire.

L.J. : Ces détachements sont-ils justifiés ?

C.A. : En grande partie, non. J'ai fait la chasse à ces pratiques. Mais il est très difficile de redresser ces dérives. De plus, un prof qui a cessé d'enseigner pendant dix ans peut-il revenir devant les élèves ? Un certain nombre de profs sont affectés aux rectorats ou à l'administration centrale en lieu et place d'administrateurs. D'autres encore aident les recteurs ou les inspecteurs d'Académie. Il y a aussi les réseaux d'aide aux élèves en difficulté, dont la moitié fait un travail formidable, mais dont l'autre moitié exerce des activités incontrôlées, dont la réalité est un peu douteuse. Du coup, il y a un décalage entre les postes prévus et les postes réels. Lorsque j'ai créé 100 postes de professeurs d'école dans l'académie de Montpellier, j'ai demandé : Combien de classes a-t-on ouvert ? On m'a répondu : 75. J'étais furieux. Alors on a ajouté : un rendement de 75 %, ce n'est pas si mal ! Au total, un calcul rapide permet de penser que l'on pourrait économiser près de 40 000 postes en s'organisant mieux. Soit plus de 6 milliards par an. Avec cet argent, on pourrait financer de nombreuses expériences pédagogiques très utiles !

L.J. : Alors ceux qui disent que l'Éducation nationale est un immense gâchis auraient-ils raison ? Ce gâchis a été dénoncé par la commission d'enquête du Sénat. Cependant, vous avez nié !

C.A. : Oui, car ça me paraissait un peu fort. François Bayrou venait d'amplifier les gaspillages sans que personne bouge le petit doigt, sauf peut-être Juppé et Chirac. Soudain, le Sénat de droite se réveille et découvre la vertu administrative !

L.J. : C'était de bonne guerre... L'opposition est là pour s'opposer !

C.A. : Certes, mais je trouvais que c'était fort de café. Au moment où un ministre cherche à rétablir un peu de rigueur dans la gestion, on lui cherche des poux dans la tête sur des dysfonctionnements qu'il a lui-même dénoncés ! Je me suis occupé de ces problèmes en cherchant à mieux gérer, en remettant de l'ordre. Mon but n'était pas de faire des économies pour faire des économies. Je voulais une meilleure Éducation nationale avec le même argent. Les syndicats veulent toujours plus. Je voulais toujours mieux. Je persiste et je signe. Le système éducatif français est abîmé, il prend l'eau. Ce n'est pas une question de moyens. Avec le même budget mieux réparti, moins d'enseignants inactifs, une meilleure gestion des absences, davantage de crédits pédagogiques, on pourrait faire un enseignement de meilleure qualité. Ce qui me met en rage, c'est que le privé dépense moins que le public et fait mieux. Du moins, si on en croit les enquêtes de Claude Thélot...

L.J. : Que disent ces enquêtes ?

C.A. : Dans le secondaire public, il y a un enseignant pour 13 élèves, et un pour 15 dans le privé. Et pourtant, dans les classements, on trouve une majorité d'établissements privés parmi les meilleurs.

L.J. : C'est à cause de la sélection opérée par le privé !

C.A. : Le raisonnement est discutable : les meilleurs élèves sont en général dans le public. On va dans le privé quand on a des difficultés.

Quant au citoyen, il ne peut pas continuer à payer plus d'impôts pour nourrir le gâchis de l'Éducation nationale ! Si on doit augmenter quelque chose, c'est le budget des universités où nous sommes encore près de la lanterne rouge en Europe. Mais, pour le secondaire, nous sommes ceux qui dépensons le plus, avec les Italiens.

Ce qui m'a frappé en arrivant rue de Grenelle et au cours des trois ans, c'est aussi l'isolement dans lequel vit tout le système. L'école vit sous un état d'exception dont, apparemment, elle ne souhaite en rien sortir. Certes, l'Éducation nationale est entraînée dans un lent mouvement historique d'adaptation et d'ouverture sur le monde, mais elle dépense beaucoup d'énergie à y résister. L'Université s'est ouverte sur le monde depuis vingt ans. Non sans mal, non sans résistance. Puis elle s'est peu à peu ouverte sur le monde de l'entreprise. Et encore pas partout, pas dans toutes les disciplines. Le refus de toute coopération avec les entreprises, tel qu'on l'entendait en Mai 68, n'est plus exprimé que par quelques archaïques groupés autour de Bourdieu. Ils ne représentent presque rien. En revanche, l'école reste tournée sur elle-même, même si le primaire et l'enseignement professionnel commencent à s'ouvrir.

L.J. : N'a-t-on pas encouragé cela ? L'école fermée ne correspond-elle pas à la notion d'école sanctuaire chère à Bayrou et à bien d'autres analystes du système éducatif ?

C.A. : Tout à fait. En fait, François Bayrou ne cherchait qu'à caresser les enseignants et leurs syndicats dans le sens du poil. Il a renforcé ce sentiment. C'est Bayrou qui a supprimé le Haut Comité Éducation-Économie qu'avaient installé Chevènement, Monory et Jospin.

Cet isolement, ce sentiment d'exception, imprègne le milieu. L'Éducation nationale a un syndicalisme particulier, qui n'appartient pas aux grandes confédérations syndicales ouvrières (sauf la CFDT, mais à la marge). Elle a beaucoup de mal à accepter le rôle des parents d'élèves dans les établissements. La coopération avec les collectivités territoriales est toujours suspecte et les enseignants ont été très réticents sur les lois de décentralisation. La coopération avec les entreprises dans l'enseignement professionnel, pourtant indispensable, est restée pendant longtemps un tabou.

L.J. : C'est une tradition historique. L'enseignement résiste à l'air du temps, aux modes, aux emballements. Il incarne la permanence du savoir, de la culture, des valeurs universelles. Il ne doit pas se soumettre au temps...

C.A. : La tradition est ancienne, effectivement. Elle remonte au Moyen Âge. L'Université de Paris a inventé la grève sous Blanche de Castille, parce qu'on voulait lui appliquer les lois ordinaires. Les étudiants avaient trucidé des bourgeois et les soldats du guet étaient venus au Quartier latin les arrêter sans avoir demandé au recteur l'autorisation. Résultat, deux ans de grève. Deux ans de fermeture de l'Université de Paris.

L.J. : Le SNES n'existait pas, à l'époque. Vous ne pouvez donc pas tout lui imputer...

C.A. : Allez savoir... Non, mais il y avait la confrérie des clercs, qui était déjà très puissante. La fermeture de l'école sur elle-même, c'est aussi un héritage de l'Église, qui détenait le monopole du savoir biblique, puis du savoir tout court. Il y avait la franchise accordée aux églises, qu'on a transposée en franchise universitaire. Le mot de sanctuaire n'est pas utilisé par hasard. Son origine est claire. Il y a donc toute une histoire longue des mentalités enseignantes, qui tend à isoler l'école. Lors du plan violence, quand j'ai rappelé que la police devait surveiller les sorties des lycées et des collèges et qu'elle pouvait pénétrer à l'intérieur des établissements en cas d'incidents graves, cela a provoqué des réactions.

L.J. : Mais ça a été plébiscité par la population...

C.A. : Oui, très largement, cependant une partie des enseignants était réticente, alors que cette intervention de la police avait pour but de protéger les enseignants eux-mêmes, qui sont trop souvent les victimes d'agressions graves.

La réticence vis-à-vis du rôle des parents d'élèves est encore plus grande. Il y a un refus de donner aux parents un rôle réel dans l'école.

L.J. : Pourtant, beaucoup de familles le réclament...

C.A. : Oui, mais sans succès. Sous prétexte de garantir l'égalité, on décrète que l'école doit s'isoler, qu'elle ne doit pas subir l'influence de l'extérieur. Paradoxalement, la laïcité a adopté les réflexes de la religion. Lorsqu'on a émis l'idée que les conseils d'administration des lycées et des collèges pourraient être présidés par les parents d'élèves, on a déclenché un tollé. Les conseils sont présidés par les proviseurs. Le syndicat des proviseurs, avec qui j'ai toujours eu de très bons rapports, est venu me voir et m'a dit que la mesure revenait à une déclaration de guerre. J'ai laissé ce projet à un de mes successeurs audacieux.

L.J. : Ça n'annulerait pas la responsabilité des proviseurs ?

C.A. : Non. Je crois même que cela permettrait de mieux asseoir les décisions du conseil d'administration. En fait, cela les aiderait. Ils ont eu peur du symbole.

Lorsque Yannick Simbron, secrétaire général de la FEN alors toute-puissante, a émis l'idée assez naturelle que la FEN devait se rapprocher de la CFDT, pour à terme rejoindre cette confédération et s'intégrer dans un grand syndicat interprofessionnel, il a été très rapidement sacrifié et ce fut le début d'un processus de cassure de la FEN. Je peux multiplier les anecdotes pour illustrer ce réflexe de fermeture, de repliement sur soi. Lorsqu'on a développé la Charte de l'école du XXIe siècle, qui consiste à adapter l'école aux rythmes de l'enfant, à introduire les langues étrangères, les nouvelles technologies, l'initiation aux sciences, l'aide à l'étude en utilisant les aides-éducateurs et les éducateurs payés par les communes, le slogan qui a retardé la généralisation de ce qui est l'expérience d'avenir a été : « Ils veulent municipaliser l'école. » Comme, avec Marie-Georges Buffet et Catherine Trautmann, Ségolène Royal avait lancé l'idée des contrats locaux d'éducation pour aménager les activités périscolaires en coopération avec les communes, ça n'a fait que renforcer leur méfiance.

L.J. : Il est bizarre de dénoncer la municipalisation d'un établissement qui s'appelle de toute manière l'école communale.

C.A. : Oui, bien sûr, c'est même absurde, mais ça traduit un état d'esprit.

Au départ, lorsqu'on a créé les emplois jeunes de l'Éducation nationale, les aides-éducateurs, tous les syndicats étaient contre. Les jeunes qu'on recrutait étaient perçus comme des corps étrangers entrant dans l'établissement. Certains disaient : C'est une substitution. À terme, ils vont remplacer les instits. Ce qui était aux antipodes de nos projets.

Aujourd'hui, si on voulait supprimer les aides-éducateurs, ce serait la grève.

On avait eu la même difficulté, il y a dix ans, lorsqu'on a créé les professeurs associés dans l'université. Les syndicats étaient réticents à l'idée de voir des professionnels enseigner de plein droit, avec le titre de professeur. Et puis on s'est habitué.

On a entendu, ici ou là, en mars 2000, des slogans qui m'attribuaient le projet scélérat de vendre l'enseignement professionnel au patronat, sous prétexte que l'enseignement professionnel intégré qu'on a développé était fondé sur des partenariats lycées-entreprises. C'était pourtant naturel pour un enseignement qu'on nomme... professionnel.

L.J. : Mais pourquoi vouloir à tout prix ouvrir l'école? Encore une fois, l'école sanctuaire, où l'on apprend dans le calme, où il n'y a pas les violences de la cité, ça a aussi ses avantages.

C.A. : Oui, évidemment, si on pouvait extirper la violence de l'école, ce serait bien. Mais l'isolement, c'est illusoire. L'école doit être le cœur de la cité. Elle doit l'irriguer. Si l'école n'est pas en contact étroit avec la société, elle perd son influence, elle se coupe de l'évolution du monde. Elle enseigne des savoirs figés. Elle ne prépare pas à la vie. Je l'ai déjà dit, j'y reviens.

L'école n'a plus le monopole du savoir. Les élèves apprennent toutes sortes de choses ailleurs. Les médias diffusent des savoirs multiples, désorganisés, contradictoires mais réels. Ces savoirs pénètrent les cerveaux de nos élèves, qu'on le veuille ou non. Si elle tient à rester le lieu de référence, l'école doit s'adapter. Une école qui s'ouvre sur le monde ne régresse pas. Elle renforce son influence. L'enseignant devient l'indispensable maître à penser et non pas le maître isolé dépositaire de savoirs figés, parfois dépassés. C'est l'adaptation qui permet de garantir la pérennité des savoirs traditionnels et fondamentaux.

L.J. : Cette volonté d'ouverture heurte un courant très puissant parmi ceux qui écrivent sur l'école et au sein du milieu lui-même. N'est-ce pas à partir de là que vos adversaires ont pu dresser un réquisitoire contre vous ?

C.A. : Oui, c'est vrai. Sans doute, d'une manière parfois inconsciente. Cette volonté d'ouverture de l'école a été aussi un point d'appui pour déformer mes projets. On a affirmé que l'ouverture débouchait sur la privatisation. C'est absurde. L'ouverture est la meilleure protection contre la privatisation. C'est la meilleure manière de rendre à l'école son rôle central dans la société. Voyez les conséquences désastreuses de cet isolationnisme pour la formation professionnelle.

L.J. : C'est-à-dire ?

C.A. : Lorsque Jacques Delors a fait sa loi sur la formation professionnelle en 1972, il pensait – il l'a écrit – que l'Éducation nationale serait le principal opérateur. Les trois quarts des effectifs en formation devaient lui revenir. Faute d'avoir voulu coopérer avec les entreprises, l'Éducation nationale n'a aujourd'hui que 12 % d'un marché de 150 milliards. La formation professionnelle s'est organisée, ailleurs, avec les méthodes du privé, en laissant de côté l'Éducation nationale. Grave défaite.

L.J. : Les choses ont évolué. L'école s'ouvre plus volontiers que par le passé.

C.A. : Oui, elles ont évolué lentement. Comme je vous l'ai dit, l'enseignement supérieur est désormais largement ouvert à la collaboration avec le monde économique. Il s'ouvre sur l'étranger, sur l'accueil d'étudiants étrangers qui seront à l'avenir, je l'espère, de plus en plus nombreux. La création de l'agence Édufrance y aidera, je l'espère.

L'enseignement professionnel s'ouvre, lui aussi. L'école primaire, quoi qu'en dise une petite minorité de grincheux, s'intègre bien dans le paysage communal, souvent pour y jouer un rôle social de premier plan. Je pense aux quartiers difficiles. Le film de Bertrand Tavernier sur les corons du Nord le montre bien. On peut aussi trouver des exemples dans les banlieues de Lyon ou de Marseille.

Mais les tenants de l'idée de sanctuaire restent majoritaires chez les professeurs de l'enseignement secondaire, y compris, et c'est curieux, dans une bonne part de l'enseignement technologique.

L.J. : L'enseignement technologique, ce n'est pas pareil que l'enseignement professionnel ?

C.A. : Aussi paradoxal que ça paraisse, non. C'est un enseignement désormais mal situé, qui ne s'est pas rapproché des professions. Au contraire, il s'est intellectualisé, avec beaucoup de cours théoriques, beaucoup de calcul, beaucoup d'informatique, souvent en décalage avec les professions. En fait, le bac technologique forme un tout avec les sections de techniciens supérieurs. C'est dommage.

Un autre exemple risible, s'il n'était pas tragique pour nos enfants, c'est la musique et tous les enseignements artistiques. Les professeurs de musique refusent que des intervenants extérieurs viennent dans les établissements enseigner la musique.

Au lycée, 1 % des élèves seulement suivaient des cours de musique. On ne pouvait pas augmenter les horaires, car il n'y avait pas assez de professeurs. Mais les syndicats s'opposaient à ce qu'on fasse appel à des artistes ou à des professeurs de conservatoire pour compléter le travail des profs. Du coup, par mesure de rétorsion, les professeurs de l'Éducation nationale ne peuvent pas enseigner dans les conservatoires. On a brisé ce tabou. Mais pas celui du sport. Pour le sport, c'est pareil. Pas question de faire venir Aimé Jacquet parler de foot à l'école ou au lycée ! C'est réservé aux professeurs d'éducation physique et de l'Éducation nationale !

L.J. : Toutes les professions défendent leurs intérêts. On peut le comprendre...

C.A. : Quels intérêts ? Le monopole. Je crois que ça traduit un esprit de confinement. Au fond, les enseignants ne sortent jamais de l'école. Ils vont à l'école comme élèves, à l'université comme étudiants, ils passent des concours et ils retournent à l'école ou au lycée comme enseignants. Ils ne connaissent rien de la vie, du chômage, des réalités des autres professions. Heureusement, la féminisation de l'enseignement secondaire remédie un peu à ce système en vase clos. Beaucoup d'enseignantes sont mariées avec des cadres ou des employés du public ou du privé. Elles sont plus ouvertes sur le monde. Et, comme elles ont des enfants, elles sont plus sensibles aux dysfonctionnements du système éducatif ! L'une d'entre elles me racontait qu'elle avait découvert une chose à ses yeux incroyable : dans le privé, les premiers jours d'absence maladie ne sont pas remboursés par la Sécurité sociale. Elle l'ignorait totalement. Puis elle a ajouté : « Si on appliquait ce système dans l'Éducation nationale, on réduirait sacrément le nombre des absences ! » C'est sur ces profs, les mères de famille, que je comptais pour pousser le système à se réformer. Malheureusement, si elles constituent 55 % des enseignants du secondaire, il y en a peu dans les instances syndicales. Je crois que l'on ferait beaucoup pour l'évolution de l'Éducation si l'on demandait à chaque enseignant de passer une semaine dans une entreprise. Juste pour voir. Pour voir la vie réelle, celle que mèneront la plupart des élèves.

L.J. : Pourquoi parlez-vous d'un mille-feuille de l'Éducation nationale ?

C.A. : Parce qu'il existe dans l'enseignement des ordres, comme dans l'Église : le primaire, le secondaire, le technique, le professionnel, le supérieur. Chaque ordre ignore les autres. Chaque ordre méprise plus ou moins les autres. Ils ont chacun des syndicats séparés qui ne défendent pas les mêmes revendications.

Et puis il y a les catégories professionnelles, les instits, les profs d'école, les profs du secondaire, les proviseurs, les inspecteurs du primaire, les inspecteurs du secondaire, les intendants, les administratifs, les profs de fac, les inspecteurs d'Académie, les inspecteurs généraux. Ces catégories sont isolées. Elles défendent des revendications strictement corporatistes et souvent antinomiques. Ainsi, quand on propose de créer un corps d'inspecteurs unique, les inspecteurs du secondaire sont contre, car ils ne veulent pas être mis sur le même pied que ceux du primaire. Même si on leur propose une augmentation ! Chacune d'elles défend farouchement son indépendance et ses petits privilèges. Elle ne veut dépendre que du ministre ! C'est-à-dire de personne, car le ministre ne peut pas contrôler directement un million et demi de personnes. J'ai dit un jour : « L'Éducation nationale, c'est un conglomérat de professions libérales nationalisées. » C'est la vérité. Les inspecteurs d'Académie ne dépendent pas vraiment des recteurs, les proviseurs ne dépendent pas des inspecteurs d'Académie, les professeurs ne dépendent pas des proviseurs. Qui évalue les proviseurs ? Qui évalue les inspecteurs ? Personne. Et les professeurs ? Les inspecteurs, mais une fois tous les six ou huit ans en moyenne et en prévenant deux jours à l'avance. Comment voulez-vous assurer un fonctionnement normal dans ces conditions ? Quand on connaît le système, on se dit que ça pourrait être pire, finalement. Il repose en fait sur le zèle spontané de 80 % des profs et des personnels administratifs. Avec une telle bureaucratie, on voit que ce zèle reste très important. Malgré la lourdeur des structures, la flamme ne s'est heureusement pas éteinte pour tous.

L.J. : Vous avez pourtant dit vous-même que le système se dégradait.

C.A. : Oui, ce n'est pas contradictoire. Ce système vit sur un passé, sur une tradition, mais qui peu à peu s'érode parce que, avec le gigantisme, ses défauts se sont accentués et que l'éthique de beaucoup d'enseignants s'étiole peu à peu dans le corporatisme. Dans les établissements, la discipline s'est peu à peu relâchée. On ne respecte plus les enseignants. Cependant, si eux-mêmes se permettent de traiter leur ministre de bouffon, comment peuvent-ils espérer se faire respecter des élèves ? Et je ne parle pas des tenues vestimentaires... Le plan antiviolence, développé avec Paquita Morellet, marquait notre volonté de retour à une certaine discipline. Les médias ne nous ont guère aidés ; ils préféraient s'étendre sur les cas tragiques que sur les succès, pourtant réels. La segmentation entre les enseignements est devenue trop grande. Prenons la distinction entre primaire, secondaire et supérieur. Trois logiques, trois mentalités.

Dans le primaire, le recrutement se fait par département ; les instits sont des grands partisans de la recherche pédagogique, de l'expérimentation, etc. Dans le secondaire, le recrutement se fait par des concours nationaux d'une dimension inhumaine. Les profs sont attachés à leurs disciplines et aux savoirs. La pédagogie est largement dévaluée. Ça change d'ailleurs avec les jeunes, mais la tradition est là. Les uns et les autres sont partisans des obligations de service par semaine. Ce sont des grands adversaires de l'annualisation.

Dans le supérieur, sauf en droit et en économie, pour les professeurs, on recrute par université. C'est la recherche qui est essentielle, et les obligations de service sont annuelles. Il n'y a aucun effort syndical ou autre pour rapprocher les points de vue, car les enseignants de chaque niveau méprisent ou, tout au moins, ignorent les autres.

Dans ce milieu, qui officiellement prêche l'égalité, les inégalités de salaire et de service sont considérables. Les débutants sortant du Capes sont très mal payés, d'autres gagnent sept fois plus.

L.J. : Qui sont ces détenteurs de salaires sept fois supérieurs à ceux des débutants ?

C.A. : Les professeurs de classe préparatoire. Grâce aux heures supplémentaires annuelles, certains gagnent 50 000 ou 60 000 francs par mois, dépassant très largement la règle des cumuls de la fonction publique.

L.J. : Avec les quatre mois de vacances...

C.A. : Plus que ça. Certains professeurs de classe préparatoire ont six mois de vacances, à cause des concours des grandes écoles. Il est vrai qu'ils travaillent beaucoup pendant six mois. Mais tout de même ! Le jeune qui sort du Capes doit avoir à peu près 8 000 francs par mois.

L.J. : Ce sont des écarts comparables à ceux du secteur privé...

C.A. : J'ai l'impression que dans le privé il y a moins d'écarts, si on laisse de côté le PDG et les quelques cadres qui l'entourent. Donc, il y a un écart énorme de revenus. D'ailleurs, dans certains lycées, les professeurs des classes préparatoires n'adressent pas la parole aux autres profs. Dans certains, comme au lycée Joffre de Montpellier, ce sont les agrégés qui ne parlent pas aux certifiés. Deuxièmement, il y a des disparités tout aussi importantes entre les disciplines ; être professeur de français à Bondy n'a rien à voir avec être professeur d'histoire à Neuilly. Et je ne compte pas les cours particuliers, qui doivent représenter en France un chiffre d'affaires d'un milliard et demi à deux milliards.

L.J. : Les cours particuliers sont imposés ?

C.A. : Non. En général, on ne les déclare pas. Ce sont les profs de maths, de français, de langues qui les dispensent. Pas les profs d'histoire ou de musique. Encore une grande inégalité. Cela se double d'un très grand individualisme. Le prof et sa classe. C'est la règle. Elle est héritée de l'individualisme du prêtre. Le travail en équipe est rare. Du coup, lorsqu'on a des difficultés, on est seul.

L.J. : Vous voulez dire que, dans un établissement, on ne discute pas en commun des méthodes qu'on applique ?

C.A. : Non. Très rarement. On se coordonne un peu entre profs de maths et profs de physique. Mais, en général, chacun est replié sur sa discipline, isolé.

L.J. : Il y a un prof principal, pourtant...

C.A. : Oui, mais c'est bien souvent théorique. Il est très rare que le prof principal anime vraiment une équipe. Finalement, c'est dans les quartiers difficiles qu'il y a le plus de solidarité pédagogique, mais c'est là que les professeurs sont le plus mal reconnus, le moins gratifiés.

L.J. : Il y a une chose que le public ne comprend pas, c'est que le directeur de l'établissement n'ait pas de contrôle sur ses profs...

C.A. : Oui. Il y a un refus de la hiérarchie. Le prof et sa classe. Le directeur d'école primaire n'est même pas un directeur. On lui refuse le statut de directeur. Souvenez-vous des ennuis de Monory avec le statut dit des « maîtres-directeurs » : manifs, manifs et abandon. Le proviseur, lui, jouit d'un statut différent. Il a une fonction reconnue, mais il est censé ne pas se mêler de pédagogie. Sa sphère est restreinte à l'administration. Là aussi, je voulais faire évoluer les choses. Je voulais que les proviseurs participent à la notation des enseignants avec les inspecteurs. Le SNES en a fait un de ses chevaux de bataille contre moi. Les profs rejettent l'autorité du proviseur.

L.J. : Ils ont gagné ?

C.A. : Non, la bataille n'a pas eu lieu. C'était une réforme que je préparais, mais qui n'était pas encore engagée. Elle est toutefois indispensable et elle se fera un jour.

L.J. : Seuls les inspecteurs évaluent les profs. Est-ce satisfaisant ?

C.A. : Non, parce qu'ils sont inspectés une fois tous les cinq à huit ans et qu'ils sont prévenus deux jours à l'avance. Comme je vous l'ai dit, il n'y a pas d'inspection surprise. À mon avis, ce refus de l'évaluation va avec un sentiment de dévalorisation sociale, qui touche les profs du secondaire plus que ceux du primaire. Si l'on veut redonner aux profs tout le prestige qu'ils méritent, il faut qu'ils soient évalués, et que les promotions récompensent les meilleurs et ceux qui travaillent dans les conditions les plus difficiles. Ils veulent l'émulation entre élèves, pourquoi pas entre profs ? L'instituteur n'a pas le même prestige social qu'autrefois, parce qu'il y a moins d'instits de village et qu'en ville il est forcément plus anonyme. Mais je crois qu'il ne se sent pas trop dévalué.

L.J. : D'autant plus que son salaire a été augmenté et devient l'équivalent de celui des profs de lycée...

C.A. : Oui, mais cela s'est fait au prix de l'abandon du nom d'instituteur, qui est pour moi un peu magique. L'instit s'appellera professeur d'école. Pourquoi pas?
Les professeurs du supérieur, malgré l'augmentation de leur nombre, jouent un rôle plus important dans la société. Ils ne se sentent pas du tout dévalués. Ils estiment qu'ils ne gagnent pas assez, ce qui est vrai. Mais ça n'atteint pas trop leur prestige. Avec la multiplication des universités, leur standing social est à peu près celui des professeurs agrégés d'il y a quarante ans, ce qui n'est pas si mal.

L.J. : Le prof de lycée ou de collège, lui, se sent dévalué...

C.A. : Oui. Partons d'un indice : l'attachement des profs du secondaire au bac. Le baccalauréat coûte très cher. On pourrait le remplacer par un contrôle continu au moins partiellement. On en parle depuis des années. Les enseignants y sont très hostiles. À priori, on ne comprend pas vraiment pourquoi. Avec le contrôle continu, les profs seraient bien mieux respectés par les élèves, puisque leurs notes compteraient pour le bac. Mais ils sont contre.

L.J. : Pourquoi?

C.A. : Je vous donne mon sentiment. Je crois qu'ils sont contre parce que le bac est la dernière chose qui leur reste comme symbole social. Le bac, c'est un monument national. Ils préparent les élèves au bac. Cela donne à leur métier une valeur que tout le monde comprend. C'est un peu comme, pour les curés, la communion solennelle.

L.J. : Avec le contrôle continu, ils auraient l'impression de dévaloriser leurs élèves et donc de se dévaloriser eux-mêmes, c'est ça ?

C.A. : Oui. Je pense que c'est la grande affaire. Le secondaire ne s'est pas remis de la massification. Hier, ces profs dispensaient un enseignement d'élite, ils avaient les meilleurs élèves. Maintenant, ils ont tout le monde. Tout le monde va au lycée. Ils vivent ça très mal. En même temps, l'enseignement supérieur s'est tellement développé (il y a actuellement 90 000 personnes qui enseignent à l'université) que le prestige social qui pouvait lui rester a été confisqué par le supérieur. Le prof du secondaire se sent dévalorisé. Il éprouve du ressentiment pour l'enseignement supérieur. Ça ne m'a pas aidé : j'étais professeur de l'enseignement supérieur. Bayrou a été prof du secondaire. Ça lui a servi dans ses rapports avec le SNES. C'est un monde éclaté. Les instits ne fréquentent pas les profs du secondaire, les profs du secondaire ne fréquentent pas ceux du supérieur, etc. Il faut aussi compter avec les phénomènes de génération. Il y a les anciens, ceux qui ont plus de cinquante-cinq ans. Ceux-là ressemblent aux enseignants qu'on a connus. Tout pour les élèves, éthique du service public. Ils font ce métier par amour, comme un sacerdoce. On retrouve cet esprit chez les très jeunes. C'est un grand espoir. Entre les deux, on rencontre de tout. Mais une partie de cette tranche d'âge ne devrait pas être dans l'Éducation nationale. Ça ne leur plaît pas. À certaines époques, où la croissance des effectifs galopait, où l'on avait un urgent besoin de profs, on a recruté n'importe qui aux Capes, avec en maths par exemple des notes de 2/20. Lorsque j'ai souhaité intégrer les maîtres auxiliaires, on a organisé des concours. Les inspecteurs généraux nous ont dit qu'on ne pouvait pas prendre une partie de ces gens-là. Ou alors, il fallait supprimer le concours !

L.J. : Vous voulez dire qu'il y a de mauvais profs. Dans quelle proportion, selon vous?

C.A. : De 10 à 15 %. Ce sont eux les responsables des absences, ce sont eux qui affaiblissent le système. De plus, ces mauvais profs constituent 15 % de l'effectif, mais plus de 40 % des instances syndicales. Ce sont surtout des profs du secondaire. Lorsque j'ai dénoncé les carences du système, les absences, etc., cela visait 15 % des profs; le fait que l'ensemble des professeurs s'est senti visé montre bien l'état de sensibilité de ce milieu. Dans le primaire, le niveau est meilleur et la conscience professionnelle mieux préservée.

L'enseignement professionnel est lui aussi de bonne qualité. Comme dans le primaire, les enseignants n'ont pas une mentalité d'exclusion. C'est même l'inverse, ils doivent accueillir et former ceux dont on ne veut pas ailleurs.

L.J. : Et les parents d'élèves?

C.A. : Ce sont des éléments clés du système éducatif. Leur rôle va s'accroître. Toutes les fédérations ont bien compris mon combat. Ils l'ont manifesté en m'invitant à leurs congrès, ce qui s'était rarement fait. Malheureusement, au moment des manifs, on a vu qu'ils n'étaient pas équipés pour manifester comme les syndicats d'enseignants. Enfin! c'est ainsi... Pourtant, si seulement 10 % des parents d'élèves étaient venus manifester pour me soutenir, comme l'avaient demandé les trois fédérations, il y aurait eu un million et demi de personnes dans la rue!

L.J. : Si l'on vous écoute, il n'y a pas de milieu enseignant...

C.A. : Homogène? Non. Ils ne se fréquentent pas, ils ne s'aiment pas les uns les autres. Il y a une mosaïque enseignante. Pour l'illustrer, revenons sur la question des horaires. Dans l'enseignement supérieur, nos horaires sont annualisés depuis toujours. On doit tant d'heures dans l'année et c'est très pratique, car on peut organiser son temps. Si vous parlez d'annualisation dans l'enseignement secondaire, vous faites scandale. Pourtant, elle serait bien nécessaire et avantageuse pour les profs.

L.J. : Pourquoi cette hostilité ?

C.A. : Est-ce l'analogie avec l'attitude des syndicats ouvriers vis-à-vis de l'annualisation, que je comprends d'ailleurs mal ? Est-ce la peur qu'on se rende compte qu'un enseignant travaille beaucoup moins qu'un salarié du privé ? Je ne sais pas. Entre le secondaire et le primaire, il y a une autre différence fondamentale. Les syndicats du secondaire ont, comme on dit dans le métier, un fusil à deux coups et même deux et demi. En cas de conflit avec le ministère, ils peuvent soit descendre dans la rue, soit y envoyer les élèves. Chaque fois qu'il y a une grève des lycéens, elle est en réalité manipulée par les enseignants. Il n'y a pratiquement jamais de mouvement lycéen spontané.

L.J. : On dit ça, c'est une expression courante, « avoir un fusil à deux coups » ?

C.A. : Oui. Généralement, pour rallier tout le monde, on revendique des moyens. Le slogan est toujours le même : pas assez de moyens, plus de postes. Ils ont réussi à intoxiquer les parents d'élèves avec le mot d'ordre : trop d'élèves par classe. En fait, c'est ridicule. On arrive aujourd'hui à une moyenne de 25 élèves par classe en terminale, et en faculté, l'année suivante, ils seront 400 par amphi. En classe préparatoire aux grandes écoles, 40 ou 45...

L.J. : Les élèves sont beaucoup plus durs qu'avant...

C.A. : C'est vrai : les élèves sont de qualité très variée. Souvent ils sont inattentifs, ils supportent mal la pédagogie et le classement. Les cris des « gardiens du temple » n'ont pas d'autre origine. Ils voudraient des élèves attentifs, acceptant la discipline comme ceux d'autrefois. C'est de plus en plus rare. Donc le métier est bien plus pénible. Mais pour moi – là-dessus je n'ai jamais réussi à me faire entendre – la solution à ce problème, ce sont les aides-éducateurs, les assistants, le travail en équipe et les nouvelles technologies. Il faut bouger, il faut innover, au lieu de soupirer sur le passé. Le passé ne reviendra pas.

Il y a un malaise profond. L'enseignement secondaire ne sait plus où il est. C'est comme ça partout. En Belgique, la réforme de l'enseignement secondaire a déclenché une crise en 1981. Aux États-Unis, la même réforme est bloquée aujourd'hui et Al Gore a été invité par les syndicats à s'abstenir de tout zèle dans ce domaine. En Italie, en Angleterre et en Allemagne aussi, les réformes sont difficiles. Le ministre italien Berlinguer a quitté son gouvernement quelques semaines après ma démission parce que les enseignants du secondaire étaient opposés à ses réformes et faisaient pression sur le parti socialiste italien. Tony Blair est aujourd'hui en difficulté en Grande-Bretagne en partie à cause de la grogne des enseignants consécutive à ses projets de réforme. En Chine, la réforme de l'enseignement secondaire se heurte à une résistance considérable des enseignants. Le SNES est certes un obstacle, un catalyseur. Mais on ne peut pas en faire l'unique cause d'immobilisme. C'est le corps social tout entier qui est malade. Quand j'étais ministre, la frustration s'est cristallisée sur moi. Je ne suis plus là, le malaise demeure.

L.J. : Vous parlez une nouvelle fois du SNES. Mais quel est le paysage syndical ?

C.A. : Il faut faire un peu d'histoire. Après la Libération, un grand mouvement de rassemblement syndical s'est produit dans l'Éducation nationale. Il a donné naissance à la Fédération de l'Éducation nationale, la FEN. Cette FEN était proche de la gauche. Les socialistes au sens large, c'est-à-dire au sens de la gauche non communiste, ont rapidement contrôlé l'appareil. Mais les communistes sont restés très puissants. Près de 30 % des enseignants étaient syndiqués et actifs. Sans doute en raison de ce tropisme politique, et aussi à cause de l'esprit né dans la Résistance, la FEN a tout de suite dépassé la simple défense des intérêts des personnels pour devenir une force de proposition pédagogique. Les débats de la Libération ont été très riches. Le plan Langevin-Wallon, qui prévoyait une démocratisation radicale de l'enseignement, servait de référence.

Il faut préciser que, jusqu'aux années soixante, les dirigeants de la FEN continuaient à exercer leur métier en face de leur classe. Il n'y avait pas de mise à disposition, pas de professionnels du syndicalisme ou très peu. Les tendances s'affrontaient, des trotskistes aux communistes en passant par les socialistes. Mais, le plus souvent, on se battait autour d'options pédagogiques. J'ai bien connu ce syndicalisme d'avant 68. Par ma mère, secrétaire de section du SNI. Par mon père, militant du SNES. J'ai été élevé dans le respect de ce syndicalisme.

Puis les choses ont évolué. La FEN a joué un rôle politique central dans la constitution du nouveau parti socialiste de François Mitterrand et dans le rassemblement de la gauche. Le secrétaire général Henry sera récompensé dès 1981 par un poste de ministre dans le premier gouvernement Mauroy. En même temps, en 1967, s'est produit un événement qui est passé inaperçu des non-spécialistes : la tendance communiste a pris le contrôle du SNES, autrement dit de l'enseignement secondaire. À partir de là, la nature de la FEN a changé. Une sourde lutte de tendance s'est développée dans les divers syndicats pour le contrôle de la Fédération.

L.J. : La cogestion à la française dont vous parliez était-elle déjà en marche ?

C.A. : Non, pas encore. Pendant la gestion gaullienne de l'éducation, la FEN était dans l'opposition. Les contacts étaient rudes et la durée de vie des ministres de l'Éducation nationale très brève. Ils tombaient comme des mouches, victimes les uns après les autres de manifs d'enseignants.

L.J. : La cogestion a débuté après Mai 68 ?

C.A. : Non, pas directement. Avec son habileté démoniaque, Edgar Faure avait beaucoup intégré les syndicats dans son dispositif et même dans son cabinet. Mais la FEN ne s'était pas encore établie rue de Grenelle. La tradition s'est établie sous Pompidou et sous Giscard. Mai 68 a été un traumatisme pour les hommes politiques de droite. Tout était parti de l'université. De Nanterre d'abord, puis des autres facs. Les syndicats enseignants avaient été des relais décisifs entre les étudiants et les confédérations ouvrières. Ils avaient fait la démonstration de leur puissance – les enseignants formaient le gros des troupes dans les manifs – mais aussi de leur organisation, de leur sens politique. À partir de là, les ministres de droite ont cherché à avoir de bons rapports avec les syndicats enseignants, qui en ont profité tout en obtenant des avantages pour investir doucement la place. Beullac, Fontanet, Haby symbolisent autant de réformes, autant de manifs, autant d'augmentations budgétaires, autant d'étapes dans l'installation progressive des syndicats rue de Grenelle.

L.J. : Mais c'est en 1981 que s'est situé l'apogée de la cogestion...

C.A. : Peut-être pas. En 1981, le gouvernement a fait entrer les syndicats dans les instances statutaires. Mais c'était la reconnaissance officielle, légale, d'un état de fait antérieur, une étape supplémentaire dans une évolution amorcée sous Giscard.

L.J. : Comment vous, socialiste, pouviez-vous combattre l'idée de mieux associer le personnel aux décisions ? C'était quand même une avancée démocratique !

C.A. : Oui, mais cette avancée démocratique a peu à peu été confisquée. Ceux qui sont censés représenter la base constituent un appareil et confisquent le pouvoir. Ça a commencé lorsqu'on a décidé de détacher des fonctionnaires pour exercer un mandat syndical à plein temps. Il y a maintenant 1 200 mises à disposition syndicales à l'Éducation nationale. On a créé une bureaucratie syndicale qui s'est progressivement souciée plus d'elle-même que de l'intérêt général. Puis en 1981, avec les lois socialistes, les syndicats sont devenus très puissants même lorsqu'ils ne comptent que très peu d'adhérents (1 % dans le supérieur). On a légalisé le rôle des minorités agissantes.

Quand, en plus, ils sont représentatifs, et c'est le cas du secondaire (plus de 30 % de syndiqués), alors ils ont le pouvoir de tout bloquer, de tout diriger. Car, à partir des lois socialistes, les luttes de pouvoir internes ont eu pour objectifs des postes officiels, des subventions, des mises à disposition massives, des promotions individuelles, etc. La lutte à l'intérieur de la FEN a repris de plus belle. Son apogée s'est produite après le ministère Jospin et a conduit à l'éclatement de la FEN et à la formation de la FSU. La FSU comprend les ex-communistes, la FEN reste de tendance socialiste et le SGEN-CFDT joue un rôle ambigu entre les deux. La surenchère s'est installée.

L.J. : Un socialiste peut-il dénoncer les syndicats comme vous le faites ?

C.A. : Pas de pluriel. Je dénonce un syndicat et non plusieurs. J'ai passé beaucoup de temps dans ma vie à négocier avec les syndicats. Quand j'étais conseiller spécial de Jospin, quand j'étais ministre. J'ai toujours entretenu de bons rapports avec eux et j'ai toujours rendu hommage au travail des grands syndicalistes de l'école. C'est parce que je suis socialiste que je dénonce les perversions créées par certains syndicats de fonctionnaires, dont un en particulier à l'Éducation nationale. Un vrai syndicat, c'est celui qui fait face à un patron, qui défend les travailleurs et se bat pour un partage plus équitable de la plus-value. Le syndicalisme de fonctionnaires réclame des avantages, c'est son rôle. Mais, trop souvent, il oublie le service public. Un ministre n'est pas un patron qui défendrait des avantages personnels ou bien ceux de je ne sais quels actionnaires. C'est un représentant de l'intérêt général. Or, un socialiste doit avoir un souci : la qualité du service public. Je suis favorable au dialogue, à la participation des agents de l'État aux décisions qui les concernent, mais cela implique de leur part un certain sens des responsabilités et du courage pour ne pas céder à la démagogie.

La situation actuelle n'est pas bonne. Il faut faire évoluer les formes de représentation. Les agents eux-mêmes le ressentent. Dès qu'il y a un conflit grave, ils mettent de côté les syndicats et créent des coordinations. Le syndicalisme de fonctionnaire doit se rénover : non-cumul des mandats et limitation dans le temps. La direction du SNES est là depuis trente ans ! Il faut aussi instaurer un contrôle des détachements et, dans certains cas, un contrôle du financement.

L.J. : Quel est le sous-entendu ?

C.A. : Les syndicats et les partis politiques ne sont pas si différents. Ce qui vaut pour les uns vaut pour les autres. Dans sa campagne contre moi, le SNES a dépensé plus de 30 millions, avec agence de pub, spots au cinéma, etc. Est-ce que c'est normal que l'argent des subventions publiques soit utilisé à insulter le ministre et à le faire tomber ?

L.J. : Les syndicats ne sont tout de même pas les seuls obstacles aux réformes...

C.A. : Non, je vous l'ai dit, l'obstacle principal, c'est la lourdeur du système, et la résistance des enseignants eux-mêmes, que les syndicats ne font que catalyser. Un marxiste dirait : l'opposition des enseignants du secondaire aux réformes est une opposition de classe, une défense des privilèges. Lorsqu'on a quatre mois et demi de vacances par an, qu'on gagne correctement sa vie, qu'on ne représente que 1 % de la population active, mais que grâce à ce système les enfants d'enseignants représentent parfois jusqu'à 50 % des reçus à l'École polytechnique ou à Normale sup, pourquoi voulez-vous que cela change ?... L'autre obstacle, c'est la lenteur de la mise en œuvre des réformes. On commence par négocier, discuter avec les syndicats. Il faut ensuite rédiger les textes, les soumettre aux CTPM, au Conseil supérieur de la fonction publique, au Conseil d'État. Au mieux, la réforme n'est promulguée que six mois après son lancement et appliquée de six à dix-huit mois plus tard. Ceux qui y sont hostiles ont tous les moyens pour mobiliser, enrayer, dénaturer un projet. Avec l'aide des médias, les contre-pouvoirs sont plus rapides et mieux armés que l'État. Observez la réforme de Bercy. Elle a été lancée par DSK. On a discuté, on a consulté la base, on a cru que ça allait passer. Huit mois après, tout s'est bloqué. Y a-t-il eu de nouveaux éléments ? Non, on a attendu le moment propice. On a fait la grève de la collecte de l'impôt, ce qui est inadmissible, et on a eu la tête du ministre.

À l'Éducation nationale, une réforme des programmes exige six mois de consultations avant d'être promulguée. Elle n'est appliquée au bout de dix-huit mois. Tant qu'on ne trouvera pas des méthodes plus rapides, on aura le plus grand mal à réformer les services publics. J'y suis arrivé, mais au prix de ma peau de ministre !

Mais tout cela ne fait que traduire le poids excessif du corporatisme.

L.J. : Ce n'est pas nouveau.

C.A. : Non, ce n'est pas nouveau. La nuit du 4 août, les révolutionnaires ont supprimé les privilèges mais ils ont aussi voté la suppression des corporations. Encore une illusion.... Le corporatisme est si bien ancré dans les mœurs que vous-mêmes, les médias, êtes organisés suivant un schéma corporatiste.

Lorsque j'analyse la manière dont les médias ont rendu compte de mon action, c'était clair. Les éditorialistes voyaient très bien les problèmes et la quasi-totalité soutenait mes efforts pour réformer. C'est grâce à ce soutien que j'ai pu réaliser mes réformes. De droite comme de gauche, à la télévision, à la radio ou dans la presse écrite, ils m'ont tous soutenu, même l'éditorialiste du *Monde*, journal qui, par ailleurs, ne m'a guère aidé. Une partie des journalistes éducation aussi, mais la plupart étaient très influencés par les syndicats et perdaient leur objectivité. Lorsqu'on le leur faisait remarquer, ils répondaient : « Oui, mais nous devons les ménager, car ce sont nos sources d'information ! »

Pourquoi ne pas concevoir des journaux avec des journalistes moins spécialisés et plus indépendants ?

3

Comment on devient ministre

LAURENT JOFFRIN : Avant de poursuivre la discussion sur l'école, je voudrais que vous retraciez votre itinéraire personnel et politique. Vous avez joué un rôle important dans l'évolution du PS et dans l'arrivée de Lionel Jospin à Matignon. Vous et Lionel Jospin êtes « des amis de quarante ans ». Quand l'avez-vous connu ?

CLAUDE ALLÈGRE : Notre relation a commencé par une engueulade. J'ai connu Jospin en 1958 à la résidence universitaire d'Antony. Vous avez raison de dire que cela ne date pas d'hier. J'étais le responsable local du PSU (le Parti socialiste unifié) pour la Cité universitaire. Le militantisme est chez moi une tradition familiale, une sorte de devoir civique. Mon père était socialiste après avoir été communiste, mes grands-pères étaient l'un communiste et l'autre radical-socialiste. Mon père était professeur et syndiqué au SNES, ma mère était institutrice et responsable syndicale au SNI. Étudiant, j'étais donc devenu à mon tour responsable politique. Nous devions être deux dizaines en tout, même si nous arrivions à faire croire aux étudiants communistes (l'autre force organisée) que nous étions plus de cent grâce à notre activisme. Le PSU venait de naître de la fusion de deux organisations de la « nouvelle gauche », le PSA (Parti socialiste autonome) et l'UGS (l'Union des gauches socialistes). C'étaient des groupes qui avaient rompu avec la SFIO à cause de la guerre d'Algérie, ou bien qui venaient du Parti communiste et qui tentaient de se regrouper pour former un pôle non communiste et anticolonial à gauche. Un jour, on frappe à ma porte. J'ouvre et je vois un grand type aux cheveux frisés et à la barbe en bataille qui me dit : « Je m'appelle Lionel Jospin », et qui se met à m'interpeller. Il se trouve que, quelques jours auparavant, nous avions pris une décision en bureau dispensant ceux qui préparaient l'ENA de vendre les journaux le dimanche. Notre idée était de protéger l'anonymat de nos camarades destinés à prendre des responsabilités dans l'État bourgeois, de manière à mieux l'infiltrer. C'était un raisonnement d'époque...

Jospin venait protester : il voulait distribuer les journaux comme les autres et contestait la décision, qui avait été prise sans lui : déjà le souci des formes ! J'ai évidemment accepté, puis nous avons fait connaissance. Nous avions beaucoup de points communs. La politique, bien sûr, mais aussi le sport. Jospin jouait au basket, comme moi. J'avais été capitaine de l'équipe junior du PUC qui est allée en finale du championnat de France. Nous avons joué au basket ensemble. Jospin était bon, j'étais, je crois, à l'époque un peu meilleur, même si j'ai abandonné ensuite le basket. Avec ma taille, ma carrière aurait vite plafonné. Jospin était très teigneux. Le faire sortir pour un changement de joueur, c'était toute une histoire ! En dehors de ces incidents, nous avons sympathisé. Nous étions d'accord sur beaucoup de choses en politique, et notamment le refus de la gauche de l'époque que l'on considérait comme colonialiste, donc traître. L'horreur, c'était Guy Mollet. François Mitterrand n'était pas loin dans la détestation. Il avait dit : « L'Algérie c'est la France... La seule négociation, c'est la guerre. » Ces mots nous restaient en travers de la gorge. Il y avait encore Mendès. Il nous paraissait honnête, capable. Mais pas assez à gauche.

L.J. : Une rumeur insistante fait de Lionel Jospin un militant trotskiste de la tendance lambertiste...

C.A. : Son frère Olivier était trotskiste du groupe Lambert. C'est sans doute l'origine de la rumeur. Lui, non, je ne crois pas. En outre, ses positions à l'intérieur du PSU ne correspondaient pas à celles des trotskistes. Ceux-ci proposaient une aide active en faveur du FLN, des transports de fonds ou d'armes, etc. Jospin, tout comme moi, d'ailleurs, était opposé à cette idée. Nous faisions partie des « raisonnables », nous voulions un combat strictement politique. Jospin n'a jamais été extrémiste. C'est un trait constant de son caractère. Dans un débat, il cherche sans cesse la position centrale. Il a toujours refusé de se situer à la gauche du PS, par exemple. Il tenait à être au centre d'un PS ancré à gauche. Nuance.

L.J. : Pour être complet, d'autres rumeurs vous situent également chez les trotskistes de Boussel-Lambert...

C.A. : Ça montre bien le sérieux des rumeurs ! Je ne savais pas ce qu'était le lambertisme jusqu'à une date récente, quand Jean-Christophe Cambadélis, qui, lui, en vient, m'a fait un cours.

L.J. : Ensuite, vos itinéraires ont bifurqué...

C.A. : Oui. Jospin a préparé l'ENA, où il est entré au deuxième coup. La première fois, il pensait avoir raté l'écrit alors qu'il était admissible. Il s'est présenté à l'oral en retard, on l'a collé. Il a dû recommencer. Il a ensuite suivi les deux ans d'école avec Chevènement, Toubon et quelques autres. Il est parti en stage dans les mines du Nord. C'est là qu'il est devenu allergique à Bourdieu, qui sévissait déjà et qui était venu donner une conférence. Il lui avait fait une impression déplorable. Moi, j'avais choisi une voie scientifique. Nous nous sommes perdus de vue.

L.J. : Vous vous êtes retrouvés au PS.

C.A. : J'ai adhéré au PS en 1973, comme beaucoup de gens, avec l'idée qu'il fallait en finir avec les divisions de la gauche et que le congrès d'Épinay et la rénovation du PS lancée par Mitterrand offraient un espoir. J'ai rencontré Jospin par hasard. Il avait adhéré un peu avant. Nous avons pris un pot. Il travaillait déjà avec Mitterrand. Puis nous nous sommes revus, et c'est là qu'il m'a proposé de rejoindre cette équipe. Mitterrand cherchait quelqu'un de sensibilité scientifique. En réalité, cela ne s'est pas concrétisé. On m'avait aussi proposé de travailler pour Mendès, et j'avoue qu'intellectuellement j'étais davantage tenté. Mais rien ne s'est fait. J'étais pris par ma recherche. Mon envie de servir politiquement ne pouvait m'empêcher de penser que le plus important c'était la science, et que je lui devais l'essentiel de mon temps.

L.J. : Ça n'a pas mis fin à vos retrouvailles ?

C.A. : Non. Les circonstances de la vie n'ont amené à emménager boulevard Saint-Michel. Nous sommes devenus voisins : il habitait rue Servandoni. Et puis là, bien sûr, s'est produit le grand événement : la victoire de François Mitterrand en 1981. J'ai été comme toutes les personnes de gauche, bouleversé et enchanté. C'était une victoire magique. Lorsque, jeunes, nous militions à Antony avec Lionel, jamais je n'aurais imaginé que la gauche prendrait le pouvoir un jour en France. Le pouvoir, c'était une référence mythique. Pour nous, la gauche c'était un réservoir d'idées, un aiguillon. Le pouvoir, l'ordre, la gestion, c'était la droite. Et puis on nous avait tant dit que Mitterrand était vieux, que Giscard était le plus intelligent, que le PS avait fait le mauvais choix en éliminant Rocard... Dans mon milieu d'intellectuels, on n'accordait guère de chances à la gauche.

L.J. : Vous étiez rocardien ou mitterrandiste ?

C.A. : J'étais mitterrandiste de raison et sans doute rocardien de cœur.

L.J. : Et Jospin ?

C.A. : C'était un mitterrandiste sans états d'âme. Mais il ne croyait pas beaucoup dans les chances de François Mitterrand. Je me souviens, il disait : « Seul Joxe est persuadé qu'il sera élu. » On avait perdu les législatives deux ans plus tôt, alors que tous les sondages étaient favorables. Comment gagner ? Lionel disait d'ailleurs que Mitterrand lui-même avait peu d'espoir.

L.J. : Mais, enfin, Mitterrand a gagné. Avez-vous participé à toute cette liesse populaire, aux joies de la gauche ?

C.A. : Non, pas vraiment. Lors de la manifestation du Panthéon, j'étais à un congrès aux États-Unis. Lors des élections législatives qui ont suivi, j'étais au Tibet où je dirigeais les expéditions franco-chinoises pour l'étude du complexe Himalaya Tibet.

C'est à Lhassa, sur un bout de journal américain, que j'ai appris la victoire « absolue » des socialistes aux élections législatives. C'était assez savoureux, car nous habitions Lhassa et je logeais dans la chambre que quelques mois auparavant Giscard d'Estaing avait occupée lors d'une escale touristique. Satisfaction puérile de goûter en ce lieu une victoire qui me paraissait invraisemblable. À quatre mille mètres d'altitude, la fièvre de la politique m'avait atteint !

L.J. : Revenons à Paris, et à votre retour au PS. Après la victoire de la gauche, Lionel Jospin est désigné par Mitterrand premier secrétaire du PS. Comment vous intégrez-vous dans le dispositif ?

C.A. : À petits pas. D'un côté, j'avais envie de participer à l'extraordinaire aventure qui débutait et, de l'autre, je ne voulais pas interrompre mes recherches qui étaient en plein essor. J'ai fait pendant cette période trois ou quatre de mes découvertes les plus importantes !

L.J. : N'est-ce pas votre problème, au fond. Cette difficulté à choisir entre la politique et la science ?

C.A. : Sans doute un peu, mais, pour moi, il n'y a pas de contradiction. La politique n'était pas un métier. Ce devrait être une activité civique momentanée. C'est idéaliste, bien sûr. Je crois que cette idée permettrait aux politiques de ne pas perdre le sens des réalités.

Revenons à mon engagement politique. C'est Jean Pronteau qui m'a approché. Il était à ce moment numéro trois du PS (le numéro deux était Quilès), secrétaire national aux études, et bras droit de Lionel. Jean était un personnage extraordinaire. C'était un ancien khâgneux qui avait abandonné ses études pour la Résistance. Il était entré au PC, avait gravi beaucoup d'échelons, puis l'avait quitté avec fracas. Il avait une personnalité très forte. Intellectuel jusqu'au bout des ongles, cultivé aussi bien en littérature qu'en histoire. Il disait des choses passionnantes avec un accent « parigot » à couper au couteau. Il adorait Lionel et m'avait très vite adopté aussi. Sans crier gare, sans mon accord formel, il m'a nommé délégué national à la Recherche du PS. J'étais engagé. Parallèlement, il y a eu le tennis. Lionel avait réussi à accéder aux courts de tennis du Sénat au Luxembourg. C'est un court discret situé derrière le pavillon du président, à l'abri des regards. La proximité des logements aidant, nous avons commencé à jouer toutes les semaines. Après le tennis, en « laissant faire la sudation », comme disait Lionel, on parlait autour d'un café. C'est là qu'est née une nouvelle amitié politique. Lionel était frappé par une chose étonnante : nous arrivions la plupart du temps à des conclusions politiques semblables, alors que nos raisonnements prenaient des chemins totalement différents. Ainsi, petit à petit, je me suis intégré dans l'équipe de Jospin du PS.

L.J. : C'était comment ? On dit que Jospin est froid et formel, comment organisait-il tout cela ?

C.A. : Comme je vous l'ai dit, il y a Lionel et Jospin. Au PS, nous avions affaire à Lionel, dans le meilleur sens du terme. C'était une bande d'amis groupés autour de lui, pour qui nous avions tous une immense affection. Il y avait Marie-France Lavarini, qui était au début son assistante et qui est devenue par la suite son attachée de presse. Jean Pronteau, qui, s'il avait vécu, serait sans doute devenu une sorte de figure légendaire de la gauche. Comme adjoints de Pronteau, il y avait Dominique Strauss-Kahn et Gérard Delfau, aujourd'hui sénateur de l'Hérault. Il y avait aussi Bertrand Delanoë et quelques autres. Lionel était très méthodique. Il jouait un rôle essentiel dans le dispositif institutionnel que Mitterrand avait mis en place. Il participait chaque semaine à un petit déjeuner le mardi avec le président, le Premier ministre et le secrétaire général de l'Élysée, il voyait le président et le Premier ministre en tête à tête une autre fois dans la semaine et ils se téléphonaient beaucoup. Il était entièrement dévoué à sa tâche, qui le passionnait. Jospin veillait à la cohésion du PS, expliquait beaucoup, justifiait telle décision ici, pesait pour modifier telle autre là. Lors de la grande ascension de Jospin, à la présidentielle de 1995, j'ai toujours été surpris de voir les gens découvrir Jospin, s'étonner de ses qualités, comme si c'était une révélation.

Moi, j'avais vu Jospin à l'œuvre à la direction du PS. Il a fait un travail extraordinaire. Quelques années plus tard, c'est Mitterrand qui m'a dit : « Pendant sept ans, pour moi, il a été formidable. » Du temps de Jospin, il n'y a pas eu de congrès de Rennes, de luttes de courants exacerbées. Il veillait à l'unité du troupeau, préparait ses congrès, aidait le gouvernement. J'accompagnais de mon mieux cette gestion du PS. Avec mon ami DSK (Pronteau a malheureusement vite disparu), nous assistions Lionel dans la rédaction des discours ou des motions. Petit à petit, je suis devenu un conseiller très proche, puis un confident.

L.J. : Est-il question de former un courant Jospin à ce moment-là ?

C.A. : Non. Certains, bien sûr, dans le cercle proche, rêvaient à l'avenir et émettaient ce genre d'idée. Jospin les arrêtait vite. Il disait sèchement : « Mon courant, c'est le parti. » Encore une fois, à cette époque, il était l'un des plus proches de Mitterrand. Comme je l'ai dit, Mitterrand l'appréciait beaucoup. Jospin a une remarquable capacité d'analyse politique en même temps qu'une grande clarté de vue sur l'action à mener. Il sait organiser une équipe, la maintenir unie, même si des tensions constantes risquent de la faire éclater. Dans ce domaine de l'animation politique, il était l'un des meilleurs, sinon le meilleur. Il se voyait sans doute inconsciemment comme un héritier possible, légitime, il avait une grande conscience de ses qualités et de son rôle. Mais il ne parlait jamais d'avenir. Il était interdit d'en parler, même avec moi. Ses rapports avec Mauroy comme avec Fabius étaient bons. Les mitterrandistes faisaient bloc. Ils avaient battu les rocardiens, ils tenaient le parti, ils gouvernaient. L'action dominait tout.

L.J. : Mais les choses se sont vite dégradées...

C.A. : Vite ? Non, pas tout de suite. Les choses ont peut-être démarré en 1985, quatre ans après la mise en place du dispositif. Jospin n'était pas favorable à la nomination de Fabius à Matignon, après Mauroy. Il voulait qu'on garde le PC au gouvernement et il était pour Bérégovoy. Je me souviens que Mitterrand lui avait envoyé Charasse à Bruxelles pour le consulter. Lionel avait été flatté et surpris. Mais son avis n'a pas été suivi. Et, quand Fabius est devenu Premier ministre, les relations se sont imperceptiblement détériorées. Cela a commencé par des petites choses, des accrocs mineurs : des nominations demandées par Jospin que Fabius ne faisait pas, des suggestions venant du PS qu'on ne suivait pas, des attitudes désinvoltes de Fabius, etc. Puis Fabius a eu cette idée maladroite de vouloir diriger la campagne de 1986. Là, Jospin s'est cabré. Il estimait qu'il revenait au premier secrétaire de mener les troupes à la bataille. De plus, il voyait bien que la politique Fabius était difficile à expliquer à l'électorat traditionnel des socialistes : il fallait un discours rappelant plus les valeurs de la gauche. Mitterrand n'a pas vraiment tranché. Il a dit : « Les deux doivent faire la campagne. » Mais Jospin a estimé qu'il avait eu gain de cause.

L.J. : Il avait déjà une ambition nationale ?

C.A. : Oui et non. Mais il contestait celle de Fabius. Et puis, après les élections de 1986 et l'arrivée de la droite au pouvoir, la première cohabitation a rehaussé tout d'un coup le rôle du PS. Jospin était de nouveau en première ligne, comme chef de file de l'opposition socialiste. C'est à ce moment qu'a débuté pour moi un engagement politique plus visible. Au congrès de Toulouse, DSK m'avait demandé de prendre la présidence du groupe des experts du PS.

L.J. : Que représentait exactement ce groupe d'experts ?

C.A. : Le groupe des experts du PS avait été créé initialement par Mitterrand lorsqu'il était premier secrétaire. C'étaient des personnalités appartenant ou non au PS qui se réunissaient autour du premier secrétaire pour élaborer des idées, lui faire des propositions librement, sans les contraintes d'efficacité immédiate qui s'imposent dans les instances politiques. Jospin, Lang, Delors avaient appartenu à ce groupe lorsqu'ils étaient auprès de Mitterrand. Après la mort de Pronteau, qui l'animait, il s'était dissous. DSK me demandait donc de le reprendre avec, il faut bien le dire, l'objectif de me retenir au PS, car mon envie de retourner à la science ne m'avait pas quitté.

L.J. : Qui y avait-il dans ce groupe ?

C.A. : Une collection de gens inconnus à l'époque qui ont ensuite été projetés sur le devant de la scène. Le noyau de base du groupe comprenait, outre DSK et moi-même, Henri Nallet, Michel Delebarre (ils étaient les deux « espoirs » de la gauche à l'époque), Henri Emmanuelli (qui, en ce temps-là, connaissait peu Jospin), Pascal Lamy, Christian Sautter, Alain Geismar, Roland Castro, Gilles Martinet, Edgar Pisani, Pierre Guidoni, Michel Gouilloud (vice-président de Schlumberger), François Hollande (qui m'avait été recommandé par Jean-Marie Colombani), François Roussely, Jean-Marie Le Guen, Marie-Pierre de La Gontrie, Jean-Jack Queyranne ; et le secrétaire en était Pierre Moscovici. Lionel assistait à toutes les réunions, et Jean-Louis Bianco, alors secrétaire général de l'Élysée, y venait de temps en temps. En dehors des réunions de la coordination, ce groupe réunissait des ateliers, rédigeait des rapports. Je crois que, outre le fait que Lionel y a rencontré des personnalités intéressantes, le travail réalisé a été utile. Il a produit des idées, des projets. Ce travail fait mentir l'idée, très répandue, selon laquelle la politique n'est que luttes de pouvoir et affrontements de personnes. Quelles que soient les ambitions, les querelles individuelles, elles doivent se couler dans le moule de la réflexion, dans la mécanique du débat de fond, dans le mouvement d'élaboration collective qui précède toute expérience gouvernementale en démocratie. Je veux le souligner, parce que la suite du récit va montrer la guerre des ambitions, qui forme l'autre pôle de la vie politique. Mais, comme un certain poujadisme veut réduire la politique à la manœuvre, je veux rappeler que tous, aussi virulents que nous ayons pu être dans la lutte des tendances, nous devions nous projeter dans l'avenir, accoucher d'une politique cohérente, qui serve le pays et nos mandants...

À partir de là et dès la défaite des législatives, le groupe des experts a grossi à une vitesse incroyable, pour terminer avec quelque chose comme 400 membres répartis en ateliers multiples. C'était devenu une ruche. Pour moi, ce fut une expérience précieuse. J'ai fréquenté davantage le monde politique. J'ai vu François Mitterrand, qui m'a reçu plusieurs fois en tête à tête et m'a emmené en voyage officiel en Chine, puis aux États-Unis.

Au groupe des experts, en écoutant les exposés des uns et des autres, en lisant les notes, j'apprenais. Je me suis familiarisé avec des dossiers techniques dont j'ignorais tout. Je me souviens de ce dossier des retraites complémentaires, AGIRC, ARCO... J'ai découvert une jungle administrative et réglementaire que je ne soupçonnais pas, en même temps que les positions de pouvoir que recherchaient les uns et les autres.

L.J. : Ce groupe était-il destiné à promouvoir Lionel Jospin ?

C.A. : Oui et non. Non, si on regarde la situation à l'époque, car la diversité des tendances y était grande, et le but déclaré était de préparer la présidentielle pour Mitterrand et de renouveler les idées du PS. Oui, si on constate ce que les uns et les autres sont devenus.

L.J. : À quel moment Lionel Jospin a-t-il pris conscience de ses possibilités ?

C.A. : Encore une fois, on n'en parlait jamais explicitement. Mais à mon avis – ce n'est qu'un avis – cela s'est passé en 1988, pendant la précampagne présidentielle. Vous savez que Mitterrand s'est déclaré tard, pour ménager le suspense et gêner l'opposition. Pendant des mois, Jospin a fait la campagne présidentielle à sa place. C'était un rôle ingrat. Il était l'un des trois à savoir que Mitterrand irait, avec Glavany et Emmanuelli. Il était comme une « vedette américaine », celle qu'on regarde en attendant la vraie vedette. Il s'en est parfaitement sorti. Et, surtout, il a rodé son talent d'orateur et il a compris comment marchait la dynamique d'une campagne, comment se nouait le lien avec les électeurs. C'est un épisode oublié, mais décisif dans son parcours.

L.J. : Et vous ?

C.A. : Je voulais prendre des distances avec la politique. J'avais accompagné Lionel en URSS dans le premier voyage officiel fait depuis près de dix ans par un premier secrétaire du PS français. Il était prévu que Lionel rencontrerait Gorbatchev, alors en pleine perestroïka. En fait, nous sommes tombés au moment où Gorbatchev a « disparu » quinze jours dans sa datcha de Crimée. Nous ne savions pas si c'était une maladie diplomatique ou autre chose. Nous avons été reçus par Ligatchev qui était alors le numéro deux du PCUS. C'était impressionnant. La réunion dans la grande salle du bureau politique, dans l'immeuble du PCUS, était pour moi pleine de références mythiques. Je me souviens alors que Ligatchev, qui était le leader des orthodoxes, venait de nous expliquer que la perestroïka ne remettait nullement en cause les pratiques politiques de l'URSS, et que Lionel lui a dit : « En somme, vous êtes pour la perestroïka, mais dans l'ordre. » C'était un beau voyage. Mais j'étais tenaillé par mon travail de chercheur, j'avais de nouvelles idées. Avant la campagne présidentielle, je suis parti aux États-Unis (en Californie) sans prévenir Mitterrand, qui, je crois, n'a pas trop apprécié. C'est Nallet qui m'a remplacé comme responsable du groupe des experts, puis il est devenu trésorier de la campagne. Pas de chance pour lui. Il a eu les ennuis consécutifs à l'affaire du financement de la campagne. Je suis rentré un peu avant l'élection et j'ai coordonné le travail du groupe des experts, en liaison avec l'équipe de la campagne dirigée par Bérégovoy. J'ai aidé Jean-Louis Bianco à fournir les éléments (et même des phrases) dans la rédaction de la « Lettre à tous les Français ».

L.J. : Finalement, votre engagement politique était intermittent...

C.A. : Mon engagement politique était marginal par rapport à mon emploi du temps : l'essentiel, c'était mon activité scientifique. Celle de professeur et de chercheur. J'ai toujours passé beaucoup de temps à faire de la science, c'est mon activité intellectuelle principale. Rien ne peut remplacer la jubilation qu'elle procure. Avoir une idée théorique sur une recherche à entreprendre. Aller sur le terrain récolter des échantillons, les analyser au laboratoire, faire des calculs, interpréter les résultats, modifier les hypothèses de base et faire une découverte. Puis aller présenter les résultats dans des congrès, dans des colloques. C'est une très belle vie, vous savez, très riche, très pleine, très exaltante, rude parfois, mais gratifiante intellectuellement. Or, pour moi, la période que vous venez de décrire a été assez extraordinaire. J'étais en pleine créativité mais, en plus, j'ai commencé à recevoir des récompenses importantes. En 1985, j'ai été élu à l'Académie des sciences des États-Unis. L'année suivante, j'ai obtenu le prix Crafoord de l'Académie royale de Suède, puis on m'a attribué toutes les médailles internationales qui existent dans mon domaine ou presque. J'étais très heureux pour moi, ainsi que pour toute l'équipe qui travaillait avec moi, pour tous les jeunes qui m'avaient fait confiance en venant me rejoindre, en faisant des thèses sous ma direction. La recherche, c'est à la fois une aventure individuelle et collective. En France, dans le domaine des sciences de la Terre, j'étais un peu un rebelle. Je faisais des recherches qui ne rentraient dans aucun chapitre de la géologie traditionnelle. J'étais donc mal vu par les classiques, les tenants des disciplines traditionnelles. D'autant plus que je défendais ma nouvelle discipline et que je voulais qu'elle soit reconnue. C'était très difficile, souvent très frustrant, parfois assez rude. Personne ne réalise que la science ce n'est pas un long fleuve tranquille, surtout quand on innove, qu'il y a des conflits de personnes qui redoublent les conflits intellectuels. C'est peut-être plus dur que la politique...

L.J. : Pourquoi *plus dur*?

C.A. : Vous êtes engagé dans une polémique scientifique majeure, vous défendez telle ou telle théorie. S'il apparaît finalement que ce que vous défendez est faux, vous êtes scientifiquement mort, ou presque. Vous aurez les plus grandes difficultés à revenir au premier plan. En politique, ça va, ça vient... Il n'y a pas de véritable évaluation. Si vous avez le cuir assez tanné pour durer, vous n'encourez pas de sanction définitive...

L.J. : En science, vous n'avez pas été le plus mal traité...

C.A. : Ça a été long. Lorsque j'ai reçu une première reconnaissance internationale, je n'avais jamais obtenu la moindre médaille ou le moindre prix en France. J'ai été élu à l'Académie des sciences en France dix ans après avoir été élu à l'Académie des États-Unis. J'ai eu la médaille d'or du CNRS alors que j'avais reçu tous les prix internationaux possibles. Mais je ne me plains pas, je dis simplement cela pour vous montrer que j'ai eu l'occasion dans ma vie de me durcir le cuir, y compris pour surmonter les ingratitudes politiques.

L.J. : Pourquoi était-ce si difficile en France pour vous ?

C.A. : Parce que, entre les années 1970 et 1985, les sciences de la Terre ont vécu la plus grande révolution scientifique de leur histoire. L'exploration des océans puis celle des planètes avec le retour des échantillons lunaires ont entraîné la reconstruction des sciences de la planète, dans leurs concepts et dans leurs méthodes. La géologie traditionnelle s'est entièrement transformée. Dans toutes ces batailles, j'ai été en France en première ligne et, pour une partie d'entre elles, j'ai été en première ligne au niveau mondial. Il est difficile de réformer l'enseignement, mais il est encore plus difficile de transformer, de reconstruire une discipline et de fabriquer les nouveaux savoirs, surtout quand ils remplacent les anciens. La lutte pour les nouveaux savoirs laisse des traces. Et ce sont les pionniers qui prennent les coups.

L.J. : En quoi consistent vos recherches ?

C.A. : Je fais partie d'un petit groupe de scientifiques de par le monde qui a créé une nouvelle discipline : la géochimie, qu'on appelle aussi géologie isotopique et qui utilise les techniques de la physique nucléaire pour étudier les roches et reconstituer l'histoire naturelle. Il a fallu développer une méthodologie qui comprend des techniques de laboratoire très sophistiquées et un corpus de raisonnements théoriques originaux.

L.J. : Ces méthodes ont amené quelles découvertes ?

C.A. : Les plus spectaculaires sont celles qui ont permis de calculer l'âge de la Terre et de comprendre comment notre planète s'est formée, de montrer que la Lune est un morceau de Terre arraché par un impact de météorites quand la Terre était encore en formation. Ou bien qui ont permis de comprendre comment la croûte terrestre ou l'atmosphère terrestre se sont formées, ou encore d'avoir déterminé que, par-delà les vagues et les courants de surface, l'océan subit des mouvements lents qui font que les eaux de surface de l'Atlantique d'il y a mille ans sont aujourd'hui au fond du Pacifique... Avec le même corpus méthodologique, on peut aborder avec succès des domaines très variés des sciences de la Terre et des planètes, et il y a trente ans on ne savait rien sur tous ces sujets. J'ai décrit cela dans des livres de vulgarisation qui ont eu un certain écho.

L.J. : Comment Jospin prenait-il vos succès scientifiques ?

C.A. : Très bien, d'une manière très solidaire. Quand j'ai été élu à l'Académie des sciences des États-Unis, je l'ai su vers cinq heures de l'après-midi, en avril 1985. Nous avons décidé de fêter ça au restaurant entre amis le soir même. Lionel a annulé le dîner qu'il avait prévu pour y être. Lorsque j'ai reçu le prix

Crafoord en septembre 1986, Lionel était en pleine campagne pour une élection partielle à Toulouse. Les socialistes se disputaient, certains s'étaient même alliés avec le Front national, et Mitterrand avait suggéré à Jospin d'y aller. Je me souviens, Mitterrand l'avait invité à venir déjeuner lors de la garden-party du 14 Juillet à l'Élysée et lui avait dit : « Vous avez été battu à Paris, allez à Toulouse. » Lionel n'était pas enthousiaste de quitter sa circonscription du XVIIIe... Mais, évidemment, il y avait la perspective de retrouver un siège de député.

L.J. : Il y est donc allé...

C.A. : Oui, et la campagne avait lieu en septembre. Il a interrompu cette campagne pour m'accompagner à Stockholm et assister à la remise du prix Crafoord par le roi de Suède. C'est un souvenir précieux. Le roi est arrivé avec une demi-heure de retard : il avait été pris dans les embouteillages. Au banquet, on lui a demandé : « Mais vous n'avez pas de motards ? » Il nous a répondu : « Vous n'y pensez pas ! Les motards ne sont utilisés que lors de la réception d'un chef d'État étranger. Sinon, la population serait outrée. » Démocratie scandinave...

L.J. : Un peu plus tard, Jospin devient ministre...

C.A. : Oui, mais presque deux ans plus tard, en 1988. Il en avait assez du poste de premier secrétaire, qui lui prenait toutes ses journées et tous ses week-ends. Sa vie privée en souffrait, il avait des problèmes de santé. Il voulait changer. Mitterrand lui a offert l'Éducation, avec un titre de ministre d'État et de numéro deux du gouvernement. Il a accepté. Il était enthousiaste.

L.J. : A-t-il demandé quelque chose pour vous ?

C.A. : Il souhaitait que je sois secrétaire d'État à la Recherche. Mais Mitterrand avait promis le poste à Curien, pour des raisons que j'ignore. Je suis donc devenu conseiller spécial. Mitterrand avait son dispositif en tête : Rocard à Matignon, Jospin à l'Éducation, priorité du second septennat, Fabius premier secrétaire du PS.

L.J. : C'est là que la guerre a éclaté.

C.A. : Oui. Mais ce n'est pas Lionel qui a déclenché les hostilités. Pour beaucoup de mitterrandistes, l'arrivée de Fabius au parti signifiait qu'il était le dauphin désigné. Ce dont ils ne voulaient à aucun prix.

L.J. : Pourquoi ? Fabius avait été Premier ministre. Sa désignation était logique...

C.A. : Quand on a appris que ce serait Fabius, il y a eu un mouvement de révolte. Le côté froid, hautain, techno, énarchique de Fabius hérissait beaucoup de gens. Emmanuelli était le plus en pointe, mais il n'était pas seul. Dumas, Cresson, ou même Mermaz n'étaient pas loin. Le mouvement anti-Fabius s'est organisé. Il y a eu une réunion avec Jospin, Queyranne, Strauss-Kahn, Emmanuelli, Vaillant, Laigniel, moi et quelques autres. Jospin a dit : « Mitterrand a choisi, je ne ferai rien pour le gêner. Mais si vous dégagez une majorité pour un autre candidat, prenez vos responsabilités, je prendrai les miennes le moment venu. » Or j'avais déjeuné avec Delebarre deux ou trois fois auparavant. À cette époque, Delebarre était le second de Mauroy. Nous avions agité l'idée d'une candidature Mauroy au PS. Alors, nous nous sommes tournés vers Mauroy, qui a accepté. Fabius s'était déjà déclaré candidat. Dès le lundi à midi, nous avons fait savoir à la presse que Mauroy le serait aussi. Nous l'avons fait avant qu'il ne voie Mitterrand dans l'après-midi, car nous ne voulions pas que ce dernier le retourne. L'opération a réussi. Mauroy a maintenu sa candidature. Le courant Mitterrand s'est réuni au Sénat le vendredi et, après des palabres interminables, une tentative de conciliation pour faire élire Mermaz, le vote à bulletin secret a désigné Mauroy comme candidat du courant. Comme nous avions la majorité au comité directeur, c'est Mauroy qui a été élu, et Fabius a dû se contenter de la présidence de l'Assemblée. Mitterrand l'a très mal pris.

L.J. : Mais quel était le véritable enjeu de cette lutte contre Fabius ? Après tout, vous étiez tous mitterrandistes, tous dans le courant majoritaire du PS. Vos divergences idéologiques étaient minces, pour ne pas dire inexistantes. C'était un pur conflit d'ambition...

C.A. : Vous avez en partie raison. Nos idées ne divergeaient pas beaucoup. C'était plutôt une question de style, de sensibilité. Jospin était un militant, il se référait aux valeurs traditionnelles de la gauche, il était attentif à la base du PS, à nos électeurs. Fabius faisait profession de « modernisme ». Il était plus calculateur, plus ambitieux, plus tourné vers la gestion. Mais ils soutenaient le même homme et la même politique. C'était une question de personnalités, plus que d'idéologie.

L.J. : Question de clan ?

C.A. : Non, pas de clan. De sensibilité. Il est vrai que nous formions un groupe, avec Emmanuelli, DSK, Vaillant, Moscovici, Laigniel, Queyranne, et quelques autres, un groupe dont les idées se retrouvaient en Jospin.

L.J. : Hollande n'y était pas ?

C.A. : Non. Hollande était « transcourant ». Il se disait étranger à ces débats de tendance et passait son temps à envoyer des piques à tous les courants constitués. En fait, il était proche de Delors. Moi, je l'aimais bien, mais les transcourants énervaient copieusement Jospin. Pendant un temps, je ne pouvais même plus prononcer son nom devant lui.

Vous me parlez des courants, des luttes de faction... Je voudrais être clair sur un point : les courants ne sont pas seulement une entreprise d'aide mutuelle, un pur instrument de conquête du pouvoir. Nous nous rejoignions sur des idées. Le profane a du mal à comprendre ces choses-là. Soit on a une vision angélique et il n'y a que des théories. Soit on ne voit que la tactique et le cynisme qui va avec. Nous manœuvrions, bien sûr, mais c'était pour promouvoir un homme en qui nous avions confiance, pour faire une certaine politique qui incarnait quelque chose.

L.J. : Ces manœuvres, justement, vont atteindre leur apogée au congrès de Rennes. Ce fut sans doute le congrès le plus désastreux pour l'image de la classe politique qu'on ait jamais vu. Vous y avez votre part de responsabilité...

C.A. : C'était surtout la logique de la situation. Jusque-là, quand Jospin était premier secrétaire, le courant mitterrandiste était uni autour de Mitterrand et dominait le parti. La querelle avec Fabius l'a fait éclater. C'était tout simple, au fond. Fabius s'était intronisé dauphin avec l'appui de Mitterrand. Les autres s'y opposaient et avaient choisi Jospin comme porte-drapeau. C'est ainsi que le courant Jospin est né. En réponse à l'organisation d'un courant Fabius. Nous nous réunissions régulièrement pour discuter du fond et de la tactique. Nous savions que Fabius déposerait une motion au congrès, puisqu'il avait refusé de se joindre à nous pour déposer une motion commune. Nous avons donc décidé d'en faire autant. À partir de là, aucun des courants du parti ne pouvait plus être majoritaire à lui tout seul. Il fallait trouver des alliés. Il y avait quatre alliés possibles : Rocard, Chevènement, Poperen et la gauche socialiste de Julien Dray, par ordre d'importance décroissante. Le congrès de Rennes se résume à cette mécanique : ni Jospin ni Fabius n'ont réussi à former une majorité. Nous avons eu quatre jours de manœuvres de couloir sans aucun résultat : ce fut effectivement un désastre.

L.J. : Le public ignore cette mécanique. Pourtant elle est décisive : c'est elle qui permet de choisir le leader du PS, qui devient celui de la gauche, puis celui du pays si la gauche est majoritaire.

C.A. : Elle n'a rien de bien compliqué : réuni autour d'un leader et d'un programme, chaque courant dépose avant le congrès un texte qu'on appelle motion, avec une liste de signataires. Les adhérents votent sur les différentes motions au terme d'une campagne interne. Le comité directeur du parti (une sorte de Parlement du PS) est composé en proportion des votes qui se sont portés sur chaque texte. Le comité directeur élit ensuite les dirigeants du parti au scrutin majoritaire. C'est plutôt démocratique. Souvent, on ne présente pas immédiatement une motion, mais une contribution, qui est un texte sur lequel on ne vote pas, qui ne donne pas lieu à la désignation des délégués. La contribution permet de prendre la température, suivant qu'elle est bien reçue ou non. Le cas échéant, la contribution se transforme en motion ou bien fusionne avec d'autres contributions. Au bout du compte, on n'élit de délégués que sur des motions. Le rapport de forces entre les motions produit une direction.

L.J. : Alors, pourquoi ces batailles de couloir dans les congrès, puisque les militants ont tranché avant le congrès ?

C.A. : Il y a bataille quand aucun des textes ne remporte une majorité absolue avant le congrès. Dans ce cas, il faut passer des alliances pour réunir plus de 50 % des mandats, de manière à former une majorité cohérente dans l'équipe de direction. Ces alliances se concluent lors d'un rituel socialiste très particulier :

la commission des résolutions, qui se réunit le samedi soir et se termine en général à l'aube du dimanche. On y consomme beaucoup de sandwichs, de bière, d'énergie et d'ingéniosité tactique.

L.J. : Comment s'est déroulé le congrès de Rennes ?

C.A. : Fabius a fait sa motion. Nous avons fait la nôtre avec les amis de Mauroy. Nous pensions arriver largement en tête. Du coup, nous devenions l'axe de la majorité mitterrandiste et Fabius aurait dû se rallier. Mais, alors qu'on comptait avoir les votes de la puissante fédération des Bouches-du-Rhône que contrôlait Michel Pezet, ce dernier a été mis en minorité et la fédération s'est déclarée pour Fabius. Grâce à l'aide de Mitterrand, Fabius a aussi réussi à prendre la fédération de l'Aude. Si bien qu'il s'est retrouvé à notre niveau.

L.J. : Mais je croyais que tout se passait par un vote individuel des militants. À vous entendre, on a l'impression que les fédérations votent en bloc. C'est un système féodal !

C.A. : Non, les militants votent individuellement. C'est pour cela qu'on ne connaît jamais le résultat à l'avance. Mais c'est un fait que celui qui tient une fédération influe sur le vote des militants, et certaines fédérations sont mieux structurées que d'autres. Le PS est cartellisé, c'est vrai. Disons que c'est un système à la fois démocratique et féodal.

L.J. : Donc Fabius allait réussir...

C.A. : Non, mais il empêchait le courant Jospin-Mauroy d'avoir la majorité à lui seul. Il fallait que les uns ou les autres nouent des alliances. Jospin, numéro deux du gouvernement Rocard, Mauroy, ex-allié de Rocard au congrès historique de Metz, il était assez normal que l'on cherche à s'allier avec les rocardiens. C'est à cela qu'avec Jean-Paul Huchon, aujourd'hui président du Conseil régional d'Île-de-France mais qui, à l'époque, était le bras droit de Michel Rocard, j'avais travaillé avant et au début du congrès. Mais François Mitterrand s'est mis en travers. Le vendredi matin, lors du tête-à-tête habituel président-Premier ministre, il a dit à Rocard : « Si vous prenez le parti, c'est une déclaration de guerre. » Le vendredi à midi, Rocard a donné l'ordre d'arrêter tout. Huchon était désespéré. C'est à partir de cette reculade que tout a commencé. Tout le monde négociait avec tout le monde dans un désordre total pour faire émerger la majorité introuvable.

L.J. : Puis vous vous êtes revus à la fameuse commission des résolutions...

C.A. : Oui. Mais on l'a interrompue très vite pour discuter entre mitterrandistes à la mairie de Rennes. Jusqu'à cinq heures du matin, on a cherché un accord dans une ambiance horrible. L'hostilité se sentait physiquement. Jospin avait une grande fatigue. Il était épuisé. C'est Henri Emmanuelli qui menait les discussions pour nous, avec Pierre Joxe en face pour Fabius. On n'arrivait à rien. Alors, de guerre lasse, on s'est mis d'accord sur un vague compromis au petit jour. Il en ressortait que les mitterrandistes se réunifiaient et que Fabius, finalement, était en position de prendre le parti. Lionel était groggy. Avec Daniel Vaillant et Henri Emmanuelli, nous étions atterrés et furieux. Nous avions perdu.

L.J. : Pourquoi le compromis a-t-il finalement échoué?

C.A. : Parce qu'il a fallu ensuite rendre compte à la base du courant Jospin. Toujours la démocratie... Et, là, on a assisté à une levée de boucliers. Donner le parti à Fabius? Pas question! La base était déchaînée. Je me souviens par exemple que Frêche, le maire de Montpellier, a fait un discours torrentiel. Les armées d'Alexandre, les Perses, Salonique, tout y est passé ! Puis Le Guen a porté l'estocade pour la fédération de Paris, qui pesait son poids de mandats. Chez les rocardiens, ce n'était guère plus brillant. La base a accusé Rocard de s'être couché devant Mitterrand.

L.J. : C'est vous qui aviez suscité ça ?

C.A. : Nous étions nombreux, Jean-Paul Huchon, Bernard Roman, Pierre Guidoni, Henri Emmanuelli, Daniel Vaillant, moi-même et beaucoup d'autres. J'avais joué un petit rôle, je ne peux le nier, mais le mouvement était bien plus puissant, il correspondait à la base à un vrai clivage de sensibilité. Du coup, l'accord a explosé et, en fin de matinée, il a fallu revenir devant les militants bredouilles. Il n'y avait ni motion de synthèse, ni majorité, ni secrétariat, ni bureau, ni premier secrétaire. Rien. Quand nous l'avons annoncé au congrès, on a eu droit à une bronca historique. Les militants ne comprenaient rien. Ils sifflaient. Déjà, pendant le congrès, l'atmosphère était terrible. Quand Jospin parlait, les fabiusiens sifflaient et vice versa. Le dimanche, c'était l'apothéose !

L.J. : Vous pressentiez les effets de tout cela sur l'opinion ?

C.A. : Non. Les journalistes disaient : vous allez voir, ça va faire un effet désastreux.

L.J. : Ils avaient raison.

C.A. : Certainement. Mais nous étions trop pris par la bataille politique pour nous en rendre vraiment compte.

L.J. : Au fond, c'était une rébellion contre Mitterrand.

C.A. : Contre la volonté de Mitterrand de donner le parti à Fabius. Oui. Mais pas contre Mitterrand lui-même. Nous faisions tous la distinction entre Mitterrand et Fabius. Nous n'avions pas conscience à quel point Mitterrand y tenait. D'ailleurs, il avait envoyé Christian Sautter qui, toutes les heures, lui téléphonait pour lui raconter les événements.

L.J. : Il a tout de même fallu en sortir.

C.A. : Oui, évidemment. Le mardi, on a eu une réunion rue de Solferino, au siège du PS, pour trouver une sortie. Et, là, Joxe et Bérégovoy sont venus avec une proposition de compromis, que Mitterrand leur avait dictée : on fait la synthèse, on ne réclame pas le poste de premier secrétaire pour Fabius, on laisse Mauroy. C'était acceptable : Fabius restait dans la majorité, mais nous l'avions empêché de prendre le parti. Du coup, on a fait une synthèse générale et tout le monde s'est retrouvé sur le même texte. Bien sûr, si Rocard avait voulu, nous faisions la majorité avec lui et nous écartions Fabius. Mais il a eu peur d'une guerre ouverte avec Mitterrand. Après tout, il était son Premier ministre. Son intérêt, c'était de durer à son poste. Mitterrand pouvait le remercier quand il voulait. Mauroy non plus, par fidélité, ne voulait pas s'opposer de front à Mitterrand, pas plus que Jospin, d'ailleurs.

L.J. : Après cette lutte au couteau, la synthèse générale était un peu surréaliste, non ?

C.A. : Oui. Par exemple, je me souviens que la partie économique a été rédigée conjointement par Chevènement et Bérégovoy. Or le premier n'avait cessé auparavant de fustiger la politique de Béré à Bercy. Moi, j'étais avec Joxe pour rédiger une autre partie, et ainsi de suite.

L.J. : En réalité Mitterrand restait très présent dans les luttes intestines du PS...

C.A. : Nous nous sommes trompés sur sa motivation. Il affectait de se placer au-dessus de la mêlée. En fait, il voulait sa revanche de ce fameux vendredi noir après sa réélection, quand nous avions empêché Fabius de devenir premier secrétaire. Son analyse n'était pas fausse : il considérait que la gauche n'aurait pas gagné sans lui en 1988 et qu'elle aurait été battue à coup sûr avec Rocard. Le premier septennat, c'était la conjonction du PS et du président. Mais le deuxième, c'était lui seul. Donc le PS devait suivre, lui obéir, puisqu'il lui devait totalement la victoire. Il se disait, au fond : « Je les ai fait gagner, qu'ils ne viennent pas m'enquiquiner ! D'ailleurs, Jospin ne m'a proposé personne comme successeur. Moi, je trouve que Fabius, c'est bien. » Sa maladie a joué un rôle dans cette affaire. Il n'avait plus de temps à perdre, de gants à prendre. Il savait que Fabius lui serait fidèle : il voulait lui donner le parti. Le reste était détail, intendance. Après Rennes, Mitterrand était encore plus furieux.

L.J. : Mitterrand vous gardait sa rancune à cause du congrès ?

C.A. : Oui. Sans aucun doute, même si nos rapports n'étaient pas si mauvais. Comme on m'attribuait un rôle dans le rapprochement avec les rocardiens, en raison de mes liens avec Jean-Paul Huchon, François Mitterrand m'a fait venir à l'Élysée pour un tête-à-tête. Un jour, Bianco, qui était secrétaire général de l'Élysée, me téléphone et me dit : « Le président veut te voir. » Il faut dire que, dans ce cas-là, c'était tout un cirque. Quand le président voulait vous voir, c'était vous qui deviez demander audience. Vous écriviez un mot de sollicitation, puis on vous téléphonait pour vous fixer rendez-vous.

Le jour dit, j'entre dans le bureau. Avec Mitterrand, vous saviez toujours si ça allait bien ou mal. Quand il était de bonne humeur, il se levait, faisait le tour de sa table, s'asseyait à côté de vous, puis vous promenait dans le bureau. Quand il était mécontent, il vous recevait assis derrière sa table. Il vous laissait entrer sans vous regarder.

J'entre donc. Il est à son bureau, en train de lire des lettres à signer, ses lunettes sur le nez. Il commence à me parler en signant ses parapheurs, ce qui est extrêmement désagréable. Et, tout de suite, il attaque : « Vous m'avez trahi, vous qui êtes de la famille, vous que j'aimais bien. Vous avez provoqué cette alliance avec Rocard. Vous savez qui est Rocard ? » Et là, bordée d'adjectifs sur Rocard. « Il est inculte, il est manœuvrier, il ne s'occupe pas de l'intérêt de la France, etc. Et puis vous êtes un récidiviste. Avec Emmanuelli, vous étiez au cœur du complot qui a empêché Fabius d'être premier secrétaire. Jospin est un jean-foutre. Comme premier secrétaire du PS, il a été impeccable pendant sept ans. Mais là, il s'en va, pour des raisons que je ne connais même pas... » Je réponds qu'il s'agit de raisons privées que je ne veux pas détailler. Et lui : « Bon, je comprends qu'il veuille changer. Mais il aurait pu me présenter un successeur. Il ne me propose rien. Alors je cherche et, finalement, je trouve Fabius. Il n'est pas si mal, Fabius, il est jeune. Et puis, soudain, Jospin s'y oppose et vous, vous êtes là derrière avec Emmanuelli, les têtes de cochon. Et à Rennes c'est la même chose. Vous avez même fait pire, vous vous êtes alliés avec Rocard. »

Je réponds que nous distinguions soigneusement entre Fabius et lui et que, s'il avait donné une consigne claire, nous aurions obéi, qu'on ne savait pas à quel point il y attachait de l'importance. Il me rétorque : « Mais vous devriez être assez grand pour comprendre. Et puis vous avez dit des mots... » Et là, il me sort une histoire : je l'aurais comparé à Bourguiba, qui s'accrochait au pouvoir alors qu'il était gâteux. Je bondis : « Ah non, enlevez-moi ça, je n'ai jamais rien dit de tel, c'est la calomnie, vous devriez le savoir, la calomnie, vous l'avez connue dans votre carrière ! » Là, il se radoucit, et la conversation devient plus détendue. Il se met à me parler de ses relations avec Thatcher, avec Kohl, qui était son ami. Puis il a un mot qui m'a énormément frappé. Nous parlions des dépenses militaires, des économies possibles. Et là, il me dit : « Mais vous et Jospin, vous êtes d'une génération qui n'a pas connu la guerre, c'est différent. On ne sait jamais ce qui peut se passer après Kohl. » Et là il se rapproche et il me lâche : « Vous avez confiance, vous, dans les Boches ? » Je compris combien cet homme avait été marqué et meurtri par la guerre. La fin de discussion est plutôt sympathique. Puis il me raccompagne et il me dit : « Alors, qu'est-ce que vous voulez ? » Je lui réponds : « Rien. » Il me regarde d'un drôle d'air. J'explique : « J'ai le plus beau métier du monde, je suis content, je suis chercheur, c'est ce qu'il y a de mieux. » Et nous nous quittons. Et, le lendemain, je reçois un coup de téléphone de Bianco qui me dit : « Il est très fâché, l'entrevue s'est bien passée, mais elle s'est mal terminée. Il t'a demandé ce que tu voulais et tu as répondu : Rien. Il a dit : C'est encore un de ces intellectuels insolents ! »

L.J. : Pourquoi insolent ?

C.A. : Je ne sais pas très bien. Il avait tellement l'habitude qu'on le sollicite. Il a pris ça pour une marque de défi, pour un refus d'allégeance. Ce fut mon dernier entretien en tête à tête avec lui.

L.J. : Vous ne soupçonniez rien de sa maladie ?

C.A. : Non. Bien sûr, quand je suis allé en Chine avec lui, j'ai bien vu qu'il avait une tête cadavérique. Mais, le lendemain matin, il était tout rose. Aujourd'hui, on sait qu'on lui faisait des transfusions. Il changeait à deux heures d'intervalle. Je me souviens d'avoir dit à Jospin en rentrant : « Tout de même, c'est bizarre ces changements instantanés. » Il m'a répondu : « Oui, je sais, il est comme ça de temps en temps. »

L.J. : Finalement, Mitterrand va finir par vous damer le pion. Quelques mois plus tard, Mauroy s'en va et celui qui le remplace, c'est... Fabius !

C.A. : Oui, il s'est arrangé avec son vieil ami Felipe González, le Premier ministre espagnol, pour faire nommer Mauroy président de l'Internationale socialiste. Du coup, la place était libre. Il y a eu un vote au comité directeur et Fabius a gagné. Tout simple. Mitterrand avait retourné suffisamment de monde pour assurer une majorité à Fabius. Bien joué !

L.J. : Comment est-ce possible, puisqu'une majorité s'était prononcée contre Fabius quelques mois auparavant ?

C.A. : La situation était instable. Nous étions tous élus sur la même motion, issue du compromis boiteux de Rennes. Encore une fois, le PS est plus démocratique qu'il n'y paraît. Si un premier secrétaire a une majorité contre lui, il s'en va. À l'inverse, si un candidat réunit une majorité, même sur un seul vote, il gagne. En jouant sur les membres du bureau exécutif, qui émane du comité directeur, Mitterrand a assuré une majorité à Fabius. C'était inopiné. Cela avait une allure de putsch. À ce moment-là, j'ai d'ailleurs démissionné du bureau exécutif pour protester contre le putsch.

L.J. : Fabius, donc, a régné.

C.A. : Pas longtemps !

L.J. : Jospin ne s'occupait pas seulement de lutter contre Fabius. Il était ministre de l'Éducation. Nationale...

C.A. : Oui, c'est tout de même plus important ! Dans un premier temps, en mai 1988, Jospin était ministre de l'Éducation nationale, de la Recherche de la Jeunesse et des Sports. Puis, entre-temps, Mitterrand dissout. Or c'est juste avant les élections législatives que nous avons mené l'opération anti-Fabius qui a abouti à l'élection de Mauroy à la tête du PS. Dans le deuxième gouvernement, comme par hasard, le ministre de la

Recherche, Curien, est devenu indépendant. Jospin a protesté parce qu'on lui enlevait une attribution. Mitterrand a répondu que Curien avait fait des pieds et des mains pour avoir un ministère à part entière. Mais je ne voyais pas Curien faire ça. En fait, c'était un signe : Mitterrand sanctionnait l'opération anti-Fabius.

Les rapports avec Fabius ont eu une autre conséquence. Il faut se souvenir qu'avant la victoire de Mitterrand, pendant la première cohabitation, Fabius était secrétaire du PS à l'Éducation. Il détenait en quelque sorte dans l'opposition le poste que Jospin allait occuper au gouvernement. Jospin « héritait » de Fabius. Pas simple. Or l'équipe Fabius avait négocié d'arrache-pied avec les syndicats d'enseignants, principalement avec la FEN, qui regroupait à l'époque l'ensemble des syndicats d'enseignants et qui était tenue par les socialistes. Les négociations avaient été très loin. C'était un véritable programme de gouvernement. À tel point qu'un peu avant l'élection présidentielle Monory, le ministre de l'Éducation de Chirac, avait pris contact avec la FEN pour proposer des concessions importantes : la FEN avait fait traîner les discussions jusqu'à l'élection pour laisser à la gauche le bénéfice des mesures, alors même que Monory proposait des choses très substantielles.

Fabius avait bien négocié (il faut dire que, dans l'opposition, c'est plus facile..), mais n'en avait nullement informé Jospin qui était pourtant le premier secrétaire. Les socialistes promettaient une revalorisation importante des salaires. En échange, les professeurs acceptaient de « travailler autrement ». C'était du donnant, donnant.

L.J. : « Travailler autrement », ça voulait dire quoi ?

C.A. : Plusieurs choses. Il y avait des innovations pédagogiques, des réformes diverses. Mais surtout l'idée de réévaluer radicalement le travail des instituteurs. Logique : la FEN était dominée par le Syndicat national des instituteurs, traditionnellement socialiste, alors que les professeurs du secondaire étaient représentés avant tout par le Syndicat national de l'enseignement secondaire (SNES), d'obédience communiste.

L.J. : Celui qui vous vaudra tellement d'ennuis.

C.A. : Exactement. Mais, entre-temps, le SNES s'est séparé de la FEN et a fondé la FSU. Donc la FEN des instituteurs socialistes avait vendu l'idée de porter la formation des instituteurs au niveau de celle des professeurs de collège, c'est-à-dire à bac + 3, et de créer un corps de professeurs des collèges ouvert aux instituteurs. C'était une grande promotion pour les instituteurs. Évidemment, les professeurs du secondaire voyaient cela d'un très mauvais œil. De plus, le SNES y percevait une menace : si on rapprochait trop les deux corps, le SNI pouvait venir marcher sur ses plates-bandes. Entre nous, tout cela n'était pas mal ficelé.. Et, surtout, on y gagnait l'idée que les professeurs pouvaient travailler « autrement » en échange d'avantages financiers. C'était un vocable vague, mais qui signifiait que les enseignants étaient prêts à accepter des réformes pédagogiques, à s'ouvrir... Bref, à évoluer.

Là-dessus, alors que Jospin était à peine installé rue de Grenelle, un homme proche de Fabius, le recteur Christian Bècle, vient le voir et lui dit : « Voilà, nous avons négocié tel, et tel point. Il faut le faire, tout est prêt. » La démarche a énervé prodigieusement Jospin. On sortait de l'affrontement au PS sur l'élection du premier secrétaire. Il a perçu cela comme un diktat de Fabius. Du coup, il n'a rien écouté. De plus, nous avions eu l'idée brillante, généreuse, en un mot parfaitement naïve, de ne pas jouer le donnant, donnant. Nous avions encore un point de vue idyllique sur les enseignants, et leurs syndicats... Nous nous sommes dit : les enseignants sont mal payés – ce qui était l'évidence –, nous n'allons pas faire un chantage au salaire. Nous ferons la revalorisation d'abord, puis, ensuite, nous discuterons de la pédagogie. Ce sont des gens raisonnables, ils sont des nôtres, nous pouvons leur faire confiance.

L.J. : Et vous avez revalorisé les salaires sans rien obtenir en échange...

C.A. : Non, n'exagérons pas. Nous avons fait des réformes très importantes. Mais pas toutes celles que nous souhaitions.

L.J. : Vous étiez le conseiller le plus proche. Comment était le Jospin ministre ?

C.A. : Au début, il était très ministre. Je crois que Mitterrand lui avait fait la leçon. « Vous êtes un ministre, vous n'êtes plus un militant, vous n'êtes plus un copain. Vous représentez la République », etc. Du coup, Jospin l'a emporté de loin sur Lionel. Il s'est un peu mélangé les pieds entre le vouvoiement et le tutoiement, entre l'attitude camarade et ministre, entre Lionel et Jospin. Avec la FEN, ce fut une catastrophe. Le secrétaire général, Yannick Simbron, a été complètement décontenancé. Il croyait à un rapport facile, chaleureux, complice. Il a trouvé un Jospin raide comme la justice. Or Simbron dépassait les autres de cent coudées. Il était l'interlocuteur idéal. Pourtant, les contacts ont été exécrables. J'ai passé des heures à essayer d'arranger les choses, à voir Simbron en tête à tête, Rocard s'y est mis. Rien n'y a fait. Les conséquences allaient être redoutables.

L.J. : Comment se sont passées les relations avec Rocard ? Après tout, c'était l'ennemi traditionnel.

C.A. : Très mal au début. Jospin a commencé par une maladresse. Numéro deux du gouvernement, il a écrit un article intitulé « Gouverner autrement ». Rocard lui a téléphoné, absolument furieux. Il lui a reproché de lui faire la leçon, de lui expliquer à lui, Premier ministre, comment il devait s'y prendre, ce que Jospin n'avait pas voulu faire. C'était plutôt le Jospin, toujours premier secrétaire du PS, qui se livrait à une analyse politique et soulignait le fait que, comme la majorité était faible, il fallait opérer différemment de 1981. Jospin aime l'analyse politique et il s'était laissé aller à son péché mignon. Il n'y avait aucune intention maligne, j'en témoigne. Deuxième incident, dans l'autre sens cette fois : Rocard fait un discours, à Limoges, devant Jospin, entièrement consacré à l'Éducation nationale, sans avoir fait lire le texte à son ministre en amont. Il le découvrait presque en même temps que la salle et la presse. Au fur et à mesure que les minutes passaient, on voyait Jospin se raidir, se fermer, jusqu'à devenir une statue de la colère. Mais, là aussi, il y avait malentendu. Rocard n'avait-il pas déclaré quelques mois auparavant que le Premier ministre devait être aussi ministre de l'Éducation nationale ? N'avait-il pas nommé conseiller spécial auprès de lui Antoine Prost, grand spécialiste des sciences de l'éducation ? Au début, Rocard se méfiait de nous. Mitterrand l'avait plombé en l'entourant de mitterrandistes purs et durs. Charasse disait plus ou moins fort : « Il faut lever l'hypothèque Rocard, ce gouvernement en a pour un an, Rocard ne tiendra pas le choc... » Jospin était l'un des héritiers de Mitterrand. Il était considéré avec méfiance à Matignon. Là, je me suis mis à jouer un rôle en nouant des relations avec Jean-Paul Huchon, le directeur de cabinet de Rocard. Nous nous entendions bien. Nous avons cherché à déminer les relations. Et, petit à petit, cela a commencé à s'arranger. Lionel n'avait pas d'hostilité personnelle vis-à-vis de Michel Rocard et, comme il est aussi formaliste, il respectait le Premier ministre. Il n'y avait pas de quoi s'alarmer.

L.J. : Quels étaient ces contacts, comment se sont-ils passés ?

C.A. : J'ai beaucoup vu Jean-Paul Huchon, que j'aimais bien. Puis peu à peu nous avons pris l'habitude d'aller dîner discrètement à Matignon, à quatre, Rocard, Jospin, Huchon et moi. Là, petit à petit, nous avons été frappés par la naïveté de Michel Rocard. Au fil de ses contacts, de ses tête-à-tête avec Mitterrand, il abandonnait toute méfiance. Il nous expliquait que ses relations avec lui s'étaient améliorées, qu'elles étaient devenues normales, loyales. Nous savions que de l'autre côté le point de vue était différent. Une fois, je me souviens, nous sortions de Matignon et Jospin essayait de faire comprendre à Rocard la situation réelle, doucement, gentiment, en lui tenant des propos du style : « Tu sais, Mitterrand est un homme compliqué, ce n'est pas aussi simple », etc. Rocard était persuadé qu'il séduisait Mitterrand, que sa connaissance précise des dossiers l'impressionnait. Il ne voyait pas qu'il insupportait Mitterrand.

L.J. : Mitterrand ne maîtrisait pas les dossiers ?

C.A. : Si, bien sûr. Mais il s'arrêtait aux points principaux, il éliminait les détails. Mitterrand était un politique et un littéraire ; il se moquait sans cesse des experts « qui savaient tout sur rien ». Rocard, qui a une intelligence redoutable, avait la manie de briller techniquement. Quand il avait travaillé une question, il en détaillait tous les aspects, avec brio. Mais Mitterrand le trouvait simplement exaspérant. Entre lui et Rocard, il n'y avait pas seulement une rivalité ancienne, il y avait un malentendu fondamental, comme je vous l'ai dit. Mitterrand m'a reproché d'être l'artisan du rapprochement Jospin-Rocard. Ce qui était vrai. Bref, peu à peu, une confiance s'est installée entre le mitterrandiste qu'était Jospin et l'« ennemi » de Mitterrand. Rocard était intéressé par l'Éducation et il soutenait en bloc la réforme pédagogique, les instituts de formation des maîtres, la revalorisation des enseignants. Il marquait cet engagement lors des arbitrages budgétaires contre les opinions de Bérégovoy et de Charasse. Il s'est donc mis à soutenir Jospin, souvent courageusement.

L.J. : Alors, pourquoi les réformes ne se sont-elles pas faites ?

C.A. : Il y a eu des réformes. Il ne faut pas l'oublier. Mais, c'est vrai, moins que prévu. La grande affaire, je vous l'ai dit, c'était la création d'un corps de professeurs des collèges, que le SNI et la FEN réclamaient et que le PS avait négociée avant la victoire de 1988. Nous voulions le faire, même si l'idée avait été travaillée par Fabius.

L.J. : Mais les professeurs du secondaire étaient contre...

C.A. : Non, pas « les professeurs ». Le SNES. Ce n'est pas tout à fait la même chose. L'idée de la FEN était logique : dès lors qu'on portait la scolarité obligatoire à seize ans, on pouvait facilement concevoir que, jusqu'à cet âge, les élèves reçoivent un enseignement assuré par un corps unique, les professeurs d'école et collège qui n'enseignaient pas une seule matière, mais plusieurs. Il y avait aussi l'idée de donner une cohérence entre les programmes du primaire et du collège, une sorte de programme de l'école obligatoire, c'était cohérent. Ensuite, les élèves entraient au lycée, organisé sur une base strictement disciplinaire avec beaucoup d'enseignants. Sur le plan pédagogique, la réforme avait un grand mérite : les élèves ne passaient pas brutalement d'une école où ils avaient un seul maître qui les tutoyait et les appelait par leur prénom à une autre où les relations étaient soudain distantes et où il y avait un prof par matière. Au collège, le même enseignant pouvait faire toutes les matières littéraires, un autre les matières scientifiques, comme en Allemagne. Les professeurs y gagnaient aussi, car ils avaient moins d'élèves différents, ils pouvaient les canaliser, etc. Bien sûr, la création de ce bloc école-collège avait pour la FEN un avantage politique : le SNI et la FEN socialistes auraient progressivement syndicalisé tout le monde, jusqu'à la troisième. Pour le SNES, au contraire, c'était le danger d'une perte d'influence : à terme, il aurait été confiné au lycée et serait devenu très minoritaire par rapport aux socialistes. C'était donc inacceptable.

L.J. : Le parti communiste était derrière ce refus ?

C.A. : C'est plus compliqué. Le SNES est un syndicat dont la direction est ou a été imprégnée de culture communiste dure, mais dont la base ne l'est pas. Ils font leur unité sur une ligne ultracorporatiste. Mais nous y reviendrons.

Je m'étais engagé fortement derrière cette idée du corps de collège. J'avais convaincu beaucoup de mes collègues du supérieur, au départ réticents, l'Académie française, l'Académie des sciences, y compris mon ami Laurent Schwartz, autrefois « tombeur » de la réforme des PEGC, ces instituteurs qui enseignaient en collège plusieurs matières, souvent très bien. Bref, nous étions prêts et j'étais pour ma part très enthousiaste. Quand tout d'un coup, un après-midi, Jospin et Schrameck (le directeur de cabinet, qui le sera ensuite à Matignon) m'annoncent qu'ils abandonnent le corps de collège. Là, je me suis fâché. J'ai annoncé que je quittais le cabinet. Le lendemain, j'ai eu une longue explication avec Lionel. Quand il le faut, il sait déployer beaucoup de talent de persuasion. Cela s'est terminé par le fait que je restais au cabinet mais pour m'occuper uniquement de l'enseignement supérieur avec, pour ce faire, une large autonomie.

L.J. : Pourquoi Jospin a-t-il cédé ?

C.A. : Parce qu'il a pensé que le rapport de forces lui était défavorable. Toujours la même histoire, le SNES tenait le secondaire. On ne pouvait pas faire sans lui. C'était le raisonnement. Rocard et son équipe n'étaient pas d'accord avec Jospin.

L.J. : Pourtant, la FEN soutenait la réforme...

C.A. : Oui, mais la FEN ne tenait que le primaire ! La conséquence a été la détérioration des relations avec elle. Il a aussi cédé sur la déconcentration du mouvement des enseignants du secondaire. Tout était prêt. Alors Lionel réunit les directeurs, écoute les diverses dispositions, puis interroge Dasté, chargé de la réforme. « Y aura-t-il des difficultés avec le SNES ? Oui, sans doute, mais ce ne sera pas déterminant », répond Dasté. Jospin conclut : « Je ne veux pas de difficultés, arrêtons la déconcentration. » En revanche (toujours la recherche de l'équilibre !), Jospin a tenu bon sur les modalités de la revalorisation. Le SNES était opposé à ce qu'instituteurs et professeurs certifiés aient le même salaire et la même formation à bac + 3. Ils voulaient une différenciation, en mettant les professeurs de lycée et collège à bac + 4. Ils la réclament toujours aujourd'hui. Ils veulent placer une barrière entre les deux corps. Jospin a créé le corps des professeurs des écoles, puis il a aussi tenu bon sur la création des IUFM, instituts uniques pour la formation des instituteurs et des professeurs, que le SNES refusait aussi obstinément.

L.J. : Pourquoi ce refus ?

C.A. : Toujours la même chose : on ne mélange pas les torchons et les serviettes, les professeurs et les instituteurs. C'est de là que date mon opposition à ce style de syndicalisme. J'étais absolument effaré par le fait que l'avenir de nos enfants, la qualité de la formation en France soient entièrement soumis à une logique de corporation. C'est à ce moment-là que j'ai connu Monique Vuaillat, la secrétaire générale du SNES. Elle m'a immédiatement fait une impression déplorable. Elle ne discutait jamais des problèmes de fond. Elle ne parlait que de moyens et de combines pour les obtenir. J'avais connu certains dirigeants du SNES autrefois, quand mon père y militait.

C'étaient de grands bonshommes. Ils avaient le souci de l'intérêt général, celui des élèves, ils parlaient de culture, de perspective historique, ils voyaient les problèmes avec de la hauteur. Avec Vuaillat, on était toujours en rase-mottes. Et, surtout, il y avait cette obsession de la revendication quantitative qui occultait tout autre problème. La pédagogie, l'organisation, le devenir des élèves, tout cela était toujours ramené à un leitmotiv : des postes d'enseignants, des postes d'enseignants, toujours plus de postes et de crédits.

L.J. : Jospin s'entendait mieux avec elle qu'avec la FEN socialiste...

C.A. : Oui, superficiellement. Il faut comprendre que tous ces gens de la FEN étaient au PS. Comme Jospin ne les connaissait pas très bien, il les soupçonnait d'être de tel ou tel courant et de confondre manœuvres syndicales et manœuvres politiques. Il avançait sur un terrain qu'il croyait miné. Il pensait, par exemple, que Simbron, le secrétaire général de la FEN, était « suspect », alors que c'était un fidèle de Mauroy. Cependant, la FEN était socialiste, alors que le SNES était communisant. Le SNES, d'ailleurs, nous a causé encore beaucoup d'ennuis, par exemple pendant le mouvement lycéen de 1990.

L.J. : C'était pourtant un mouvement né dans les lycées, un mouvement autonome...

C.A. : Je ne crois pas aux mouvements lycéens qui naissent spontanément. Chez les étudiants, oui, mais pas au lycée. Derrière les lycéens, il y a toujours les professeurs. Et, là, il y avait les professeurs du SNES. Ils ont fait démarrer le mouvement, comme toujours, sur une affaire de moyens. Puis la Gauche socialiste de Julien Dray a pris la tête de la contestation, avec ce syndicat lycéen autoproclamé qui s'appelle la FIDL. Le groupe de Dray est un petit groupe très pugnace, qui avait déjà fait

SOS-Racisme avec l'appui de Mitterrand, qui avait aussi monté le conflit des infirmières contre Rocard. Il était devenu la bête noire de Huchon et de Rocard. Quand le mouvement lycéen a démarré, Rocard était parti au Japon. Jospin assurait l'intérim. Il a reçu les leaders pour entamer les négociations. Là-dessus, sans nous informer, Mitterrand reçoit les lycéens de son côté et déclare qu'il faut faire un effort important. C'était un coup monté avec Dray pour gêner Rocard et Jospin. Toujours cette idée de faire payer à ces deux-là la coalition anti-Fabius. Cela dit, Michel Rocard a été formidable. Il a immédiatement débloqué les crédits et Lionel a pu éteindre l'incendie. Mais Jospin a commencé à être un peu amer en parlant de Mitterrand.

L.J. : On a le sentiment que vous ne gardez de cette période que des mauvais souvenirs...

C.A. : Pas du tout. Ça a été une période extraordinaire, un peu frustrante pour moi, mais extraordinaire. À la suite du différend que j'avais eu avec Lionel sur le corps de collège qui avait failli provoquer mon départ du cabinet, j'avais obtenu une relative autonomie pour m'occuper des enseignements supérieurs.

Nous formions avec Joseph Goy, Daniel Bancel et quelques autres, ainsi que quatre directeurs de ministère, une équipe soudée; logés au premier étage, nous étions relativement autonomes. Bien sûr, lorsqu'il s'agissait de grandes décisions, comme Université 2000, il fallait convaincre Lionel et le mobiliser pour défendre nos projets au niveau gouvernemental, mais cela ne nous a pas gênés pour développer notre action.

Je voyais Jean-Paul Huchon très souvent, j'étais en contact aussi avec Jean-Louis Bianco, secrétaire général de l'Élysée, ou Christian Sautter, secrétaire général adjoint. On travaillait bien ensemble. Je garde de cette période le souvenir d'une époque fructueuse et passionnante. De temps à autre, j'étais frustré de ne pas être ministre et de ne pas cueillir moi-même les fruits de mes efforts, mais je travaillais pour Lionel que j'aimais beaucoup et au total ça suffisait à mon bonheur.

L.J. : Qu'avez-vous fait pour l'enseignement supérieur?

C.A. : Pas mal de choses. D'abord, nous partions avec une situation vierge. Le plan Fabius élaboré par le PS ne comprenait pas l'enseignement supérieur. Et pourtant c'était pour nous le secteur essentiel. Ce secteur qui avait quintuplé de volume en quinze ans était négligé. C'était aussi un secteur à risque politique. Depuis Mai 68, jusqu'au mouvement contre la loi Devaquet en 1986, les gouvernements avaient peur. À l'université, on accueillait de plus en plus d'étudiants, de plus en plus mal sur le plan matériel. Pourtant les enseignants, notamment les maîtres de conférence, faisaient un travail formidable. Il fallait s'attaquer au problème sans déclencher d'explosion. Question difficile et néanmoins essentielle, car dans l'enseignement, contrairement à une opinion naïve et très répandue, tout part du haut. C'est l'Université qui crée les nouveaux savoirs, c'est là que se forment tous les enseignants, c'est là que se dessinent les nouvelles disciplines, etc.

Tout était à construire et d'abord le schéma de revalorisation des enseignants, qui étaient vraiment mal payés. Dans ce secteur, nous avons fait un travail patient, utile et... de gauche. Nous avons réduit l'éventail des salaires en revalorisant beaucoup plus les maîtres de conférence que les professeurs. Nous avons aussi beaucoup amélioré la condition étudiante.

L.J. : Pourtant, les enseignants de l'époque n'ont pas eu le sentiment d'une revalorisation massive. Tout au moins au début...

C.A. : C'est paradoxalement exact. Ils ne se sont rendu compte du changement que progressivement. C'était la conséquence de la technique que nous avions adoptée pour obtenir le maximum. Nous avons un peu modifié les échelles indiciaires, car c'est une opération difficile. Par contagion, on court le risque de modifier toute la grille de la fonction publique. Le ministère des Finances s'y oppose. Nous avons donc accru la vitesse des promotions et leur nombre pour les maîtres de conférence. Statistiquement, les maîtres de conférence ont eu en trois ans une augmentation de 4 000 francs par mois. Nous avons mis en place un système de primes importantes pour ceux qui faisaient de la recherche active, pour ceux qui s'investissaient dans des tâches pédagogiques ou administratives. Nous avons doublé le nombre de bourses de thèse et revalorisé ces dernières afin de préparer l'avenir et d'avoir des étudiants formés lorsque, à partir des années 2000, les départs à la retraite des professeurs d'université seront massifs. Nous avons également mis en place un premier plan social. Je me souviens très bien de Michel Rocard et de Lionel Jospin venant ensemble au siège de l'UNEF avec les anciens présidents de l'UNEF pour le lancement de ce plan social étudiant où nous assurions l'augmentation des bourses et le démarrage d'un plan ambitieux de construction de restaurants et de chambres. Nous avons multiplié ces derniers par cinq ou dix suivant les académies. Tout cela bien sûr n'arrivait pas tout seul, sans combat. Il fallait arracher les crédits aux Finances. C'était très difficile, parfois franchement déplaisant. Sans l'aide du cabinet Rocard, nous n'y serions pas arrivés. Bref, il fallait beaucoup négocier. Il fallait négocier avec les syndicats enseignants la revalorisation, avec les syndicats étudiants le plan social, avec les Finances les moyens.

L.J. : Comment ça se passait ? Comme avec le SNES ?

C.A. : Oh non, pas du tout. D'abord, à l'époque, pour le supérieur, nous avions affaire à des syndicalistes responsables. Ils défendaient leur point de vue et les intérêts de leurs mandants. Mais ils étaient aussi des universitaires de bonne foi, concernés par l'intérêt général. Quant aux syndicalistes étudiants, ils étaient malins, très politiques, j'avais beaucoup de plaisir à négocier avec eux. Je ne sais pas si c'est parce que je retrouvais ma jeunesse ou mes idées, ou les deux, mais enfin ça marchait plutôt bien. Plus tard, les luttes de courants dans l'UNEF les ont rendus plus turbulents, plus difficiles et moins fiables. Mais c'est toujours resté correct et – à l'inverse des pratiques du SNES – un désaccord n'était jamais considéré comme un conflit de personne. Bref, on y passait beaucoup de temps, mais c'était utile et l'on avait l'impression d'avancer, de préparer l'avenir.

L.J. : En quoi consistait le plan Université 2000 ?

C.A. : Attendez, j'y viens... Je crois que nous avons d'abord fait beaucoup sur le plan qualitatif. En établissant une politique contractuelle avec les universités. On négocie, on signe un contrat dans lequel l'État s'engage à donner un certain nombre de moyens et on laisse l'Université se gérer pendant quatre ans. En somme, l'autonomie universitaire dans le respect des règles républicaines.

Puis on a redonné à la recherche universitaire un nouvel esprit qui a contrebalancé le CNRS. C'est fondamental car, sans recherche, l'Université deviendrait celle d'un pays sous-développé. L'Université crée et dispense le savoir, c'est ainsi qu'elle se définit depuis le Moyen Âge. On a créé l'Institut universitaire de France, sorte de Collège de France sans murs, pour encourager les universités à avoir des équipes d'excellence et inciter les bons professeurs à rester en province et à ne pas tous venir vers Paris. On a créé les Instituts universitaires professionnalisés pour encourager la professionnalisation de certains cursus et rapprocher le « style » université du « style » grandes écoles, et l'on a fait d'autres choses encore.

L.J. : Et Université 2000 ?

C.A. : Attendez, j'y viens. Lorsque nous sommes arrivés, l'état physique des universités était lamentable. Comme le disait, en exagérant bien sûr, une présidente d'université de l'époque, « ça fait vingt ans qu'on n'a pas vu un sac de ciment sur les campus ». J'avais promis des grues sur les campus avant un an. Tout le monde avait éclaté de rire, mais, moins d'un an plus tard, il y avait des grues !

L.J. : Université 2000, c'était donc un grand programme de béton...

C.A. : Non, Université 2000 c'est un grand plan d'aménagement universitaire de la France qui a permis en six ans de rééquilibrer le territoire national, de créer huit universités nouvelles, de doubler notre capacité en IUT, de réparer ou de reconstruire des universités qui tombaient en ruine, etc. Nous avons fait là un véritable aménagement du territoire équilibré et équitable entre les régions. Le Nord-Pas-de-Calais ou la Bretagne se souviennent encore aujourd'hui de ce que nous avons fait pour eux à cette époque. Les nouvelles universités, les nouveaux IUT et BTS, etc. Enfin je crois que ça a été une réussite mais qu'il a fallu arracher au conservatisme de l'État. Je le dis sans fard : sans moi, sans mon équipe, tout cela n'aurait pas existé. Le plan, en partenariat avec les régions, a investi 42 milliards !

L.J. : Quelle était la méthode ?

C.A. : J'ai beaucoup joué sur la complicité de Jean-Paul Huchon. Rocard et Jospin au début n'y croyaient pas beaucoup et ne se sont pas trop engagés. Ils pensaient que les régions refuseraient de financer puisque rien ne les y obligeait et que le ministère des Finances s'y opposerait. Les gens de Bérégovoy faisaient en permanence un chantage au franc. Un jour, Hervé Hannoun, le directeur de cabinet de Béré, était venu à une réunion sur Université 2000 avec une liasse de papiers qu'il brandissait dans un geste pathétique : c'étaient les rapports sur l'évolution du cours du franc dans les Bourses du monde entier. Il disait d'un ton dramatique : « Avec Université 2000, vous allez fragiliser le franc ! » Cela ne m'impressionnait pas beaucoup et Huchon, qui présidait, rigolait franchement. J'ai pris mon bâton de pèlerin et visité toutes les régions, vu tous les présidents de conseil régional un par un, discuté avec des députés, des sénateurs, fait monter la pression. Tous se sont déclarés passionnés et prêts à payer, alors qu'ils étaient en majorité de droite. À ce moment, Jospin s'est engagé, Rocard a suivi et ça s'est mis en marche. Puis on a organisé un grand colloque à la Sorbonne, conclu par François Mitterrand. Et nous y sommes parvenus. J'ai raconté toute cette aventure dans *L'Âge des savoirs*.

L.J. : Avez-vous eu des échecs ?

C.A. : Oui, bien sûr. Un échec dans la réforme des premiers cycles et surtout des premiers cycles littéraires. Les premiers cycles de lettres et sciences humaines sont organisés en une trentaine de spécialités. Nous voulions à l'inverse instaurer une formation moins spécialisée, avec plusieurs matières de manière à donner aux étudiants une solide formation générale et leur permettre de s'orienter en connaissance de cause comme le font les khâgnes. Nous nous sommes heurtés au mandarinat des sciences humaines qui voulaient garder des cursus très spécialisés et monodisciplinaires dès le DEUG (psycho, socio, philo, histoire de l'art, géographie, histoire, etc.), ce qui est un non-sens, et j'ai eu là des surprises.

L.J. : Lesquelles ?

C.A. : Voir des universitaires célèbres, au premier rang desquels Pierre Bourdieu qui avait inspiré la réforme, signer quelque temps après un manifeste pour la critiquer et défendre leur corporation disciplinaire ! Enfin nous avons eu quelques manifestations étudiantes et nous avons dû mettre notre réforme en veilleuse. C'est dommage.

L.J. : L'opinion a tiré du passage de Jospin à l'Éducation nationale l'idée qu'il avait dépensé beaucoup pour peu de réformes...

C.A. : D'abord, il y a eu une propagande négative de ses adversaires politiques – Laurent Fabius n'étant pas le dernier –, et on a lancé cette formule assassine : « Il a arrosé le sable. » Qui était-ce ? Certains l'attribuent à Mitterrand, d'autres à Fabius, d'autres à Charasse. Je n'ai jamais bien su, mais en tout cas elle a été diffusée dans la presse et s'est incrustée dans les esprits. Ensuite, il y a eu la propagande de la FEN, que Jospin avait déçue, qui n'avait pas obtenu ce qu'elle voulait, à savoir le corps de collège et la décentralisation du mouvement des enseignants du second degré, et qui, mezza voce, a entretenu cette petite musique.

L.J. : Mais, vous, qu'en pensez-vous ? N'avez-vous pas dit récemment plus ou moins la même chose ?

C.A. : Je pense que ce procès fait à Lionel Jospin est très injuste. Il a dépensé beaucoup d'argent, c'est vrai, mais la revalorisation des enseignants était nécessaire. Il a peut-être été un peu optimiste en pensant qu'il en serait payé de retour par les syndicats, c'est aussi vrai, mais je crois qu'il a réalisé ou mis en chantier un nombre de choses considérable. Revalorisation, création des IUFM, mise en chantier de la réforme des lycées avec le fameux rapport Bourdieu-Gros et la création d'un Conseil national des programmes et l'action dont je viens de parler dans le supérieur. Mais il manquait beaucoup de choses, à cause des manifs de profs et d'élèves. Ayant vu combien la politique de la main tendue menée par Jospin vis-à-vis du SNES avait été mal récompensée, il était normal que je tente autre chose une fois ministre. D'autant que ces reculs avaient une cause principale : Jospin ne se sentait pas suffisamment soutenu, ni par l'équipe Rocard, qui voyait d'un mauvais œil ses rapports tendus avec la FEN, ni surtout par Mitterrand qui ne lui avait pardonné ni Rennes ni le vendredi noir. D'ailleurs, il a failli quitter l'Éducation nationale à l'arrivée d'Édith Cresson.

L.J. : Vous avez néanmoins émis des critiques contre la période Jospin lors de votre départ...

C.A. : Il ne s'agissait pas de critiques. Je parlais de la position vis-à-vis du SNES. On me reprochait ma stratégie, mon manque de diplomatie, etc. J'ai simplement dit que Jospin avait pris une attitude différente. Il avait été conciliant avec eux, il avait mis beaucoup d'argent. Il les avait beaucoup écoutés et, pour finir, il n'avait pas pu réformer comme il l'aurait voulu.

L.J. : Comment les choses se sont-elles passées avec Édith Cresson ?

C.A. : Elle l'a reçu au Pavillon de musique, au fond du parc de Matignon, en lui disant qu'elle et Mitterrand pensaient qu'il devait quitter l'Éducation et prendre les Affaires sociales. Jospin a refusé. Il jugeait impossible de maîtriser le secteur social dans les deux ans qui restaient avant les législatives. Puis Cresson a voulu lui imposer un secrétaire d'État à l'Enseignement supérieur. Il a aussi refusé, sauf si c'était moi. Alors on lui a enlevé le secrétariat d'État à la Jeunesse et aux Sports. Bref, les rapports avec Mitterrand ont été tendus dès le début du ministère Cresson.

L.J. : Et, ensuite, ils sont restés très difficiles...

C.A. : Cresson avait une mauvaise image de l'Éducation nationale. Elle ne jurait que par l'apprentissage et le modèle allemand. Elle avait confié au philosophe Michel Serres un rapport sur l'Éducation qui s'est avéré totalement théorique et jargonnant, même s'il contenait des idées intéressantes. À son cabinet, Jean-Louis Reiffers avait des idées très audacieuses, il voulait remplacer les diplômes par des certificats de compétence : un certificat d'anglais parlé, un certificat de dactylo, etc. Chaque certificat se serait préparé comme le permis de conduire. Pour eux, l'école, c'était dépassé. Il nous a fallu enterrer tout ça. Lionel et son directeur de cabinet d'alors, Gérard Metoudi, l'ont bien fait, mais c'était pénible. Les idées de Cresson sur l'enseignement étaient exclusivement utilitaires et inspirées des pratiques du privé. Heureusement, cela ne s'est pas trop su dans le milieu enseignant. Yannick Simbron nous a beaucoup aidés à étouffer l'affaire. À côté de l'équipe Rocard, qui était constituée de dévots de la FEN et de partisans du pédagogisme, c'était pour nous un changement radical.

L.J. : Puis il y a eu le changement de gouvernement, l'arrivée de Bérégovoy et le départ de Jospin. S'y attendait-il ?

C.A. : Pas du tout, ses rapports avec Bérégovoy étaient bons et il pensait finir les cinq ans. Lorsque Bérégovoy l'a appelé pour lui dire qu'il ne le prenait pas dans son équipe, c'est tombé comme la foudre. J'étais dans son bureau quand Bérégovoy lui a téléphoné. Nous avons été saisis d'un sentiment d'injustice et de colère. Nous avons vite détecté la patte de Mitterrand.

L.J. : Qu'a fait Jospin ?

C.A. : Nous avons rangé nos papiers et nous avons organisé une grande fête avec tout le cabinet, au cours de laquelle nous avons beaucoup chanté. Puis Jospin est parti quinze jours en voyage avec Sylviane Agacinski.

L.J. : Qu'a-t-il fait alors ? C'est là qu'il a décidé d'abandonner la politique ?

C.A. : Non, pas du tout. Il venait de subir un échec politique en Midi-Pyrénées où il conduisait la liste des régionales. Je conduisais moi-même la liste en Languedoc-Roussillon. Il a donc essayé de travailler pour préparer les législatives de 1993. Mais un ressort était cassé. Plus jamais ses relations avec Mitterrand ne redeviendront les mêmes. Il était blessé et il ne lui a pas pardonné.

Lionel avait toujours été un inconditionnel de Mitterrand. Il en était intellectuellement et politiquement l'héritier. Sauf pour ce qui était de la vie privée, il l'admirait beaucoup. Même après le refus de nommer Fabius premier secrétaire, leurs rapports sont restés, intellectuellement, très suivis. Lors de la guerre du Golfe, quand Mitterrand réunissait ses principaux ministres, il avait retrouvé cette complicité intellectuelle qu'il avait autrefois au bureau exécutif du PS et qui impressionnait beaucoup Jean-Pierre Chevènement, qui me l'a rapporté.

Moi qui ai toujours eu une attitude moins inconditionnelle vis-à-vis de Mitterrand, je m'étais attiré des remarques acerbes lorsque j'avais émis des réserves. Mais, après la sortie du gouvernement, c'est moi qui paraissais tiède dans la critique. Pour Jospin, c'était une déception à la fois sentimentale et politique... Je peux le comprendre...

L.J. : Et vous-même, avez-vous laissé la politique ?

C.A. : Laissé, non, délaissé, oui. Je venais de passer quatre années où, pour la première fois de ma vie, la politique m'avait occupé plus de temps que la science. Au cabinet de Lionel, j'étais chargé de tous les contacts politiques, je voyais Lionel quotidiennement et l'on parlait beaucoup politique. J'avais été élu député européen sur la liste Fabius et j'y étais resté six mois. Assez pour me faire une idée concrète de la machine Europe :

compliquée, bureaucratique, lente, mais qui avance inexorablement dans la réglementation. Ensuite, malgré le président du groupe, Claude Cheysson, qui voulait que je reste, j'avais démissionné, jugeant le cumul député européen-conseiller spécial d'un ministre impossible. J'étais membre du bureau exécutif du PS, ce qui veut dire que, chaque mardi, je participais au bureau autour de Pierre Mauroy qui était premier secrétaire et que j'aimais beaucoup. En Languedoc, après avoir refusé d'être maire de la petite ville de Lodève, qui était pourtant proche du lieu de mon enfance, j'avais mené la liste des régionales, puisque ni Frêche, le maire de Montpellier, ni Saumade, le président du conseil général, ne voulaient la mener. J'avais d'ailleurs fait un score honorable, à peu près le même que celui de Lionel en Midi-Pyrénées.

Cette campagne m'avait fait apprécier les péripéties de la vie politique locale, notamment l'art du croche-pied amical. Mais tout ça m'avait éloigné de la science. Par chance, je n'avais pas attrapé le « virus de la politique » et je voulais revenir à la science. Mais c'était difficile...

L.J. : Pourquoi difficile ?

C.A. : Parce que s'éloigner pendant quatre ans de la science de haut niveau, c'est comme un pianiste qui pendant quatre ans ne fait pas ses gammes. La plupart des gens pensaient le retour impossible. Il y a des statistiques là-dessus ! Le retour a donc été très dur, mais je crois que je l'ai réussi. En outre, on m'avait nommé président du BRGM (Bureau des recherches géologiques et minières). « Je n'ai pas pu te nommer ministre, me dira Pierre Bérégovoy, alors j'espère que ça te plaira. » Lot de consolation ? C'était très bien pour moi. J'étais géologue, je pensais pouvoir faire évoluer cet organisme. Depuis des années, il était livré aux ingénieurs du corps des Mines. C'était un établissement à la fois public et privé qui faisait des déficits abyssaux. Malgré la qualité de ses ingénieurs, il avait une aussi mauvaise réputation du côté des financiers que du côté des universitaires. Pourtant, j'étais persuadé que le BRGM pouvait être un atout pour la France. Cette nomination me ravissait d'autant plus qu'on m'avait dit que je ne devais y consacrer que la moitié de mon temps et laisser le directeur général gérer la maison. Mitterrand m'a annoncé ma nomination dans le Concorde qui nous ramenait du sommet écologique de Rio, où il m'avait demandé de l'accompagner.

L.J. : Mais vous n'avez pas abandonné totalement la politique. Vous avez trempé dans le complot qui a éliminé Fabius de la tête du PS...

C.A. : Non, cette fois mon rôle a été minime. Ce fut surtout un soutien moral. Je n'étais plus membre du bureau exécutif, je ne participais plus aux réunions, le seul lien avec la politique c'était, comme toujours, Lionel. Mais j'étais encore membre du comité directeur et je suis venu à cette réunion du 3 juin 1993 où Fabius a été destitué.

L.J. : Comment cela s'est-il passé ?

C.A. : Nous venions de perdre les législatives. Fabius était toujours aussi sûr de lui. Il agaçait beaucoup de gens qui n'avaient pas accepté son parachutage par l'Élysée. Alors ils se sont organisés. Emmanuelli, DSK, Glavany, Vaillant, Moscovici, les rocardiens, les mauroyistes, Julien Dray. Fabius était affaibli par le score du PS aux législatives. Comme d'habitude, il ouvrait le parapluie. Il a été plutôt maladroit. Lors du comité directeur du 3 avril 1993, il a déclaré : « Si j'avais été battu, j'aurais envisagé de démissionner. » Une bronca a accueilli cette déclaration : il avait été réélu, mais il avait perdu vingt points dans la meilleure circonscription de France, que Mitterrand lui avait offerte sur un plateau. Alors que d'autres avaient perdu leur siège en reculant de deux ou trois points seulement, comme Vaillant ou Jospin. Fabius a été mis en minorité. Le soir, en commission de résolution, c'est Emmanuelli qui a proposé Rocard, lequel est devenu premier secrétaire. À ce moment-là, nous, les fidèles de Jospin comme Vaillant, DSK ou moi, étions pour une alliance Rocard-Jospin. L'après-Mitterrand se jouait là. La gauche était au fond du trou. Ces deux-là devaient préparer la relève.

L.J. : Rocard n'a pas duré plus longtemps...

C.A. : Non. Il a commis une faute tactique incompréhensible : il a pris la tête de la liste européenne du PS un an plus tard. Et là, les mitterrandistes l'ont réduit en miettes. Ils ont aidé Tapie à présenter une liste au nom des radicaux. Mitterrand avait inventé Tapie : il s'en servait contre Rocard. Grâce à l'opération Tapie, les radicaux ont fait presque autant que le candidat du PS ! Tapie dit qu'il avait proposé une liste commune et que Rocard avait refusé, sans doute pour des raisons éthiques. C'est honorable. Mais, du coup, Rocard s'est retrouvé à 15 %, score calamiteux. Strauss-Kahn, Moscovici, Vaillant et moi faisions partie de l'équipe de campagne de Rocard. J'étais déçu par la manière dont il menait les choses. Il était indécis. J'avais eu une bonne impression de ses méthodes comme Premier ministre, par exemple pendant la crise lycéenne... Mais là, comme premier secrétaire du PS, il était mal à l'aise dans un PS qui, au fond, était profondément mitterrandien et ne l'avait jamais vraiment intégré.

L.J. : Il a dû démissionner...

C.A. : Oui. Ce fut le fait d'Emmanuelli, avec la complicité de Fabius. Henri trouvait Rocard orienté trop à droite. Après le désastre des européennes, en 1994, il a eu des contacts avec Fabius dans notre dos. Pour nous, c'était impensable, puisque c'était lui qui émettait les jugements les plus abrupts contre

Fabius. Pourtant, ils ont décidé ensemble de déstabiliser Rocard pour mettre Emmanuelli. Là encore, on voit fonctionner la mécanique du PS. La majorité de Rocard était fragile : un seul vote pouvait le faire tomber. À ce moment, Jospin est un peu à l'écart, il est surtout préoccupé de son élection de député. Le 19 juin 1994, il y avait une réunion du comité directeur à la Villette et, auparavant, une réunion du courant Jospin dans le XVIIIe, rue de Trétaigne. On discute de ce qu'on va faire, de l'attitude à adopter après la défaite des européennes. Et tout d'un coup, en fin de réunion, Emmanuelli nous annonce au coin d'une table qu'il va être candidat au poste de premier secrétaire, à la place de Rocard. Jospin était furieux. Il entendait des bruits depuis deux ou trois jours, mais il avait confiance en Emmanuelli. Il avait dit : « C'est invraisemblable, Henri ne s'entendra pas dans mon dos avec Fabius, il ne nous fera pas ça », etc. Et, là, il découvre le double jeu. Manque de chance, Jospin avait une émission à RTL. À la Villette, la réunion de courant a lieu sans lui. Si bien que le courant privé de son chef était un peu à la dérive. Laigniel, qui s'était installé à la présidence, a annoncé la candidature d'Henri Emmanuelli. À ce moment-là, Dominique Strauss-Kahn, furieux, se lève et annonce qu'il sera candidat contre Emmanuelli. Nous sommes arrivés en séance plénière divisés. Et, là, Rocard se fâche et dit : « Je pose une motion de confiance. » Nous lui disons : « Surtout fais traîner, provoque des interruptions de séance et attends le retour de Jospin ! Avec lui, je pense qu'on pourra reprendre le courant en main et te sauver la peau. » Mais Rocard s'entête. Il pose la question de confiance et il est mis en minorité. Fin de partie...

L.J. : Jospin était amer, abattu ?

C.A. : Oui et non, il avait été trahi, d'autant qu'il a ensuite été lâché localement à Toulouse par ses amis, ceux-là mêmes qu'il avait mis en place. On lui reprochait de ne pas être candidat à la mairie, ce qui aurait été un suicide politique. Il n'avait plus de soutiens ni nationaux ni locaux.

Effectivement, il pensait que son avenir politique était barré. Mais, en même temps, il se dit : Bonjour la vie ! La politique ce n'est pas tout. Je suis diplomate, je peux être ambassadeur quelque part. Il a refait sa vie avec Sylviane Agacinski. C'est là qu'il va voir Juppé, qui est ministre des Affaires étrangères du gouvernement Chirac. L'entrevue se passe bien, il est nommé ministre plénipotentiaire, en attente d'une affectation. Mais ça s'éternise. Il s'impatiente, on lui conseille d'aller voir Mitterrand (c'est le président qui nomme les ambassadeurs). Lionel refuse. Cela dénote son état d'esprit. Puis il revoit Juppé. Mais les choses traînent, rien ne vient. Alors son humeur se dégrade, il est abattu, amer, blessé. Il voit le PS se réorganiser sans lui. Il y a un courant moderniste qui se constitue autour de Martine Aubry, Strauss-Kahn et les « rockies ». Moi, je refuse d'adhérer à ce groupe. Parmi ceux du comité directeur, il n'y a guère que Vaillant et moi qui sommes restés à l'écart. DSK et Moscovici gardaient de bons rapports avec Lionel, mais ils vivaient leur vie. Lui voyait bien qu'ils le tenaient pour fini. Moi, j'allais le voir assez souvent rue du Regard, deux fois par semaine, et lui téléphonais régulièrement. De plus, il était malade, il a dû se faire hospitaliser. Et, là, Mitterrand l'apprend et vient le voir rue du Regard. Lionel était content, flatté, sans plus.

L.J. : Il songeait à abandonner la politique ?

C.A. : Il voulait reprendre son métier de diplomate et il n'avait aucune offre ailleurs. C'est curieux, d'ailleurs, car je pense qu'il aurait fait un très bon chef d'entreprise publique. Tout le monde disait : Jospin est fini. Moi, je pensais qu'il était dans une mauvaise passe mais qu'à terme la gauche avait besoin de ses talents. Il me répondait que j'étais naïf, mais je crois que ça lui faisait du bien de m'entendre dire ça. Il attendait son poste d'ambassadeur, mais on ne lui proposait rien.

Alors, il a décidé de refaire de la politique. Faute de mieux. Au mois d'août 1994, il me demande de venir le voir à Égalières chez son beau-frère, Jean-Marc Thibault. Je me souviens, il avait acheté une voiture avec les droits d'auteur de son livre. Une Renault décapotable, c'était un rêve de jeunesse et en même temps un symbole de rupture. Il est venu me chercher sur la petite place du village, puis on s'est installés à une table de jardin. Il voulait qu'on travaille à la contribution du congrès de Liévin, qu'il tenait à signer seul. Sur une chaise, un peu plus loin, il y avait un numéro de *Libération*. On y lisait un titre de haut de page au-dessus d'une photo où il marchait, de dos : « Jospin : c'est fini ! »

L.J. : De quoi vivait-il ?

C.A. : De son traitement du Quai d'Orsay.

L.J. : Qui lui était versé sans qu'il travaille ?

C.A. : Il avait demandé une affectation, il n'était pas responsable de cet état de choses. Tout cela est parfaitement légal. En outre, il ne se posait pas ces problèmes.

L.J. : Drôle de système tout de même... Il voulait continuer d'exister en politique ?

C.A. : Oui, mais un peu par défaut, il n'avait pas le choix. Et surtout il faut comprendre une chose : Jospin n'a pas de plan de carrière, il prend les choses comme elles viennent. Il a conscience de sa valeur. Il pense qu'il représente une bonne synthèse entre des convictions de gauche et des capacités d'organisateur. En somme, entre Lionel et Jospin. C'est pour ça que Mitterrand l'avait choisi pour diriger le parti, c'est pour ça que Lionel s'estimait supérieur à Fabius, à Rocard ou à Mauroy, qui s'étaient relayés à la tête du PS. Je crois qu'il avait raison. La suite l'a démontré : il était meilleur qu'eux.

L.J. : À ce moment-là vous étiez le seul à le croire...

C.A. : Oui, avec Vaillant, Delanoë et deux ou trois autres.

L.J. : Vous et les copains du XVIIIe...

C.A. : Oui. Mais je ne le disais pas, parce que Lionel était un copain. Je le savais, à l'époque, on racontait : Allègre, c'est un intellectuel, mais il n'a aucun sens politique. Il croit en Jospin, c'est tout dire... Je ne serai pas cruel avec quelques-uns de vos collègues journalistes qui se sont livrés à des prévisions, disons... hasardeuses et peu flatteuses pour Lionel. Certains parmi eux le couvriront d'éloges quelques mois plus tard.

L.J. : On vous tenait pour un mauvais politique, parce que vous souteniez Jospin ?

C.A. : Oui, bien sûr. Mais il n'y avait pas que les journalistes, il y avait aussi les gens du PS, y compris des gens qui avaient été proches et qui devaient beaucoup à Lionel. Chacun faisait des bons mots féroces sur Jospin, sur ses défauts, sur son archaïsme, etc. Et, bien sûr, c'est Vaillant et moi qui avions droit à ces gentillesses. Nous ne lui avons jamais répété, ça aurait été trop dur. Mais il s'en doutait. Ça n'a pas empêché certains de rentrer en grâce aujourd'hui... Enfin, la politique et la fraternité, ce sont deux choses différentes... Je n'ai rien oublié...

L.J. : Quand vous allez voir Jospin cette année-là, c'est un acte de fidélité amicale ?

C.A. : Oui. C'était de l'amitié, de l'affection, mais aussi de la confiance. Je me disais : Emmanuelli premier secrétaire, ça ne remue pas les foules. Nous sommes à l'été 1994. On commence à parler des élections présidentielles. La rumeur de la candidature Delors enfle, enfle. Mais moi je sais que Delors n'ira pas.

Dans notre groupe d'experts, quelques années plus tôt, il y avait Pascal Lamy et nous étions resté très amis. Pascal, le bras de Jacques Delors, m'avait dit : « Il n'ira pas, pour des raisons personnelles, à cause de sa femme qui ne veut pas en entendre parler, à cause de sa santé, à cause de bien d'autres choses : il n'ira pas. » Si Delors ne se présentait pas, on parlait de Mauroy, de Martine Aubry, déjà. Pas de Jospin. Mais moi je savais que, derrière Delors, le jeu était ouvert et que Lionel était potentiellement le meilleur...

L.J. : Donc, Jospin va au congrès de Liévin avec une motion, pour rester dans le jeu malgré tout...

C.A. : Oui, il avait négocié avec Emmanuelli pour garder quelques amis au bureau exécutif, Vaillant par exemple. Au congrès, il devait parler à la tribune. Et, là, il a un choc terrible. C'est un très bon orateur. Quand il prend la parole, il est habitué à des salles pleines qu'il sait bien chauffer, entraîner, faire vibrer. Mais, cette fois, la salle se vide quand il monte à la tribune. Il a parlé devant des fauteuils vides, au milieu de ricanements et de chuchotements.

Là se situe un événement peu connu mais important. Quand il rentre de Liévin, il déjeune avec Mauroy, qui lui conseille d'être candidat et de voir Mitterrand pour lui en parler. Mitterrand l'invite et l'encourage à sa manière. Il ne croit plus beaucoup en Fabius, qui est de toute manière hors jeu à cause de l'affaire du sang contaminé. Il sait aussi que Mauroy n'ira pas et il pense que Delors sera candidat. Jospin me l'a dit en revenant de déjeuner. D'autres assurent que Mitterrand avait prévu la défection de Delors. Mais j'ai souvent vu Mitterrand faire ainsi, il disait une chose, une autre, puis il réussissait à faire croire qu'il avait tout prévu. Enfin, prédire la décision d'un autre qui est lui-même indécis, c'est difficile. Toujours est-il que Jospin reprend un peu espoir. Mitterrand lui a fait valoir que somme toute, après Delors, il n'était pas le plus mal placé... Il marchait dans un tunnel, et soudain, très loin, il a vu une petite lueur. Oh, elle était petite ! Mais après les deux ans qu'il venait de traverser...

L.J. : Que vous a t-il dit à ce moment-là ?

C.A. : Rien. Dans ces cas-là, il ne dit rien, il médite, il observe. Mais je me souviens du jour où Delors a annoncé à « 7 sur 7 » qu'il ne serait pas candidat. Le lendemain, un lundi matin, j'ai vu Jospin. Il était ressuscité ! Comme toujours quand il a pris une décision, il pose une question du genre : qu'est-ce que tu penses ? Que devrais-je faire ? En fait, il a déjà décidé.

L.J. : Donc, il va être candidat à l'élection présidentielle...

C.A. : Oui, il se lance avec détermination mais sans précipitation. Les journaux commencent à parler de Joxe, de Badinter. Il ne croit pas Badinter candidat. Quant à Joxe, il pense qu'il va consulter dix mille personnes avant de se décider. Il peut le prendre de vitesse. Nous sommes au début des vacances de Noël. Chevènement lance publiquement le nom de Jospin. Je suis en voyage au Maroc et je lui téléphone, un long coup de fil. À la fin il me dit : « Bon, on y va, on verra bien. »

L.J. : Comment devait-il être désigné ?

C.A. : En principe, par le comité directeur. Là, Jospin se trompe sur un point. Il va voir Emmanuelli pour lui annoncer sa décision. Quand il revient, il me dit : « C'est bon, Emmanuelli restera neutre. » Je lui répond : « Tu te trompes, Henri sera candidat. » Et, dix jours après, Emmanuelli était candidat. Pour Jospin, c'était très dangereux, Emmanuelli contrôlait le comité directeur qu'il avait constitué à Liévin. Il aurait sans doute été choisi si la désignation s'était faite au comité directeur. D'autant plus que la déclaration de candidature de Jospin devant le bureau exécutif avait été accueillie de manière mitigée : très chaleureusement par les amis, plus fraîchement par les autres. Alors, nous avons une idée : il faut demander une désignation par les militants. Jospin n'était pas chaud. C'était contre les règles, on ne l'avait jamais fait, etc. Vaillant était le plus éloquent. Jospin voit que c'est son intérêt, il se rallie, et, là, Vaillant joue un rôle décisif. Il avait été secrétaire aux fédérations. Il connaissait tout le monde dans le parti. En quelques jours, il a mis en place une petite structure qui mobilisera tous les amis que nous comptions au Parti. Et, à la base, nous en comptions beaucoup. Un appel signé par des secrétaires fédéraux et des maires de grandes villes amis va mettre en branle une dynamique victorieuse. La consultation a eu lieu, et Lionel a recueilli 65 % des voix. Un courant Jospin s'est soudain reconstitué. Jospin a capitalisé le fait qu'il avait été premier secrétaire pendant sept ans. Tout le monde le connaissait bien, il était assez populaire dans le parti... Jospin était soupe au lait, parfois teigneux, mais il ne blessait jamais quiconque d'une manière définitive, même ses adversaires les plus enragés. Il n'avait pas d'ennemis personnels irréductibles, enfin, peu... Personne ne peut vraiment s'opposer à lui, pas même les fabiusiens qui sont hors jeu...

L.J. : Avant cette résurrection, Jospin était considéré comme un homme fini. Il était seul, sans relais, sans réseau. Comment s'est organisée la campagne ?

C.A. : Il a fallu constituer une équipe. Nous nous sommes mis au travail. La direction du PS était en dehors du coup, elle traînait les pieds. Puis, petit à petit, le PS s'y est mis. Vaillant s'occupait de rassembler les militants, moi de la partie programme. Il fallait d'abord rétablir les anciens réseaux et travailler sur un plan. Au début, il n'y avait pas grand monde. J'ai commencé par essayer de faire venir Martine Aubry. Elle était réticente. Je l'ai vue au Lutétia, lors d'un petit déjeuner, le

9 février 1997. Elle m'a dit que Jospin n'avait pas besoin d'elle, etc. Elle avait monté son courant « réformateur », sa fondation « Agir ». Manifestement, elle ne tenait pas à perdre le crédit qu'elle pensait avoir accumulé en soutenant un candidat qui risquait l'écrasement. Mais, à force de discuter, elle a fini par comprendre la logique de la situation et le projet de candidature. Notre estime réciproque aidant, elle a accepté de le voir et, finalement, a beaucoup travaillé sur le programme. Mais elle a refusé d'être le porte-parole unique : c'est dire qu'elle restait réticente. Nous avons travaillé sur ce programme avec elle, avec Moscovici, Sautter et quelques autres. Strauss-Kahn nous a aidés, mais de plus loin.

L.J. : Quelle était l'idée de la campagne ?

C.A. : Incarner une gauche moderne. Chirac avait lancé son slogan sur « la fracture sociale ». Il brouillait les cartes. Nous avons trouvé « Jospin, c'est clair ». Je crois que c'est Bertrand Delanoë qui a imaginé le slogan. L'idée était simple : Chirac est de droite mais faisait campagne sur un thème de gauche. Pas clair. Jospin, lui, est de gauche. C'est clair. Notre but, ce n'est pas tant de gagner – personne n'y croit vraiment après la déroute des législatives de 1993 – que de rassembler la gauche. Donc, on a fait simple.

L.J. : À cette époque, la scène est occupée par Chirac et Balladur...

C.A. : Oui. La compétition à droite occupe tout l'espace. Jospin a eu du mal à démarrer. La première réunion publique a été assez mauvaise. Normal, il n'avait pas fait de grands meetings depuis longtemps. Puis il s'est rodé. De jour en jour, il devenait meilleur. Aubry l'a beaucoup aidé, finalement. Il l'a fait parler avant lui dans tous les meetings. Elle donnait une bonne image : une femme convaincue, énergique, de gauche, etc. Les gens pensaient qu'elle serait Premier ministre si jamais Jospin gagnait. C'était un très bon argument. Et Jospin a été excellent dans l'organisation de la campagne : les meetings, les thèmes, les entretiens, la tactique et son grand talent d'orateur. Il maîtrisait très bien.

L.J. : Cela confirme votre jugement sur lui...

C.A. : Oui, bien sûr. Il est très bon et, comme candidat en campagne, il est excellent. Les gens l'ont découvert. Moi, je le savais depuis toujours. Et je continue à penser qu'il est un excellent candidat pour la présidentielle future.

L.J. : Et donc cette campagne a été un succès...

C.A. : Oui, la campagne a pris. La gauche profonde s'est trouvée ressuscitée. Jospin s'est démarqué de l'ère Mitterrand. Les gens l'ont jugé sincère, honnête, décidé. Pas très glamour, mais sérieux et convaincu. Il est arrivé en tête au premier tour : le bonheur...

L.J. : Et le deuxième tour?

C.A. : Il n'y a jamais cru. Je peux en témoigner. On ne pouvait pas remonter la pente de 1993. Mais on prenait date. Jospin devenait *ipso facto* le leader de la gauche.

L.J. : Alors comment vous organisez-vous après le scrutin?

C.A. : Je pensais que Jospin devait se préserver, rester à l'écart de la vie quotidienne du parti. Après tout, il y en avait en principe pour trois ans au moins. L'Assemblée avait été élue en 1993. L'échéance prévue, c'était 1998. Il fallait tenir. Je ne le voyais pas aller user ses semelles dans les fêtes de la rose. Pour moi, il allait se donner un look d'apparatchik, de politicien classique. Il avait fait cela sept ans, je ne le voyais pas recommencer. On a envisagé des choses, lui président du parti et quelqu'un comme secrétaire général. Cette solution plaisait à Emmanuelli. Mais Jospin ne croyait pas à tout cela. Il pensait que la logique politique l'obligeait à revenir diriger le parti. Il ne m'a pas écouté. Il m'a dit : « Si je ne suis pas premier secrétaire, je n'aurai pas grand-chose à faire. Il me faut un rôle, une position. Si je ne suis pas à la tête du PS, je n'aurai aucun moyen matériel, pas de bureau, de secrétaire, rien... » Il ne se voyait pas comme les autres, à chercher des financements, à se constituer une infrastructure personnelle avec un argent qui viendrait d'on ne sait où... Et puis, s'il était à la tête du PS, personne d'autre n'y serait. Pas de concurrent. L'assurance d'être le leader de la gauche pour longtemps. La suite l'a démontré : il avait raison.

La promotion s'est faite dans un hôtel, à Marne-la-Vallée. Emmanuelli avait invité Jospin et quelques amis à rencontrer le bureau exécutif du PS. Jospin avait insisté pour que je l'accompagne. Il y avait avec nous Daniel Vaillant, Pierre Guidoni, Gérard Le Gall et quelques autres. Et là, brutalement, alors que la discussion s'éternisait sur des questions filandreuses, Emmanuelli a demandé une interruption de séance pour voir Lionel. Au retour, il a annoncé qu'il démissionnait et qu'il laissait le poste de premier secrétaire à Lionel. C'était bien dans la manière d'Henri. Il est intelligent, rapide, et il a du panache. Il le montrera plus tard dans l'adversité. Lionel est donc rentré content, mais il était entendu que l'on devait discuter des modalités de transmission.

L.J. : Mais vous aviez l'habitude de ces changements, hors congrès, vous aviez débarqué Mauroy, Fabius, Rocard, et maintenant Emmanuelli. Pourquoi ne pas avoir tout réglé sur place ?

C.A. : Parce que Vaillant, qui connaît bien le parti, ses militants mais aussi les sautes d'humeur, les arrière-pensées des uns et des autres, voulait, avec raison, modifier un peu les règles de fonctionnement. Il a proposé que Lionel soit élu par un vote direct des militants et non pas uniquement par le comité directeur. On recommençait le coup de la désignation pour la présidentielle. Au début, Lionel n'était pas très chaud. Toujours le respect des règles. Mais il a vite compris. Emmanuelli a donné son accord.

L.J. : Et ça s'est passé comment ?

C.A. : Globalement bien. Mais il y a des gens qui ont considéré que c'était un coup d'État et qui ont démissionné du comité directeur pour protester. Parmi les démissionnaires, il y avait Ségolène. Comme quoi, Lionel pardonne...

L.J. : Comment a-t-il pris ces démissions, sur le moment ?

C.A. : Avec beaucoup de tristesse mais en même temps de réalisme. Il a constitué un secrétariat national renouvelé. Avec des têtes nouvelles, l'introduction de beaucoup de femmes, ce qui était inédit au PS. Vaillant a été numéro deux. Il avait pris Hollande comme porte-parole. Bon choix. Au départ, il était réservé. Il s'agaçait de ses piques incessantes contre les courants et contre la génération d'au-dessus. Un jour, je lui ai dit : « Tu devrais regarder LCI, Hollande y est tout le temps, il est excellent. » Il l'a fait et il a dû en convenir. Alors il l'a nommé porte-parole. Un travail difficile. Être porte-parole de Jospin, c'est épuisant et stressant. Chaque fois qu'on parle, il appelle dans la minute pour dire qu'il fallait employer un autre terme, que la tournure de phrase n'était pas la bonne, que le ton était déplacé, il fallait dire « conservateur » et pas « réactionnaire », etc. Il attache aux mots une importance extraordinaire ! C'est sa conception de la vie politique : il faut maîtriser son langage, son expression. Hollande s'en est sorti formidablement bien.

Le seul avant lui qui s'en était bien sorti dans ce rôle, c'était Jean-Jack Queyranne... C'est pour cela qu'il a été ministre.

Parmi les femmes, il y avait Martine Aubry et Élisabeth Guigou. Pourtant, au début, il était réticent. C'était l'écurie Mitterrand, il la trouvait trop traditionnelle. Guigou était, à son goût, trop prise par le Parlement européen. Je la connaissais mieux car, lors de mon passage au Parlement européen, je faisais la liaison entre le groupe socialiste et l'Élysée, où Élisabeth Guigou était chargée de l'Europe. Je l'avais appréciée. J'ai conseillé à Lionel de la prendre avec lui au PS. Et puis, par son travail, Élisabeth s'est imposée et il l'a beaucoup appréciée. Et plus encore d'ailleurs comme ministre. Il a vraiment rénové la direction du PS ! On a enfin vu des têtes nouvelles. Il était temps.

L.J. : Comment voit-il son rôle de chef de la gauche ?

C.A. : Il a fait quelque chose de très bien : pendant un an, pas de critique virulente contre Juppé ou Chirac. Il affirmait : « Nous sommes démocrates, nous avons été battus, nous n'allons pas jouer les roquets. » On le lui reprochait. On demandait : Que fait Jospin ? Que fait la gauche ? On le disait atone. En fait, il menait tout stratégiquement. Il a fait monter petit à petit les critiques contre Juppé. Pas contre Chirac. Il déclarait : « Attendez, Chirac est élu pour sept ans. L'échéance, ce sont les législatives. Il faut attaquer le Premier ministre, pas le président. Nous sommes démocrates, nous respectons l'institution présidentielle. Nous critiquons le gouvernement, c'est notre rôle, mais nous nous conformons à la Constitution... » C'était bien vu.

L.J. : Juppé tente la réforme de la Sécurité sociale, il déclenche un mouvement national. Il devient de plus en plus impopulaire. Et finalement, pour sortir de la nasse, il convainc Chirac de dissoudre...

C.A. : Jospin n'y croyait pas, à cette dissolution. Tout cela paraissait tellement baroque. Mais enfin, très vite, nous nous sommes rendu compte que la droite était en difficulté. Juppé était vraiment impopulaire. Et personne ne parvenait à trouver un argument crédible qui puisse justifier la dissolution. Entre-temps, Jospin avait fait du bon travail. Il avait mis le PS en état de marche. Il y avait un programme : les 35 heures, les emplois jeunes, l'indépendance de la justice. Le PS était presque prêt. C'est le bon côté de Jospin : méthodique, organisé, systématique, très travailleur. Il cherche toujours à bien faire. Sans trop innover mais avec sérieux et ténacité. Les relations avec les autres représentants de la gauche étaient bonnes.

L.J. : Il y a eu les réunions de recomposition de la gauche...

C.A. : Oui, c'était très important. C'est Jean-Christophe Cambadélis qui avait dirigé les opérations. Il avait bien travaillé, nous avions aplani la plupart des problèmes avec les communistes, les radicaux et les verts. Grâce à ces discussions souvent ardues, ésotériques, grâce à ces contacts permanents, la gauche était en ordre de bataille.

L.J. : Que faites-vous dans la campagne ?

C.A. : Jospin m'enrôle pour alimenter ses interventions et l'aider. Et puis on a une réunion de communication chaque matin avec les spécialistes de Séguéla et son équipe, Vals et quelques autres du PS, rue du Cherche-Midi. Lang a rejoint très vite et il a beaucoup mouillé sa chemise. Il a dépensé une énergie considérable et beaucoup de talent. C'est pour cette raison qu'il a été si déçu de ne pas être ministre dans le premier gouvernement. Jospin s'est ensuite rattrapé ! On se met donc en campagne et, comme d'habitude, Jospin montre tout son savoir-faire d'animateur de campagne électorale. Il adore ça. Il enrôle Martine Aubry et Dominique Strauss-Kahn, Jack Lang, François Hollande, Catherine Trautmann, Élisabeth Guigou, Daniel Vaillant se met aux manettes, et tout a commencé.

L.J. : Quand avez-vous cru à la victoire ?

C.A. : Moi, dès le début. J'avais été renforcé dans mon optimisme initial par la logique de certains sondeurs qui prévoyaient beaucoup de triangulaires avec le Front national. Les autres, Jospin en particulier, ont été convaincus entre les deux tours. Le jeudi, on avait les sondages confidentiels et on était persuadés, de gagner.

L.J. : Vous avez eu un moment de jubilation ?

C.A. : Oui, le soir de la victoire, à la Maison de l'Amérique latine, ça ressemblait un peu à 81. Il y avait un souffle. Avec Daniel Vaillant, on ne s'est pas quittés, on était heureux.

4

Une vie de ministre

LAURENT JOFFRIN : Quel est l'aspect de la vie d'un ministre qui vous a le plus frappé, par rapport à la vie d'un responsable normal dans la société française ?

CLAUDE ALLÈGRE : Le changement le plus brutal, c'est le contact avec le système des médias. Ça, c'est terrible.

L.J. : À ce point-là ?

C.A. : Oui, absolument, c'est terrible. Je croyais être bien préparé. Je ne l'étais pas. Quand j'étais conseiller spécial de Jospin, je m'occupais de l'enseignement supérieur, je voyais les journalistes très librement. J'avais établi avec eux des rapports de confiance. J'avais l'habitude de parler comme je parle, de manière directe, sans trop de langue de bois. Je faisais attention à ce que je disais, bien sûr, mais je plaisantais, je faisais des bons mots. Les journalistes riaient, trouvaient ça sympa et ça s'arrêtait là. Quand vous êtes ministre, vous ne pouvez plus le faire. Si vous faites un bon mot, vous le découvrez en première page le lendemain. Une petite plaisanterie, un jeu de mots et ça peut être un incident, avec n'importe qui. Et ça, c'est quelque chose de catastrophique.

Ma première conférence de presse de rentrée a été l'occasion d'un pataquès désastreux qui n'avait rien à voir avec ce que j'ai déclaré. Jean-Marie Colombani, directeur du *Monde*, me téléphone la veille et me dit : « Tu fais ta conférence de presse à onze heures demain, reçois mes journalistes aujourd'hui pour leur dire un peu ce que tu vas annoncer ; mon journal sort l'après-midi, je ne peux pas attendre un jour et demi, fais-le, ce serait sympa », etc. Je les reçois donc dans mon bureau. On s'assoit à la table et on parle, en précisant bien sûr que c'est « off ». Ils ne doivent pas me citer, en tout cas pas directement. Je leur explique que je vais essayer d'assouplir le ministère, de rapprocher les décisions des gens, du terrain... Et, à ce moment-là, j'ajoute : « L'administration centrale est trop grosse, il y a 4 000 personnes, il faut dégraisser ce mammouth, envoyer les gens sur le terrain, déconcentrer. » Je le répète : il était bien entendu que la discussion était « off ». Le lendemain, je lis en première page du *Monde* : « Dégraisser le mammouth », avec un dessin de Plantu. C'était parti !

L.J. : Vous êtes sûr que c'était « off » ?

C.A. : Oui. Ce n'était pas une interview. Pas du tout !

L.J. : Vous avez protesté ?

C.A. : Oui. Mais c'était imprimé dans *Le Monde* et les gens avaient ri. Je n'allais pas faire un démenti : je me serais enfoncé. J'ai râlé. Ça n'a servi à rien. Je me suis fait piéger une seconde fois, lors de cette visite de rentrée dans une école à Évry. Je trouve un type assis sur une chaise. Je lui demande ce qu'il fait. Il me dit : « Je suis titulaire remplaçant ! » Il attendait que quelqu'un soit absent, sans rien faire. Le mot m'a choqué. Et là je lui dis : « Mais qu'est-ce que c'est que ça, pourquoi vous n'aidez pas les autres enseignants ? » J'ai fait des remarques générales sur les absences, de manière un peu vive et maladroite. Le soir, c'était sur toutes les chaînes de télé. L'erreur que j'ai faite, c'est de ne pas voir qu'il y avait une équipe télé derrière moi, que j'étais filmé.

L.J. : C'est là que vous avez dit 12 % d'absences. Le chiffre a été contesté !

C.A. : J'ai dit 12 %, oui. Et le chiffre était juste. Il a seulement été mal interprété. Comme toujours, on cherche la faille sans réfléchir et l'on écrit de l'à-peu-près !

L.J. : Là il nous faudrait une explication technique...

C.A. : C'est très facile à comprendre !

L.J. : Pourtant, plusieurs articles ont affirmé que le chiffre était faux.

C.A. : Parce que les journalistes ont toujours raison, même lorsqu'ils ont tort ! Vous avez en moyenne, chaque jour, 12 % d'élèves qui n'ont pas leur prof en face d'eux. Plus exactement, vous aviez 12 % : j'ai réussi à faire baisser ce pourcentage.

L.J. : Mais les élèves peuvent avoir un remplaçant...

C.A. : Oui. Le chiffre tombe alors à 6 % d'élèves qui n'ont pas de prof devant eux. Néanmoins, il y a bien 12 % d'absences. Les absents sont 12 %, les élèves sans prof sont 6 %. Les 6 % qui font la différence ont un prof devant eux, mais pas le leur. Après, j'ai explicité le calcul. Sur ces 12 %, il y a les gens qui sont en congé de maladie, très normalement. Il y a des gens qui sont en formation continue, en réunions diverses, qui sont absents par la faute de l'Éducation nationale. Ce ne sont évidemment pas de faux malades, encore que j'aie toujours trouvé étrange qu'il y ait autant de congés de maladie le lundi ! Mais, pour les élèves, le résultat est le même : ils n'ont pas de prof.

L.J. : Malheureusement, le grand public a compris qu'il y avait 12 % de faux malades...

C.A. : Sans doute, mais ce n'est pas ce que j'ai dit. Je reste sur mes positions. D'ailleurs, j'ai appris depuis que ce chiffre était sans doute supérieur à 15 %, car on ne comptabilise pas les absences de moins de quarante-huit heures ! Il est anormal, dans un métier où l'on a quatre mois de vacances, de faire la formation continue pendant les heures de classe, de réunir les profs en laissant les élèves seuls, sans surveillance. Je maintiens. On pourrait prendre quatre jours sur les vacances pour la formation continue : on éviterait la moitié des absences. J'ai été sans doute maladroit sur la forme, d'accord. Mais demandez leur avis aux fédérations de parents d'élèves ! La première qualité de l'école publique, c'est d'accueillir les enfants. Pour moi, un enfant que l'école rejette à la rue pour cause d'absence de prof, c'est la honte ! Il faut savoir que ces 6 % d'élèves qui n'ont pas de prof en face d'eux représentent 200 000 élèves chaque jour. On reviendra sur ce problème des remplacements, parce que c'est une des plaies de l'Éducation nationale, y compris financièrement.

L.J. : Si vous aviez su qu'il y avait cette caméra, vous ne l'auriez pas dit ?

C.A. : Je ne l'aurais pas dit comme ça, bien sûr ! Ensuite, je me suis encore fait piéger, cinq jours après, à Montpellier, à la réunion du groupe parlementaire socialiste. On m'a encore posé des questions sur les absences. J'ai répondu de nouveau en disant que ce n'était pas normal. C'est la même histoire : je ne savais pas que les journalistes étaient dans la salle. J'ai répondu très franchement, parce que je croyais que ces réunions parlementaires se tenaient à huis clos, comme le comité directeur du PS.

L.J. : Et qu'est-ce que vous avez répondu, exactement ?

C.A. : J'ai répondu que le pourcentage d'absences était scandaleux. Rebelote !

L.J. : Vous avez été filmé ?

C.A. : Oui. C'est quelque chose que j'ai encore dans la gorge. En mars 2000, au moment des manifs de profs, on a repassé à la télé les deux déclarations du 2 et du 6 septembre 1997 ! Bravo l'information ! Je ne savais pas que les télés faisaient dans le réchauffé...

L.J. : Entre-temps, vous vous étiez abstenu de propos de ce genre ?

C.A. : Je ne me suis jamais plus laissé prendre en traître par la télévision. Mais le mal était fait. L'image s'était imposée. En trois ans, malgré tous nos efforts, rien ne l'a jamais corrigée.

L.J. : Vous y avez trouvé votre compte, en tout cas au départ. En voyant les réactions, vous vous êtes dit : j'ai gaffé, mais qu'est-ce que c'est populaire ! Après tout, vous vouliez vous appuyer sur l'opinion contre le SNES...

C.A. : Dominique Strauss-Kahn me dit ça aujourd'hui...

L.J. : Il a raison ! Ça a fait de vous un personnage.

C.A. : Oui, mais je ne souhaitais pas construire cette image-là. Je voulais parler vrai, je voulais être celui qui réforme. Je ne voulais pas être celui qui heurte les profs de base. J'aurais aimé les convaincre que leur intérêt était de changer, que ceux qui causent les dysfonctionnements sont une minorité qu'il faut dénoncer, que la promotion à l'ancienneté est contraire à l'intérêt de ceux qui font bien leur travail, que l'attitude d'immobilisme réactionnaire adoptée par le SNES est mortelle pour le système et pour eux ! Dans ce pays qui reste, en filigrane, royaliste et catholique, on a sacralisé la parole du ministre. C'est une grave erreur. D'une manière générale, la sacralisation de la parole politique en France est excessive. Ça ne me paraît pas capital de savoir que le Premier ministre a dérapé en Israël, ça ne me paraît pas être un incident énorme... Ce qui me paraît important, c'est ce qui s'y passe de tragique, c'est la position de la France vis-à-vis de cette tragédie.

L.J. : Ces médias très réactifs sont l'une des composantes du monde moderne...

C.A. : Oui, mais l'attitude des médias finit elle-même par créer la langue de bois. Quand on a vécu ce genre d'incident, on finit par être complètement inhibé. À la fin des fins, qu'est-ce qui est important chez un ministre ? Ce qu'il dit ou ce qu'il fait ?

L.J. : Certes, mais en même temps, vous qui étiez en quelque sorte le patron des professeurs, vous leur avez donné le sentiment que vous les teniez pour des paresseux. Un patron qui veut motiver ses équipes ne se comporte pas comme ça. Vous avez fait une erreur, même si vous n'en avez pas eu l'intention...

C.A. : Oui, au bout du compte c'était peut-être une erreur de communication. Mais qu'on reconnaisse aussi que ce n'est pas ce que j'avais dit. Je n'ai pas traité tous les profs de paresseux. Les profs paresseux ça existe, mais ça doit être 10 %. Néanmoins, ces 10 % créeront 90 % des absences. Pourquoi le prof moyen prend-il pour lui une critique qui ne lui est pas adressée ? Ça aussi c'est un stigmate. J'ai stigmatisé le système des absences, qui ne leur est pas imputable, qui est en partie de la responsabilité de l'administration et des inspecteurs, en partie du laisser-aller qui s'est installé chez certains profs, et qu'on tolère. La parole est importante et il faut toujours réfléchir à la manière dont elle sera reçue, mais la règle doit être la même pour tous. Pourquoi n'accorderait-on pas aux gouvernants ce qu'on accorde à tout un chacun, la possibilité de dire :

attendez, je me suis mal exprimé, je ne voulais pas dire ceci ou cela ; voilà ma pensée exacte. Prenons l'exemple de ces émissions, « Le club de la presse » d'Europe 1, ou « Le grand jury » de RTL. On a l'impression que le modèle de référence, c'est le grand oral de l'ENA ! Le ministre est là, on lui tend des pièges, on tente de le faire déraper pour qu'on en parle dans la presse le lendemain. Mais enfin, ce qui est important, ce n'est pas qu'un ministre dérape sur un mot. Ce qui est important, c'est qu'il explique sa politique et qu'on sache exactement ce qu'il va faire. On a l'impression que les journalistes sont tous plus ou moins freudiens. Si vous faites un lapsus, ils pensent que c'est un lapsus révélateur. Moi, je ne crois pas. Je crois que les trois quarts des lapsus sont mécaniques. Encore une fois, on attache beaucoup trop d'importance à la langue parlée. Ce qui est curieux, soit dit au passage, pour des professionnels de la langue écrite ! L'écrit engage, parce qu'il est élaboré, réfléchi. La parole est spontanée, approximative, ambiguë. On a l'impression que le sens de la vie pour un journaliste, c'est de faire dire une connerie à un ministre. Du coup, la vie de ministre est épuisante : on a toujours peur de déraper, de dire un mot pour un autre, de mal tourner une phrase... Ça vire à l'obsession.

L.J. : Oui mais, encore une fois, cette pression médiatique fait partie du jeu démocratique.

C.A. : Certes, mais ce n'est pas tout le débat démocratique ! Or ça occupe désormais 80 % du temps. D'ailleurs, nous sommes l'un des seuls pays au monde à suivre cette pratique. Je ne connais pas d'autre pays où l'on agit ainsi. Peut-être l'Italie ou la Grande-Bretagne... Aux États-Unis, où la pression médiatique est gigantesque et atteint parfois le ridicule, la pression s'exerce d'une manière plus répartie sur tout le monde, aussi bien sur Bill Gates ou sur Richard Gere que sur Bill Clinton. En France, on s'acharne sur le pouvoir politique et on a tendance à épargner les autres responsables, notamment les patrons. Quand vous êtes l'un des principaux ministres du gouvernement, la pression médiatique est usante. Le nombre d'interviews, de sollicitations dans les grandes émissions de télé ou de radio pour Aubry, Guigou, Chevènement, Strauss-Kahn ou moi-même est trop élevé.

L.J. : En général, les ministres font des pieds et des mains pour apparaître dans les médias...

C.A. : Non, pas moi. On est venu me chercher. J'aurais peut-être dû refuser d'entrer dans le jeu. Ou le faire progressivement. Dominique Strauss-Kahn, qui est pourtant un orfèvre, dit qu'il lui a fallu un an avant d'établir des rapports un peu confiants avec les journalistes économiques. Il n'a jamais pu en établir avec les journalistes politiques. Vous pouvez toujours invoquer la démocratie, il y a tout de même un vrai problème. Vous vous souvenez de ces ministres qui ont fait un passage éclair au gouvernement : Jean-Jacques Servan-Schreiber, Nicole Questiaux, Léon Schwartzenberg, ce n'étaient pas des médiocres, et rien ne dit qu'ils n'auraient pas été de bons ministres. Mais ils ont commis le crime d'avoir un mot malheureux dans les premiers jours de leur entrée en fonctions... Je crois que j'ai compris la règle que les médias ont fixée. À mon tour de caricaturer. Les ministres doivent parler avec un vocabulaire lisse, ne faire ni erreur de chiffre ni lapsus, ne pas employer d'images fortes. En fait, la caricature, l'excès, l'adjectif blessant, l'attaque personnelle, l'à-peu-près sous prétexte de clarté, c'est une exclusivité des médias ! Pour s'y adonner, il faut avoir sa carte de journaliste ! Mais je m'y suis fait et j'ai d'excellentes relations avec de nombreux médias, j'y ai même beaucoup d'amis. Il faut connaître les règles. Je ne suis pas sûr que l'hypermédiatisation et sa focalisation sur les ministres, en s'attachant à la forme plus qu'au fond, aident beaucoup la démocratie !

L.J. : Cela me paraît exagéré, mais je ne suis pas ici pour défendre ma profession... Revenons en arrière, au début de votre parcours ministériel. Comment avez-vous appris que vous alliez devenir ministre ? Vous attendiez derrière votre téléphone ?

C.A. : Non, pour moi ça a été un peu particulier. J'étais son conseiller le plus proche, son ami depuis de nombreuses années, et tout naturellement Lionel Jospin m'a demandé de participer à la composition du gouvernement. Cette opération a débuté assez tôt, avant même le résultat final des législatives. Le vendredi entre les deux tours, dès que les sondages nous ont été favorables, Lionel m'a dit : « Passe chez moi, il faut qu'on se mette à préparer les choses. »

L.J. : Comment ça s'est passé ?

C.A. : Nous avons commencé par son directeur de cabinet. Le nom d'Olivier Schrameck s'est vite imposé. Il était alors secrétaire général du Conseil constitutionnel. Il avait été directeur de cabinet de Lionel à l'Éducation nationale. Il est intelligent, rapide, efficace, rigoureux et, ce qui pour Lionel ne gâte rien, un peu raide et formel. Avec Lionel, ils n'ont jamais réussi à se tutoyer. Ils ont dû essayer deux fois, en vain. Lionel a confiance en lui, ce qui demande une longue mise à l'épreuve. J'étais persuadé qu'il accepterait.

L.J. : Jospin avait des idées arrêtées sur le gouvernement ?

C.A. : Oui, pour les grandes lignes, il voulait un gouvernement resserré, pour le diriger plus facilement et pour donner une image de sérieux, de décision. Il souhaitait beaucoup de femmes. Il avait choisi les titulaires principaux : Strauss-Kahn à l'Économie, Aubry au Social, Chevènement à l'Intérieur, parce que Jean-Pierre avait été l'un des premiers à le soutenir en

1995. Trautmann à la Justice pour la même raison. Mais Trautmann a demandé la Culture. Du coup, Guigou a eu la Justice. Pour le reste, il fallait consulter Hue et Voynet. Il a trouvé l'idée de Gayssot aux Transports excellente. Quant à Voynet, elle hésitait, elle était contre, même. Mais il la voulait. Il avait aussi – déjà – l'idée d'un rassemblement du PS. Mais Fabius est venu très vite lui dire qu'il désirait être président de l'Assemblée. Bartolone et Mélenchon ont refusé, parce qu'il leur proposait seulement un secrétariat d'État. Pour la Défense, il a eu l'idée de Richard, qu'il avait découvert au bureau exécutif du PS. Il le jugeait bosseur et un peu raide : c'était bon pour l'armée. Il s'inquiétait seulement de savoir s'il n'avait pas été réformé...

L.J. : Et vous?

C.A. : Moi, c'était l'Éducation. J'avais dit partout que je n'y tenais pas. Je n'avais pas envie de me colleter avec les syndicats. Mon idée, c'était un ministère pas trop gros et avec assez de temps pour pouvoir continuer à travailler avec Lionel. Mais il voulait un gouvernement resserré. J'aurais pu prendre les Universités, la Recherche et la Technologie. Mais il fallait découper le ministère de l'Éducation nationale. Il s'y refusait. Il m'a dit : « Tu veux la Recherche, la Technologie, je te donne tout. Ce que tu veux, plus l'Éducation nationale. » Je crois qu'au fond Jospin souhaitait voir quelqu'un de son équipe revenir rue de Grenelle d'où il avait été injustement chassé. J'ai résisté. Chaque fois, il parlait d'autre chose et faisait comme si j'avais accepté. Je me souviens que le lundi soir, sortant de chez Jospin avec Olivier Schrameck, je lui ai dit : « Bon, j'ai compris, il faut que je m'y colle », et Olivier m'a dit : « Ça me paraît évident. » Le lendemain, je suis quand même revenu à la charge et Lionel m'a dit : « Bon, tu ne veux pas trop t'occuper du scolaire, ce que je comprends vu mon expérience, on va donc te donner un secrétaire d'État. » C'est comme cela que j'ai hérité de Ségolène

Royal. Comme elle était furieuse d'être secrétaire d'État – elle avait été ministre de l'Environnement –, j'ai insisté pour qu'elle soit ministre déléguée. Je me souviens, je suis revenu à la charge, j'ai dit à Lionel : « Mais tu sais que je vais réformer et donc que ça tanguera. » Il m'a répondu : « On t'aidera. » J'aurais dû refuser quand même. J'aurais dû faire une vraie scène.

L.J. : Pourquoi ? C'était une responsabilité importante, flatteuse même...

C.A. : Parce que j'en ai pris plein la gueule, dans ce ministère ! Vous croyez que c'est drôle ? À un autre poste, j'aurais aussi fait des choses, j'aurais réformé, mais sans tous ces conflits épuisants...

L.J. : L'Éducation, c'est tout de même mieux que la Recherche...

C.A. : C'est mieux en apparence, mais c'est épuisant. J'aurais pu avoir un ministère de la Technologie, de l'Innovation, etc. C'était tout aussi passionnant et tout aussi important pour l'avenir. Cela dit, je me souviens de ce que m'a dit Dominique Strauss-Kahn : « À la Recherche, tu serais devenu aussi célèbre que Dondoux ! À l'Éducation, tu as fait du bruit. Tu es entré dans les palmarès de popularité, et puis tu as fait beaucoup de choses qui resteront pour le pays, ne regrette rien. » C'est gentil, et peut-être vrai. Mais j'aurais pu avoir une vie de ministre plus paisible. Mon ami Lionel m'avait donné le ministère le plus exposé ! Mais c'était aussi une grande marque de confiance, qui me touchait.

L.J. : Par quoi commence-t-on quand on devient ministre ?

C.A. : On fait la passation de pouvoirs. Avec François Bayrou, cela a été assez vite. Je me souviens que Ségolène était en retard, j'ai dit : « J'ai perdu Ségolène » ; et Bayrou a dit à la cantonade : « Ce n'est que le début ! »

L.J. : Quand on arrive, le ministère est vide ?

C.A. : Non. Il y a toute l'administration. Il y a eu deux petits discours, puis la présentation des directeurs du ministère. J'ai vu Bayrou pendant trois quarts d'heure en tête à tête. Il m'a dit quelles étaient les affaires pendantes. Il m'a aussi prévenu : la gestion d'un ministère de cette taille est infernale. Je m'entendais bien avec lui. Je me suis moins bien entendu plus tard, quand j'ai critiqué sa gestion des relations avec les syndicats. Il n'a pas aimé. Mais je n'ai pas d'hostilité vis-à-vis de l'homme, qui est sympathique. On a donc commencé à s'installer.

L.J. : Il a fallu ensuite former votre cabinet. Quelles sont les règles de formation d'un cabinet ? Comment fait-on ?

C.A. : C'est un problème assez difficile. Il faut d'abord trouver un directeur de cabinet.

L.J. : Suggéré par l'administration ?

C.A. : Non. Il faut choisir un directeur de cabinet avec qui on s'entend bien, qu'on connaît et qu'on pense capable d'assumer un rôle écrasant. Dans un ministère important, le directeur de cabinet commence à huit heures et finit à vingt-trois heures. Il est la plaque tournante du ministère, le point de passage entre le ministre et Matignon, le ministre et les administrations.

L.J. : Vous avez pris quelqu'un que vous connaissiez déjà ?

C.A. : Oui, j'ai pris quelqu'un qui était de la Cour des comptes, qui était aussi agrégé d'histoire, que je connaissais, qui m'avait aidé quelques mois auparavant dans des négociations difficiles au BRGM et que je voulais déjà recruter comme secrétaire général du BRGM. Donc, le directeur de cabinet que j'avais choisi était jeune. J'estimais que c'était une bonne combinaison d'être à la fois jeune, énarque et originaire de l'Éducation nationale. Il s'appelle Denis Soubeyran. Plus tard, il a été remplacé par une ancienne recteur, Jeanne-Marie Parly, la mère de Florence. Et puis j'avais à constituer ce cabinet. C'est très difficile à l'Éducation nationale. Il y a beaucoup de gens intéressants, qu'on voudrait avoir au cabinet, mais qui ont un poste qu'ils ne veulent pas quitter. Un cabinet ministériel c'est éphémère, épuisant et souvent ingrat. En tant que professeur d'université, on m'avait proposé plusieurs fois d'entrer dans un cabinet ministériel. J'avais refusé, jusqu'au moment où Jospin a été ministre de l'Éducation nationale. Le deuxième point, c'est que les gens du privé sont très difficiles à recruter parce qu'on a du mal à les payer.

L.J. : Combien les paie-t-on ?

C.A. : Il n'y a pas de salaire fixé à l'avance. Quand vous prenez quelqu'un de l'administration, il a son salaire, auquel on ajoute ce qu'on appelle les « points cabinet ». Quand vous avez un enseignant, vous lui payez aussi des points cabinet, mais beaucoup moins. Mystère des règles administratives... Au total, ils ne font pas fortune. On s'arrange seulement pour qu'ils ne perdent pas d'argent.

L.J. : Vous vous arrangez en utilisant les fonds secrets...

C.A. : On parle beaucoup de ces enveloppes. En fait, elles servent surtout, pour tout ministre qui se respecte, à arranger des situations personnelles difficiles parmi les membres de cabinet, qu'on mettrait des mois à améliorer par la voie administrative. Si nos règles administratives étaient moins rigides, on pourrait facilement se passer de cette méthode qui ne fait que trop jaser !

L.J. : *Pour tout ministre qui se respecte...* Qu'entendez-vous par là ?

C.A. : ...

L.J. : Pourquoi viennent-ils s'ils sont mal payés ? Ils escomptent que ça va les aider dans leur carrière ?

C.A. : Non, je pense qu'ils le font parce qu'ils veulent changer les choses, parce qu'ils aiment bien le ministre, parce qu'ils souhaitent participer à une aventure. Pour certains, il y a l'attrait – ou l'illusion – du pouvoir. Les membres de l'administration acceptent facilement d'appartenir à un cabinet ministériel, parce qu'au bout, pour eux, c'est une promotion, c'est un bon point dans le CV. Les enseignants, c'est plus difficile. Moi je voulais un mélange de jeunes et de plus expérimentés, de gens ayant des formations différentes, scientifique, littéraire, médicale, administrative, etc., car je crois que la diversité est une force dans un équipe. Et je voulais aussi une quasi-parité entre hommes et femmes. La constitution du cabinet est une opération qui occupe beaucoup de temps. Il faut faire vite : sans cabinet on est paralysé.

L.J. : Puisque nous parlions d'argent, combien gagniez-vous comme ministre ?

C.A. : Quarante mille francs par mois.

L.J. : Mais, pour un ministre, le salaire équivaut à de l'argent de poche. Tout le reste est pris en charge par l'administration...

C.A. : Non, pas tout ! Loin de là ! Nous bénéficions d'un certain nombre de services : une voiture avec un chauffeur, des frais pour les dîners et les déjeuners. Et puis, ce qui est très appréciable, d'une organisation qui fait que l'on ne perd pas de temps dans les exercices imposés de la vie courante. Par exemple, quand nous voyageons, tout est organisé par les services du ministère. C'est comme dans une grande entreprise privée... Mais, pour le reste, je payais mon loyer, ma femme de ménage, la nourriture quand je mangeais chez moi, etc.

L.J. : Utilisiez-vous les services officiels pour des activités privées ?

C.A. : Je me suis toujours appliqué une règle : conduire ma voiture pendant le week-end, faire mes courses moi-même, payer moi-même mes voyages privés ou ceux de ma femme lorsque je l'emmenais en déplacement officiel.

L.J. : Ce n'est pas le cas de tout le monde ?

C.A. : Je n'en sais rien. Je suis très attaché, pour ma part, à une éthique à la scandinave...

L.J. : À combien peut-on évaluer le salaire d'un ministre si l'on compte les facilités dont il bénéficie ?

C.A. : Sans doute à 60 000 francs par mois net d'impôts, ou 70 000 francs tout compris. Je vous rappelle tout de même qu'un ministre a des responsabilités importantes. Vous connaissez beaucoup de patrons qui dirigent plus d'un million de personnes ? Et nous n'avons ni stock-options ni golden parachutes...

L.J. : Mais il y a d'autres avantages. La retraite, par exemple...

C.A. : Non, il n'y a pas d'avantage particulier en matière de retraite. On cotise comme salarié.

L.J. : Et les vacances ?

C.A. : Parlons-en ! La première année, nous avons eu douze jours l'été, huit jours à Noël, huit jours à Pâques. Ensuite, c'était vingt jours l'été, cinq jours à Noël, cinq jours à Pâques. Avec une semaine de travail d'environ soixante-dix heures...

L.J. : C'est Jospin qui fixe la durée des vacances ?

C.A. : Elle est négociée entre Jospin et Chirac. Elle se cale sur le nombre de Conseils des ministres annulés.

L.J. : A-t-on le sentiment, quand on passe du statut de particulier à celui de ministre, de devenir soudain quelqu'un de très important ?

C.A. : On ne vous parle plus de la même manière. Il y a tout à coup des tas de gens qui se mettent au garde-à-vous pour un oui ou pour un non. « Monsieur le Ministre » par-ci, « monsieur le Ministre » par-là... C'est surprenant.

L.J. : C'est agréable ?

C.A. : Oui, c'est agréable, un petit moment, et puis, après, c'est un peu pesant. J'avais simplifié les choses avec mon cabinet. Mais, enfin, il restait une certaine raideur. C'est inévitable. Ce sont les ors de la République. Dans cet ordre d'idées, un grand souvenir, c'est le premier Conseil des ministres. On arrive à l'Élysée et, là, il y a les gardes républicains en grande tenue rouge et blanc avec épée et casque doré, alignés dans la cour. C'est cérémonieux et impressionnant. Un huissier vient vous ouvrir la portière de votre voiture sur le perron de l'Élysée, vous montez les marches. Là, il y a deux huissiers avec des chaînes, quatre ou cinq huissiers avec un gilet rouge qui vous emmènent dans la salle. Pour le premier Conseil, on entre d'abord dans l'antichambre, à côté de la grande salle du conseil. Là, on vous aligne par ordre protocolaire. Moi, j'étais numéro trois. Puis on est placés les uns après les autres.

L.J. : Et le Premier ministre ?

C.A. : Le Premier ministre arrive ensuite et présente un à un les ministres au Président. On a donc tous été présentés au président de la République avant de rentrer en Conseil. Très aimable, mais un peu crispé, je me souviens que Jacques Chirac a dit un petit mot à chacun. Jospin était lui aussi un peu crispé. Et puis on a été s'asseoir dans la salle du Conseil. Là, autour d'une très grande table presque ovale, on est assis de manière protocolaire. C'est-à-dire qu'il y a le président de la République et en face de lui le Premier ministre ; à la droite du président de la République, il y a le numéro un du gouvernement après le Premier ministre, c'est-à-dire Martine Aubry. À la droite du Premier ministre, il y a le numéro deux du gouvernement, c'est-à-dire Élisabeth Guigou. À la gauche du président, il y a le numéro trois, c'est-à-dire moi-même. À la gauche du Premier ministre, il y a le numéro quatre, c'est-à-dire Chevènement. Ainsi de suite. On est toujours placés ainsi. Sauf quand l'un d'eux est absent, là il y a une rotation subtile qui se fait.

On ne manque pas le Conseil des ministres. Si on est obligé de s'absenter – ça m'est arrivé deux fois, pour des voyages –, on demande l'autorisation au Président et au Premier ministre. Et la tradition, c'est qu'en dehors des voyages officiels on ne le manque que si on a une loi à défendre au Parlement.

De ce premier Conseil des ministres je me rappelle le décorum mais pas de ce qui s'y est dit. Nous étions tous très contents, on se souriait discrètement à travers la grande table et, en sortant, on a pris une très belle photo : nous marchions tous ensemble dans la cour de l'Élysée, qui est pour moi un beau souvenir. Après, les Conseils des ministres se passeront d'une manière un peu moins formelle, mais à peine moins.

Chaque mercredi, à dix heures moins cinq, après avoir traversé la salle du Conseil, on dépose à sa place son sous-main qui contient les documents préparatoires et qu'on appelle un maroquin. On va dans la grande salle de réception de l'Élysée, dans laquelle il y a du café et du thé, du jus d'orange. Les ministres arrivent les uns après les autres et on se retrouve là. C'est un lieu important pour le gouvernement : toutes les semaines, les ministres se rencontrent tous là. Trois quarts d'heure auparavant, le Premier ministre est venu chez le président de la République préparer le Conseil. Ils arrivent tous les deux vers dix heures quinze, dix heures vingt, toujours en retard. Donc généralement, autour du café, on a près de vingt minutes pour se parler. Et là on traite des affaires, on prend des rendez-vous...

En revanche, au Conseil des ministres, quand on est assis autour du Président, c'est entièrement codifié. Ça commence toujours par les projets de loi. Ces projets sont d'un intérêt très inégal. Il y en a qui ne sont que de petits réajustements, par exemple pour les accords commerciaux ou internationaux. D'autres, bien sûr, sont des lois importantes, qui marquent. En général, on en a discuté avant et on sait de quoi il retourne. Chaque ministre, quand il a un projet de loi, fait son exposé, personne ne dit rien. Puis le Président lui donne l'autorisation de la présenter au Parlement.

L.J. : Est-on impressionné par ce cérémonial ?

C.A. : Moi, jusqu'au dernier jour, j'ai été impressionné en allant au Conseil des ministres. C'est un rituel. Même s'il ne s'y déroule rien d'extraordinaire. C'est un grand rituel républicain et je suis content d'y avoir participé.

L.J. : Les ministres se transmettent constamment des petits mots pendant le Conseil. Pourquoi ?

C.A. : Pas constamment. Ils se font passer effectivement des notes, soit pour rappeler des affaires qu'ils ont entre eux, soit, plus rarement, pour commenter ce qui se dit. Il y a une règle non écrite : le trajet des petits mots ne doit pas passer par le Président. Ce ne serait pas déférent. Quand j'ai voulu rappeler à Martine que je faisais un voyage officiel à Lille, le petit mot a fait tout le tour du Conseil pour éviter Chirac... Vous voyez, ce ne sont pas des secrets d'État ni des blagues de potache... La deuxième partie du Conseil est consacrée aux nominations individuelles : ambassadeurs, préfets, recteurs, inspecteurs généraux, directeurs de ministère, généraux, etc. Naturellement, tout est passé à la moulinette avant entre les équipes du Président et du Premier ministre. Quand ça arrive en Conseil, tout le monde est d'accord. S'il y a eu des blocages avec le Premier ministre ou avec le Président, ça s'est réglé avant. Pour moi, ça s'est produit pour des nominations de recteurs, par exemple, le président disant : « Non, je ne veux pas changer ce recteur. On remet à la semaine suivante. » Parfois, ça bloque pendant plus longtemps. Ça a été le cas pour des préfets, des ambassadeurs...

L.J. : Le Président peut tout bloquer s'il le veut ?

C.A. : Oui. C'est lui qui donne l'autorisation de nommer et qui inscrit les projets à l'ordre du jour du Conseil des ministres. Ça se prépare lors d'une réunion entre le secrétaire général de l'Élysée, Dominique de Villepin, et le directeur de cabinet du Premier ministre, Olivier Schrameck, qui a lieu tous les vendredis soir, puis entre le Président et le Premier ministre directement si ça accroche.

La troisième partie est la plus vivante : c'est un exposé du ministre des Affaires étrangères sur la situation internationale. Chaque semaine, il parle de tout. Il expose l'actualité internationale et la position de la France sur chaque problème. Bien sûr, il a préparé les grandes lignes de son exposé avec le Président et le Premier ministre. Sur ces sujets, il y a de temps en temps des interventions. Quand les ministres vont à l'étranger, ils en parlent. Par exemple, quand il y a un Conseil sur l'agriculture, Glavany parle ; quand il y a quelque chose en Afrique, Josselin fait un point ; quand moi-même j'ai voyagé, je résume ce que j'ai appris. Et puis Jospin dit quelques mots et le Président conclut. La tradition au Conseil des ministres, c'est que personne ne parle après le Président.

L.J. : Et personne ne l'a fait ?

C.A. : Si, une fois. Un secrétaire d'État. Le Président a conclu, le secrétaire d'État lui a dit : « Non, ce n'est pas exactement ça », puis il s'est lancé dans une longue explication technique. Chirac souriait sans se formaliser. Lionel était furieux.

La quatrième partie est consacrée à une communication d'un ministre. Moi, j'en ai fait un certain nombre. Au dernier Conseil auquel j'ai participé, j'ai fait une communication sur les sciences du vivant et la priorité que nous leur donnions dans la recherche. Il y a donc communication, et là, généralement, le Premier ministre, le Président, les ministres interviennent. Le Conseil ne commence jamais avant dix heures quinze et il dure une heure, une heure et quart parfois. Et puis on sort et c'est une jungle de micros sur le perron de l'Élysée. Si on coince un ministre, on le bouscule, on essaie de lui poser une question, lui faire commettre une gaffe, etc. En période de cohabitation, on évitait de se répandre en déclarations sur le perron de l'Élysée. Je m'y suis laissé aller qu'une seule fois, en déclarant que la violence des jeunes venait d'ailleurs, par l'imitation. Comme un journaliste insistait, j'ai dit que le pays des cow-boys et des gangsters à gros cigare, ce n'était pas la France. Une heure après, j'avais l'ambassadeur des États-Unis, Félix Rohatyn, au téléphone qui protestait. Je lui ai répondu : « Ce n'est pas vous qui avez inventé les cow-boys ? » Il a ri et nous en sommes restés là. D'autres ministres se sont livrés plus souvent que moi aux délices des déclarations sur le perron de l'Élysée...

L.J. : Jospin les rappelait à l'ordre ?

C.A. : Oui, ils ont dû avoir des remarques.

L.J. : Il y a eu des incidents entre le Président et le Premier ministre, des accrochages de cohabitation...

C.A. : Je ne vais pas vous donner des détails sur ce qui s'est dit exactement au Conseil, ça fait partie de la réserve que je m'impose. Mais je peux vous dire que ce qu'on a lu ici ou là dans la presse n'a jamais correspondu à ce que j'ai vécu au Conseil. Sur quelques sujets, le Président a marqué sa différence. Sur d'autres, c'est le Premier ministre qui a souligné tel ou tel point. Mais dans une très grande courtoisie et de manière très brève. Je crois que le talent de conteur de Mme Colonna, la porte-parole du Président, est pour beaucoup dans ce qu'on lit dans la presse.

À cause de la cohabitation, Jospin avait organisé un autre cérémonial qu'on a appelé « les réunions de ministres ». Subtilité de vocabulaire : le Président n'est pas là et ça se tient à Matignon. Les ministres se rencontrent une fois tous les quinze jours, les secrétaires d'État se joignant à eux une fois par mois. Avant la première réunion, on a pris une photo sur le perron de Matignon. Elle est plus raide que celle qu'on avait prise dans la cour de l'Élysée, mais je l'aime bien aussi...

L.J. : Vous n'avez pris aucune photo du gouvernement avec Chirac...

C.A. : Non. Je crois que c'est Mitterrand qui, à l'époque de la première cohabitation, n'avait pas voulu. On a suivi la tradition. Je ne suis pas sûr que ce soit très républicain...

Revenons aux réunions de ministres. Là, c'était beaucoup plus décontracté. Très rapidement tout le monde s'est tutoyé, alors qu'au Conseil des ministres on se vouvoie et s'appelle

« monsieur le Ministre ». On y discutait les grands projets du gouvernement. Chacun s'exprimait et le Premier ministre faisait la synthèse. C'est là qu'on a discuté les 35 heures, les emplois jeunes... C'est là que, tous les trois mois, Dominique Strauss-Kahn nous faisait un exposé sur la situation économique et ses prévisions. C'était toujours très brillant. Dominique Strauss-Kahn est un gros chat, intellectuellement rapide et flexible. C'est un grand amateur de tous les gadgets électroniques, il fonctionne en permanence avec deux téléphones mobiles, parfois simultanément, à n'importe quelle interruption de séance. Lorsqu'il s'ennuyait en réunion de ministres, il me passait des petits mots avec des problèmes de maths à résoudre sur lesquels il avait déjà fait sécher les polytechniciens de son cabinet. Il a aussi un incontestable don pédagogique. L'économie est non seulement son métier mais sa passion. Je crois qu'il a joué un rôle essentiel dans nos succès économiques. Car, outre les décisions importantes qu'il a su prendre au bon moment, il avait trois atouts extraordinaires : son aura internationale. Il suffit de parler encore aujourd'hui de lui à Londres ou à Washington pour le mesurer. Sa compétence en imposait à l'administration de Bercy et il nous a évité toutes les recettes automatiques qu'on refile à la droite ou à la gauche depuis vingt ans. Enfin, il avait compris que la parole bien calibrée du ministre de l'Économie et des Finances est un facteur essentiel dans l'économie moderne. Ce n'est pas de sitôt qu'on aura un ministre des Finances comme lui. De plus, il est décontracté et marrant. Je me souviens de cette séance de questions au Sénat où il a répondu avec une contrepèterie : « Oui, ce cas de Corée me turlupine. » Ensuite, les attachés parlementaires ont ramé deux heures pour l'effacer du compte rendu.

L.J. : On fait ça souvent?

C.A. : Parfois, lorsqu'il y a des conseillers qui ont le sens de l'humour... Quand j'étais conseiller à l'Éducation, nous avions essayé d'introduire dans un discours de Jospin une contrepèterie célèbre dans ces milieux : « Madame, quel beau métier, professeur ! » Lionel l'avait détectée tout de suite et s'était abstenu de la lire pendant le discours. Quelques semaines plus tard, les conseillers de Robert Chapuis, le secrétaire d'État à l'Enseignement technique, l'ont glissée dans un de ses discours budgétaires. C'est passé comme une lettre à la poste !

Dans ces réunions de ministres, on parlait aussi politique. Les divergences entre les composantes de la gauche plurielle pouvaient s'exprimer. En fait, il n'y en avait pas beaucoup. Les ministres étaient très soudés, très copains. Il n'y a jamais eu de vrais affrontements.

Bien sûr, Jean-Claude Gayssot défendait les positions du PC mais avec beaucoup de nuance et de souplesse. Dominique Voynet était parfois plus spontanée, et un peu plus vive, mais ça n'a été jamais très loin. Alain Richard, grand spécialiste des statistiques électorales devant l'Éternel, nous faisait des grandes démonstrations de pronostic pour telle ou telle échéance électorale. En établissant la moyenne entre les européennes, les cantonales partielles et les évolutions du dernier recensement démographique, il prévoyait les résultats aux municipales. Tout le monde était admiratif, sans bien comprendre toutes les subtilités, il faut bien le dire...

Martine Aubry a fait plusieurs exposés importants sur les 35 heures, sur la CMU. Elle est toujours très impressionnante par sa connaissance technique des dossiers et aussi par une volonté de fer qu'elle a de réformer. Sur les 35 heures, par exemple, je me souviens qu'avant les élections elle avait beaucoup de réserves – comme moi, d'ailleurs, qui ne suis pas un fana de cette mesure, car en économie je me méfie des mesures mécaniques.. Quand elle a eu à mettre la loi en œuvre, elle l'a fait sans états d'âme, quitte à en porter le poids politique de manière un peu solitaire. Elle est de ces gens qui ne font pas de la politique pour paraître mais pour faire. Elle est compétente et elle a du courage, ce n'est pas si courant en politique.

L.J. : N'a-t-elle pas eu des accrochages avec DSK en réunion de ministres ? C'est de notoriété publique, leurs relations étaient mauvaises ?

C.A. : Au contraire, en réunion de ministres chacun s'efforçait de montrer des convergences de vues, plus que des divergences. Encore une fois, les interventions des ministres étaient toujours argumentées, avec la volonté de chercher, par-delà telle ou telle sensibilité, une convergence d'opinion.

J'ai moi-même planché plusieurs fois pour exposer la politique éducative, la politique de recherche scientifique, la loi sur l'innovation et le plan U3M (Université du troisième millénaire). Mes propositions de réforme ont chaque fois été très bien accueillies. J'ai même un très bon souvenir. Lorsque j'ai présenté en réunion de ministres le plan U3M, à la fin, les ministres ont spontanément applaudi. Je crois que ç'a été la seule fois. Il est vrai que j'avais fait un effort de présentation avec transparents, etc. Lorsqu'on s'est donné du mal, ça fait plaisir. Après ces réunions, nous avions un repas tous ensemble, souvent très libre au début, pour se décontracter. Pierre Moscovici faisait ses célèbres imitations de Chirac et Daniel Vaillant celles de Mitterrand. Puis la deuxième partie était plus sérieuse. On y traitait des questions politiques d'actualité. Je me rappelle que la cuisine était exceptionnelle et la qualité des vins remarquable. Une épreuve pour Strauss-Kahn, Vaillant, Josselin, Védrine et moi, qui luttions en vain contre la prise de poids ministérielle...

Ensuite, il y a les conseils interministériels. Ces conseils interministériels sont organisés sur un sujet donné, à Matignon, sous la présidence du Premier ministre, avec les ministres concernés. Ça se tient généralement dans le petit salon jaune, qui est un petit bijou précieux avec plein de dorures et des tableaux de maître aux murs. On définit la position du gouvernement sur un sujet donné, notamment ceux qui vont donner lieu à un communiqué ou à un projet de loi. Par exemple, s'il y avait un conseil ministériel sur le nucléaire, y participaient Dominique Voynet, ministre de l'Environnement et de l'Aménagement du territoire, le secrétaire d'État à l'Industrie, Christian Pierret, le ministre de l'Économie, des Finances et de l'Industrie, Dominique Strauss-Kahn, le ministre du Budget, Christian Sautter, qui est toujours présent, moi-même en tant que ministre chargé de la Recherche, parfois mais pas toujours le ministre de la Défense, et parfois le secrétaire d'État à la Santé, Bernard Kouchner. C'est là qu'on a discuté les problèmes difficiles, par exemple l'arrêt de Super Phénix.

L.J. : Sur Super Phénix, il y a eu affrontement entre les proches du lobbying nucléaire, comme Strauss-Kahn ou Pierret, et Dominique Voynet...

C.A. : La fermeture de Super Phénix était le point clé de l'accord entre le PS et les verts. Sur le fond, il n'y avait pas d'espace pour tergiverser, d'autant plus – et c'est moi qui parle – que la construction de Super Phénix avait été une connerie. La technologie n'était pas prête pour passer du stade expérimental du surgénérateur Phénix au stade de l'exploitation. Ça nous a coûté une somme folle ! Sur le fond, c'était donc plié. Il y avait les modalités, le calendrier, la question de la réouverture de Phénix, etc. Et là, il fallait discuter. Comme je vous l'ai dit, Dominique Voynet est spontanée, directe, elle déteste la bureaucratie, ce qui nous rapproche, mais au total c'est quelqu'un d'assez raisonnable et donc on arrive généralement à trouver un terrain d'entente.

D'ailleurs, ces réunions interministérielles m'ont laissé un souvenir de sérieux et d'efficacité. Surtout au début. Les ministres connaissaient bien leur dossier et s'exprimaient l'un après l'autre. Il faut dire que chaque réunion était préparée très soigneusement. La réunion préparatoire s'appelle une réunion interministérielle. Dans le jargon, on appelle ça une « inter ».

Elle se tient entre les membres des cabinets ministériels concernés à Matignon. Elles produisent un document tapé sur papier bleu. C'est pour cela qu'on emploie le terme « bleuir » qui veut dire qu'un projet est accepté par le cabinet du Premier ministre. Donc, les membres des cabinets ont préparé un texte sous la houlette du conseiller de Matignon chargé du dossier. Dans ce texte préparatoire, on indique tout ce sur quoi tout le monde est d'accord. Les désaccords sont tapés en italique et mis entre crochets. Quand les ministres se réunissent, on discute et on arbitre à partir de ce texte, en se concentrant, en général, sur ce qui est entre crochets. Il y a un exposé du ministre principal, très bref, destiné à introduire le sujet. On passe ensuite à la discussion. Les ministres argumentent, le Premier ministre conclut. Il fait ça très bien.

L.J. : Il synthétise, ou bien il tranche selon ses idées personnelles ?

C.A. : Généralement, il cherche la solution qui paraîtra la meilleure à tout le monde. Il laisse les divers points de vue s'exprimer et il essaie de faire émerger petit à petit la solution, sans heurts, sans laisser partir un ministre fâché.

L.J. : Il ne dit pas, comme le dit parfois le président américain : huit voix contre, une voix pour, le pour l'emporte.

C.A. : Il n'y a pas de véritables ministres aux États-Unis, ils sont membres du cabinet du président, ils n'ont aucune indépendance, pas de signature. Aux États-Unis, tout doit être signé par le président. C'est lui qui décide, les autres n'ont pas d'autonomie et, en particulier, pas de responsabilité budgétaire. Les seuls qui aient une certaine autonomie, ce sont le secrétaire à la Défense qui règne sur le Pentagone et le secrétariat d'État (le ministre des Affaires étrangères). Le président est le seul qui soit politiquement responsable. En

France, il y a des ministres responsables et un Premier ministre, qui doit coordonner l'action des ministres et arbitrer en cas de désaccord. C'est différent. La « moulinette » de l'interministérielle est indispensable même si elle est souvent trop lourde. Au début, ça a été formidable, nous avons eu des interministérielles sur des sujets fondamentaux, le nucléaire, la drogue, la santé, la violence... où nous avons vraiment échangé nos idées, et je crois que nous nous sommes mutuellement enrichis. Les réunions étaient à la fois franches et sympathiques, nous étions des amis sincères, responsables, qui cherchaient ensemble la meilleure solution. Bien sûr qu'il y avait des divergences de points de vue. Sur la drogue, le point de vue de Jean-Pierre Chevènement et de Bernard Kouchner n'était pas le même, sur le nucléaire, la vision de Dominique Voynet et de Christian Pierret était différente, mais Lionel parvenait très bien à canaliser tout cela. Après un an et demi, les choses ont un peu évolué.

L.J. : Dans quel sens ?

C.A. : Au commencement, Jospin avait dit : « Travaillez ensemble, voyez-vous, si vous pouvez vous entendre sans passer par Matignon, faites-le, nous irons plus vite. » Et ça a été formidable. Puis, petit à petit, la lourde machine de Matignon s'est imposée comme un passage obligé et cela a beaucoup contribué à figer les choses. J'avais connu le même phénomène sous le gouvernement Rocard. Les causes en sont les mêmes et je crois qu'aucun Premier ministre n'y échappera.

L.J. : Quelles sont ces causes ?

C.A. : L'emploi du temps de chacun et en priorité celui du Premier ministre. Si l'emploi du temps des ministres est contraignant, celui du Premier ministre est proprement démentiel. Plus on avance dans le temps, plus il est chargé. Donc, les rendez-vous, les réunions, tout est écourté. Le Premier ministre lui-même dépend de plus en plus de ses conseillers. Ces derniers sont trop nombreux et de valeur inégale. Souvent inoccupés et, pour certains, frustrés, ils pèsent de plus en plus sur les décisions. Leur pouvoir de créer est faible, leur pouvoir d'empêcher est fort. Et, pour freiner, ils sont puissamment aidés par les fonctionnaires du ministère des Finances.

Rien ne se fait d'important sans l'aval de Matignon. Pour les choses les plus sérieuses, le Premier ministre décide lui-même, lors des réunions périodiques que les ministres ont avec lui. Pour la foultitude de décisions secondaires, ce sont les conseillers de Matignon qui les prennent, parfois avec l'aval du directeur de cabinet, mais pas toujours. Les fameuses « inters » ont lieu sans arrêt dans les multiples salles de Matignon, qui est une ruche. On produit de la décision à la pelle. À toutes ces réunions assistent les représentants du Budget qui freinent sur tous les dossiers, malgré les efforts que faisaient DSK et Christian Sautter. Lionel critiquait ce fonctionnement sous Rocard. Mais, petit à petit, la même mécanique s'est établie sous son règne. Or l'équipe de Matignon, encore une fois, est très inégale. Au sommet, les gens étaient remarquables : Olivier Schrameck, Jean-Pierre Jouyet, Florence Parly, Jacques Rigaudiat et quelques autres. Mais, pour employer une litote, les conseillers ne sont pas tous du même niveau. Avec le temps, ils tendent à former une cour, qui fait écran avec les véritables responsables, et ils n'aident pas forcément les ministres. Certains font même métier de les critiquer.

Au début, tout ça ne pesait pas beaucoup. On était vraiment une équipe, on se voyait entre ministres, on parlait stratégie, politique, projets. C'était à la fois très sympa et très excitant. Lionel était encore assez décontracté et encourageait cette ambiance.

L.J. : Pourquoi cela a-t-il changé ?

C.A. : Parce que le travail gouvernemental est devenu de plus en plus lourd. Certains avaient des lois à faire passer, d'autres à réorganiser leurs ministères. Bref, le temps est devenu rare.

L.J. : Comment étaient vos rapports avec vos collègues ?

C.A. : Très bons. Malheureusement, plus les mois ont passé, moins on a eu de temps pour se voir, pour parler politique. Ce qui était formidable dans cette équipe, c'était sa diversité avec de très fortes personnalités dont beaucoup étaient très typées.

L.J. : Vous aviez vos préférés ?

C.A. : Oui, à cause de l'histoire. Daniel Vaillant, bien sûr, DSK, Martine Aubry, Pierre Moscovici, Hubert Védrine, Christian Sautter, Bernard Kouchner, Louis Le Pensec, Jean-Jack Queyranne, Charles Josselin étaient des gens avec qui j'avais travaillé avant et avec qui je sympathisais. Je connaissais aussi bien Jean-Pierre Chevènement, Élisabeth Guigou ou Catherine Trautmann, mais j'en ai rencontré au gouvernement d'autres avec qui je me suis bien entendu comme Alain Richard ou Jean-Claude Gayssot, héraultais comme moi, Dominique Voynet ou Marylise Lebranchu. Jean-Claude Gayssot est un homme ouvert, franc, qui s'engage. Nous avons créé ensemble la carte orange gratuite pour tous les étudiants d'Ile-de-France, mais surtout il m'a toujours soutenu, même lorsque le SNES, qui a beaucoup de sympathisants dans son parti, m'a le plus attaqué. Il ne cessait de dire : « Moi, je sais qu'il faut réformer l'Éducation nationale pour la rendre plus juste. » Marie-Georges Buffet aussi m'a toujours manifesté son soutien. Avec Hubert Védrine, nous avons travaillé en étroite collaboration pour les affaires internationales de l'éducation et de la recherche, nous avons même réussi à normaliser les relations entre nos deux administrations qui ne s'aimaient guère. J'apprécie beaucoup Hubert, qui donne l'impression d'avoir une intelligence rapide mais froide et qui semble s'accommoder de toutes les contorsions diplomatiques, alors que c'est un homme chaleureux, sensible, qui a des idées très avancées sur bien des sujets. Ses anciennes fonctions de secrétaire général de l'Élysée lui ont donné un spectre politique plus vaste que l'on croit. Mais il a hérité de Mitterrand une vision un peu nietzschéenne du monde et du caractère irrépressible de son évolution.

L.J. : Vous n'avez oublié personne ?

C.A. : Non, ce n'est pas un catalogue de convenance ! Cela traduit seulement le fait que Lionel avait tenu à faire un gouvernement de copains. Je dis ce que je pense d'eux. Voilà !

L.J. : Et la politique dans tout ça, comment se fait-elle ?

C.A. : Au Parlement, en séance et dans les couloirs, dans les éunions du parti, au gouvernement. Et lors des réunions des ninistres tous les quinze jours.

L.J. : Y avez-vous consacré assez de temps ?

C.A. : Non, pas assez. Si on veut faire de la politique correctement, il faut y sacrifier beaucoup. Les réunions, les discussions, les échanges, ça prend du temps. J'étais toujours pressé et je ne me suis sûrement pas assez consacré à la politique. Ni à faire assez de voyages en province, sur le terrain comme on dit.

L.J. : Les visites sur le terrain vous évitent d'être coupé de la réalité. C'est le danger qui guette tous les ministres...

C.A. : Oui, mais j'ai été rapidement refroidi par leur caractère pesant et officiel. Quand j'allais visiter une école, il y avait le préfet, le sous-préfet, le recteur, l'inspecteur d'Académie, l'inspecteur primaire, le maire, l'adjoint au maire chargé de l'école, plus la télé qui se baladait et les journalistes. On arrivait à quarante dans une classe ! Je me souviens de ma première visite officielle, dans l'Hérault. On vient vous prendre à l'aéroport, le préfet, le recteur, les motards, un cortège, des gendarmes tout le long de la rue. Ça vous donne le sentiment d'être un personnage important. En même temps, vous avez une gêne parce que vous créez un embouteillage énorme dans Montpellier. Tout le monde est arrêté pour vous faire passer.

L.J. : Vous ne pouviez pas dire non ?

C.A. : J'ai essayé. Mais j'ai constaté que, chaque fois qu'on essaie de simplifier, ça ne fait pas plaisir. Bernard Kouchner avec qui je partage beaucoup d'idée, sur la nécessité de débureaucratiser, de rendre les choses moins formelles, a effectué des descentes dans des hôpitaux sans prévenir personne. Cela a été très modérément apprécié. On donne l'impression de vouloir surveiller le préfet, le directeur d'hôpital ou le recteur, pour le prendre en défaut. C'est très difficile. J'ai fait des visites simplifiées à Paris. Il y avait tout de même douze ou quinze personnes...

L.J. : Et vous ne pouvez pas y aller seul ? Sortir de votre ministère seul et aller à l'école qui est à deux cents mètres ?

C.A. : J'ai voulu, mais on a exercé une telle pression autour de moi...

L.J. : En disant quoi ?

C.A. : Que ça allait être vraiment mal pris. Y compris par le proviseur lui-même, qui pensera que je viens pour une inspection surprise. N'oubliez pas qu'à l'Éducation nationale l'inspection surprise est interdite. Toute inspection doit être annoncée deux jours avant. C'est une grande conquête des syndicats. Alors, imaginez que le ministre le fasse !

L.J. : L'autre grand lieu de l'exercice du pouvoir, c'est bien sûr le Parlement. Comment vous y êtes-vous adapté ?

C.A. : Mon premier vrai contact de ministre avec l'Assemblée nationale s'est déroulé lors de la déclaration de politique générale du Premier ministre. Je me souviens très bien, c'était le 19 juin 1997, trois ans jour pour jour après cette réunion du PS à la Villette qui avait marqué la mise à l'écart de Jospin. Nous étions assis côte à côte, Lionel, Daniel Vaillant et moi, au banc du gouvernement. Et puis Lionel est monté à la tribune. Il y avait Fabius en haut qui présidait, Lionel en dessous qui parlait et le gouvernement en bas, c'était pour nous une grande émotion. On revenait de si loin avec Lionel... Je crois qu'avec Daniel on a écrasé deux grosses larmes. Quand Lionel est redescendu, il nous a dit : « C'est bien que nous soyons symboliquement là, tous les trois ! » Puis l'Assemblée, c'est devenu la routine.

L.J. : Pourquoi la routine ?

C.A. : Ça n'a rien de péjoratif. La fréquentation de l'Assemblée fait partie du travail de ministre. Sous de nombreuses formes. Il y a les commissions : c'est là que se fait le travail le plus intéressant. Les députés qui y participent sont des spécialistes et on a des échanges intéressants. Au moment du budget, il faut préparer soigneusement ces réunions. Pour moi, il y avait des commissions pour la recherche, pour les universités, pour le scolaire... Toutes dédoublées, puisqu'il y en a à l'Assemblée et au Sénat. Chaque fois, il faut répondre à une vingtaine de questions, dont certaines sont très pointues, parce qu'elles dérivent des problèmes que rencontre localement tel ou tel député. C'est un gros travail, mais j'y ai pris beaucoup de plaisir.

L.J. : Et les séances plénières ?

C.A. : Il faut distinguer. Les séances plénières au moment du vote du budget sont pratiquement désertes. Franchement, je ne comprends pas à quoi elles servent. Elles sont redondantes par rapport aux commissions. Faire un discours préparé soigneusement un vendredi à onze heures du soir devant douze parlementaires, je ne suis pas sûr que ce soit le meilleur moyen d'illustrer la démocratie.

Pourquoi ne pas donner le pouvoir de vote aux commissions, sauf demande contraire d'un tiers des parlementaires ? On gagnerait du temps et on améliorerait l'image de la démocratie.

L.J. : Et il y a aussi les questions orales...

C.A. : Oui, ça mange beaucoup de temps.

L.J. : C'est quand même l'un des rares moments de la vie démocratique parlementaire dans ce pays.

C.A. : Oui, ces séances de questions ont été inventées par Giscard. Le principe est bon, encore qu'un seul jour de questions suffirait. Mais, quand on y participe, franchement c'est très décevant. On crie beaucoup, on s'invective, les questions sont destinées autant à faire briller le député qui les pose qu'à faire avancer les problèmes. Je n'y ai jamais été à l'aise.

L.J. : Vous connaissiez les questions à l'avance ?

C.A. : Celles de la majorité, oui, mais pas celles de l'opposition. Comme je vous l'ai dit, je n'ai jamais été très bon dans cet exercice. Je ne l'ai jamais vraiment bien compris. Au Sénat, j'ai toujours été plus à l'aise. Les questions de l'opposition y sont souvent plus agressives, mais l'ambiance y est... plus républicaine. À l'Assemblée, c'est un amphi d'étudiants dans l'ambiance de Mai 68. On vous pose des questions sur les dernières rumeurs. La dernière parution du journal *Le Monde* inspire de nombreux députés... Mais aussitôt après la question, on vocifère. Lionel y attachait une grande importance, bien qu'il n'y soit pas toujours très bon et souvent trop long. Mais il y a fait ses annonces importantes. Il manifestait là son goût pour le parlementarisme ou, plutôt, la démocratie parlementaire. Enfin c'est une contrainte qui prend beaucoup de temps.

L.J. : C'est la démocratie...

C.A. : Certes, mais on pourrait améliorer les choses. Par exemple, consacrer certaines séances à un seul sujet. Depuis le temps que les présidents de l'Assemblée annoncent qu'ils vont en réformer le fonctionnement, on aurait pu agir...

L.J. : Quel est l'emploi du temps d'un ministre ?

C.A. : Fou. On n'arrête pas une seconde. Et, contrairement à ce qu'on pense parfois, le temps n'est pas accaparé par des cérémonies protocolaires sans intérêt ou des cocktails. Le défilé du 14-Juillet et celui du 11-Novembre n'ont lieu qu'une fois dans l'année. Le deuxième est dangereux : même équipé de Damart, on court des risques pulmonaires... Il y a la journée des femmes à Matignon, la réception annuelle de l'Assemblée ou du Sénat. Mais c'est raisonnable. Non, je parle de l'emploi du temps utile.

L.J. : Conseil des ministres, réunions de ministres, interministérielles, réunions au Parlement, qu'y a-t-il encore d'obligatoire ?

C.A. : Il y a les conseils européens à Bruxelles, les sommets européens, sur lesquels nous reviendrons, j'espère. Le tout fait qu'il faut compter que, chaque semaine, on a plus de quinze heures prises par les charges gouvernementales. Mais il y a aussi les obligations internes.

L.J. : Lesquelles ?

C.A. : Quand on a un gros ministère comme le mien, il faut réunir les recteurs une fois par mois, les présidents d'université, les directeurs d'école, les directeurs d'administration (un lundi tous les quinze jours), les responsables d'organismes de recherche, etc.

Il faut aussi recevoir. Recevoir les syndicats, les personnalités, les responsables d'organisme. Travailler avec le cabinet, en groupe et individuellement, sans compter les voyages. Les réunions internationales ou les voyages à l'étranger, c'est toujours épuisant mais très enrichissant. J'ai eu la chance de parler avec Clinton, Kohl, Jiang Zemin, Moubarak, Zedillo, Valpaye, Obuchi, le roi d'Espagne, Prodi, et pratiquement tous les collègues ministres de l'Éducation et de la Recherche des grands pays. C'est une des choses qui m'ont le plus enchanté. Là encore, ce n'était pas sans fatigue car tout cela est intense et bref.

L.J. : Et puis il y a les gens à recevoir...

C.A. : Oui, bien sûr. Un ministre reçoit énormément, même s'il n'aime pas ça. L'un des grands sports pour bien des gens, c'est d'avoir une entrevue avec le ministre. Vous avez une myriade de syndicats. Dans mon ministère, il y a environ 120 syndicats, un ou plusieurs par catégorie professionnelle et par grand organisme public ! Quand ils sont reçus par le ministre, ils en font la moitié de leur bulletin. Vous avez les personnalités françaises, étrangères, les responsables d'organismes qui dépendent de vous, vos collègues, etc. Comme vous le voyez, vous avez un emploi du temps qui est ultra-contraint. Au milieu de tout cela, il fallait que je me « taille du temps » pour moi, pour travailler, pour réfléchir. Je sais par expérience professionnelle qu'il faut du temps pour analyser, concevoir, imaginer, inventer. Je le faisais parfois seul, le plus souvent avec mes conseillers. Tout ce travail se traduisait par des textes, par des projets. Je ne travaille bien qu'à partir d'un document écrit que j'étudie avant qu'on en discute – ou que je rédige moi-même et que je fais critiquer par les autres. J'utilisais au maximum les temps de transition, midi-une heure, le soir de dix-neuf à vingt et une heures, les week-ends. Toute récupération de temps libre était bonne à prendre. J'étais rodé par mon travail de professeur d'université qui dirige un gros laboratoire et qui fait lui-même de la recherche, avec beaucoup d'obligations, les commissions, les cours et leur préparation, les séminaires, les réunions internes, la lecture des thèses, des articles de vos concurrents. J'ai donc pris l'habitude depuis longtemps d'aménager du temps. Au ministère, c'était encore plus difficile, mais j'étais préparé. Au total, on travaillait tous beaucoup, mon cabinet, les directions et moi-même. Et bien sûr, dans ce cas, il faut aussi passer du temps à motiver, expliquer, mobiliser tous ceux qui participent à ce travail commun. Mais j'y prenais un immense plaisir. J'avais le sentiment de faire avancer les choses.

L.J. : Vous avez souligné, pour vous en plaindre, l'importance des médias. Y avez-vous consacré assez de temps ?

C.A. : Oui et non. Je voyais de nombreux journalistes. Les responsables de journaux d'une part, les journalistes éducation de l'autre. Mais je n'avais guère de temps pour les journalistes politiques. J'étais très sollicité pour des interviews, des radios, des télés. À certains moments, j'ai beaucoup communiqué, peut-être trop. À d'autres moments, pas assez. Au total, entre les conférences de presse, les interviews, les petits déjeuners et les déjeuners de presse, ça m'a beaucoup occupé.

L.J. : Quelle était votre technique, par exemple, pour les conférences de presse ?

C.A. : Au début, c'était le cirque. La première conférence de presse, il y avait une foule. Tout le monde assistait à la conférence de presse du ministre. L'administration et les syndicats occupaient les quatre premiers rangs. Il n'y avait pas meilleur symbole de la cogestion du ministère. Les télés se tenaient au centre et les journalistes de la presse écrite étaient debout au fond, prenant des notes en s'appuyant sur le mur. Après la conférence de presse, tout le monde commentait les propos du ministre à la radio, à la télé. Les syndicats donnaient leurs réactions, certains membres de l'administration livraient discrètement leurs impressions aux journalistes. Nous avons remis de l'ordre. Nous avons fermé les conférences de presse aux syndicats et à l'administration. Nous avons donné aux journalistes des tables avec écritoire. Nos conférences de presse se sont ensuite passées dans le calme.

L.J. : Combien en avez-vous fait ?

C.A. : Une dizaine dans l'année au plus. Ce qui a très bien marché, c'est le déjeuner périodique qu'on avait organisé avec la presse régionale. Je crois que ça a été profitable pour tout le monde. En fait, ma communication est devenue plus politique avec l'arrivée de Marie-France Lavarini, en novembre 1998.

L.J. : Jospin vous l'a envoyée pour vous canaliser...

C.A. : Non, ce sont des fadaises. La réalité était plus simple. Elle était rédactrice en chef de l'émission d'Anne Sinclair sur TF1 et, comme Anne arrêtait l'émission, Marie voulait un travail qui lui permette de continuer à toucher à la politique. On se connaissait depuis longtemps. C'est une grande professionnelle qui a un excellent carnet d'adresses : je l'ai prise avec moi. Elle m'a beaucoup aidé.

L.J. : Vous commenciez à quelle heure le matin ?

C.A. : À huit heures vingt. Je me levais à sept heures. Je partais à sept heures quarante-cinq et je feuilletais la presse dans la voiture.

L.J. : Vous regardiez s'il y avait quelque chose sur vous ?

C.A. : Oui... Enfin, pas sur moi.. Je regardais surtout s'il y avait quelque chose qui concernait notre secteur ministériel. Ensuite, j'avais mis au point un système qui n'existait pas avant moi – je ne sais pas s'il est toujours en vigueur. On me faisait tous les matins le compte rendu de tout ce qui s'était passé la veille, dans toutes les académies. Le compte rendu était alimenté par les chefs d'établissement, les inspecteurs, les inspecteurs d'Académie, les recteurs et le ministère.

L.J. : Sur les incidents, les violences scolaires ?

C.A. : Sur tout. Les incidents, les accidents, les cas de pédophilie, les bizutages, les coups et blessures, les débuts de grève ici, les dysfonctionnements là, etc.

L.J. : Tous les jours, il y avait quelque chose ?

C.A. : Tous les jours, il y avait énormément de choses ! Je me suis souvent demandé si j'avais été très malin de mettre ça sur pied : c'était une source de stress supplémentaire. Puis, si je n'avais pas de petit déjeuner de travail, je voyais mon directeur de cabinet, Jean-Marie Parly, et mon directeur adjoint, Jean-

Richard Cytermann, pendant une heure pour faire le point, examiner les urgences, comment était organisée la journée. J'avais aussi une série de notes qui m'avaient été préparées par mes conseillers, que je regardais. Et, là, la journée commençait avec l'enchaînement des réunions : je devenais la machine à parler. Je faisais en moyenne deux interventions par jour.

L.J. : Sur des sujets variés ou toujours sur la même chose ?

C.A. : Chaque fois c'était différent. Par exemple : le matin, un discours aux présidents d'université ; l'après-midi, une intervention à la Villette pour inaugurer une exposition ; le soir, une remise de Légion d'honneur. Un autre jour, un exposé aux directeurs, une réunion de cabinet, et, l'après-midi, l'inauguration d'un laboratoire, l'ouverture d'un colloque, etc.

L.J. : Vous ne pouviez pas tout écrire. Vous aviez une armée de nègres ?

C.A. : Non, ça ne se passe pas comme ça. Au début, pour laisser le temps à mon cabinet de se mettre dans le coup, je préparais seul mes discours. Comme j'en avais beaucoup, je parlais à partir d'un plan, sans papier écrit. J'en ai fait des dizaines sans trop de problèmes. Mais, à la longue, c'est l'assurance de déraper un jour ou l'autre. Petit à petit, les membres de mon cabinet, chacun dans son secteur, sont devenus plus compétents que moi, en tout cas dans le détail des choses. Du coup, ils ont écrit les discours, ou tout au moins la trame des discours. Je les relisais, je les corrigeais, on en parlait, on recorrigeait... J'ai dû en faire mille en tout, dont cinq cents étaient substantiels.

L.J. : Vous étiez attentif à l'art oratoire ?

C.A. : Oui, bien sûr, comment un professeur comme moi ne l'aurait-il pas été ? Il n'y a qu'un seul endroit où je n'ai pas été très bon, je vous l'ai déjà dit, c'est à l'Assemblée, aux questions orales ; je n'ai jamais pu me faire à l'ambiance, au brouhaha. En revanche, j'ai un bon souvenir du congrès du PS à Brest. J'ai pris la salle du congrès de Brest avec des sifflets, je l'ai retournée et je suis sorti applaudi debout. Strauss-Kahn m'a envoyé un mot de félicitations le lendemain et Lionel en a parlé dans son discours de clôture. Oui, l'art oratoire ça compte, bien sûr, mais moins que le fond. Et je crois qu'à travers mes discours j'ai quand même défini une certaine ligne politique. Les ministres sont des machines à parler : parler dans les discours, parler dans les réunions, c'est épuisant ! C'est épuisant aussi parce que les gens viennent vous voir, le plus souvent, pour avoir des instructions ou votre opinion sur tel ou tel sujet. Et il faut faire très attention, si vous faites « mmmh, mmmh », ils repartent en pensant que vous avez dit oui et vous vous retrouvez avec une affaire comme le *Rainbow Warrior* ! Il faut une vigilance du diable. Vous êtes là pour décider, pas pour commenter ou remettre au lendemain. Donc, un emploi du temps écrasant, occupé par une parole sans fin, sous la surveillance pointilleuse des médias.

L.J. : Jamais de détente ?

C.A. : Non. Le déjeuner, par exemple, est toujours un déjeuner de travail. J'essayais de temps en temps de déjeuner avec des copains à l'extérieur, parce que j'en avais un peu ras le bol de la pression du ministère. Mais si vous déjeunez avec des députés, même des copains, ils ont toujours quelque chose à demander. Une ouverture de classe ici, un machin là, etc. C'est tout à fait normal, mais ça ne vous détend pas. Vous êtes obligé d'écouter, chaque député va vous parler de son histoire. Vous dites : Très bien, on va voir, on va essayer de résoudre le problème. Si vous ne réglez pas le problème, quinze jours plus tard, le député vous attrape à l'Assemblée et vous dit : « Au fait, tu m'as dit que tu réglerais le problème, mais rien n'a été fait. » Et si vous déjeunez avec les journalistes, c'est pire. Ils vous bombardent de questions.

L.J. : L'après-midi, ça continue, vous recevez des gens...

C.A. : L'après-midi vous avez déjà, deux jours par semaine, les questions à l'Assemblée et, un jour tous les quinze jours, les questions orales au Sénat. Autrement dit, le mardi et le mercredi, il faut que vous soyez à l'Assemblée un peu avant quinze heures. Vous restez jusqu'à seize heures trente parce que les députés vous alpaguent. Ça fait beaucoup de temps, pris sur une partie très utile de la journée. Et le mercredi, comme vous avez le Conseil des ministres le matin, la journée est perdue. Il vous reste le petit matin tôt et l'après-midi tard. Il y avait des jours où je n'avais pas une minute à moi. J'allais aux toilettes en courant ! On cherche toujours à gagner du temps...

L.J. : Et le soir, que faisiez-vous ?

C.A. : Le soir, premièrement on reste très tard dans des réunions de travail avec les principaux collaborateurs. Par principe, je suis un anti-réunionniste militant. À l'université, après Mai 68, j'ai eu une indigestion de réunions. J'ai donc tenté de supprimer les réunions inutiles, c'est-à-dire pléthoriques. C'est une tâche digne de Sisyphe ! Quand j'avais passé l'après-midi à l'extérieur, je revenais au ministère, le soir, pour voir ce qui s'était passé dans la journée, pour travailler avec mon directeur de cabinet, préparer la journée du lendemain, etc. Il y avait ensuite toutes sortes de dîners. Je rentrais chez moi à minuit et là, généralement, je travaillais sur les dossiers du lendemain, sur les discours à prononcer... En revanche, il y avait chaque semaine une « fenêtre sur la vie ». C'était le vendredi après-midi quand je venais à mon laboratoire. Mes collègues ministres allaient dans leur circonscription, moi j'allais dans mon labo. Je parlais sciences avec les élèves thésards ou avec les chercheurs du laboratoire. Je n'ai jamais perdu le contact avec la science. C'était un peu frustrant de ne pouvoir en faire plus, mais c'était toujours passionnant. D'ailleurs, étant ministre, j'ai publié encore des articles scientifiques dans des grandes revues internationales. Au prix, il est vrai, de quelques heures de sommeil en moins.

L.J. : Vous manquiez de sommeil ?

C.A. : Oui. Comme tous les principaux ministres. J'étais souvent très fatigué. Chaque vacances, les quatre premiers jours, je dormais dix-sept heures d'affilée ! Vous êtes tellement tendu, tellement soucieux, que vous ne pouvez pas aller vous coucher comme ça, il vous faut essayer de vous relaxer avant d'aller dormir. Vous zappez devant votre télé, pour que le cerveau évacue le stress, pour que vous commenciez à être en état de sommeil. Le week-end, je dormais. Je travaillais aussi... Le samedi, on en profite pour travailler en équipe, dans le calme, prendre des dossiers. Parfois, je donnais rendez-vous à des personnes du cabinet pour plancher sur tel ou tel sujet.

L.J. : Donc, il n'y a jamais de loisirs...

C.A. : Il y a des loisirs quand on va au théâtre ou à l'Opéra.

L.J. : Mais ce sont des manifestations officielles...

C.A. : Non, pas forcément.

L.J. : Vous aviez le temps de lire ?

C.A. : Pendant les vacances, oui. Beaucoup. Pendant l'année, franchement, très peu. Pourtant, je suis un grand dévoreur de livres. L'histoire, le roman français et étranger, les livres scientifiques... Mais ce n'était possible qu'en vacances. J'allais régulièrement – et secrètement – à la librairie Julliard, près du ministère. Sans garde du corps. Toute l'année, j'achetais des livres que je stockais et que je dévorais pendant les vacances.

L.J. : Dans votre emploi du temps officiel, il n'y avait rien qui vous ait amusé, intéressé ?

C.A. : Si. Les voyages à l'étranger et les rencontres que j'ai pu faire.

L.J. : Quelles sont celles qui vous ont marqué ?

C.A. : Toutes. Le premier sommet franco-allemand, où j'ai fait la connaissance de Helmut Kohl, était très impressionnant. Aux repas, Kohl racontait des anecdotes. Margaret Thatcher était venue passer ses vacances en Allemagne. Elle lui avait téléphoné : « Helmut, viens me voir, nous bavarderons de manière informelle. » Kohl était parti seul en voiture avec sa femme, il ne s'était pas habillé, il n'avait pas mis de cravate. Il avait dit à sa femme : « Elle m'a dit que c'était informel, que c'était pour bavarder. » Sa femme lui avait répondu : « Tu devrais quand même t'habiller, on ne sait jamais », et Kohl avait rétorqué : « Tu es trop méfiante. » Alors il est arrivé dans le petit château où était Mme Thatcher. Il a sonné, on a ouvert la porte et, là, il y avait des serviteurs en habit et tout le tralala, et Mme Thatcher lui a dit : « Tiens, Helmut, j'ai là quelques dossiers pour le Conseil européen que j'aimerais étudier avec toi. » Il y avait une table sur laquelle étaient empilés une vingtaine de gros dossiers. Kohl, furieux, s'est exclamé : « Non, je ne peux pas rester, j'ai rendez-vous avec des amis dans vingt minutes. » « Et, disait-il, nous sommes partis. J'étais furieux, ma femme riait. Nous nous sommes arrêtés dans le premier restaurant et nous avons mangé une bonne choucroute ! » Il avait un interprète qui traduisait au même rythme qu'il parlait, ce qui était fascinant, on avait l'impression qu'il s'exprimait en français. Le sommet se tenait à Weimar. Je me souviens d'une discussion animée entre Helmut Kohl et Lionel Jospin sur la république de Weimar. Lionel était très calé et m'a impressionné. Mais Kohl était un historien de profession. Il nous a raconté quelques anecdotes qu'on n'apprend pas dans les livres. À un moment, dans un mouvement de foule, nous nous sommes trouvés, Catherine Trautmann et moi, juste derrière Helmut Kohl. Catherine a dit : « C'est vraiment comme être derrière une montagne. » Il était énorme.

L.J. : En dehors des anecdotes, il se passait des choses importantes ?

C.A. : Non, pas vraiment. Les sommets franco-allemands sont très sympathiques, mais je ne suis pas sûr que leur résultat politique soit à la hauteur des efforts qu'on déploie pour les organiser. J'ai accompagné Jacques Chirac à Moscou où l'on a rencontré Boris Eltsine et son équipe. De ce voyage, je garde le souvenir du banquet dans la grande salle du Kremlin, avec un orchestre jouant des airs français, et des toasts à la vodka, fort nombreux, puis d'une discussion des deux délégations où Tchoubaïs avait été d'une agressivité incroyable vis-à-vis des fabricants de textile français. Jacques Chirac l'a très bien remis à sa place. Eltsine a écourté le dialogue. Je crois qu'Eltsine aimait bien Chirac et réciproquement.

L.J. : Jacques Chirac est-il si agréable qu'on le dit en voyage ?

C.A. : Très agréable. Il invite les ministres à sa table et on mange en devisant, sans apprêt. Comme on sait, le Président boit de la bière mexicaine Corona et sert avant tous les repas des cochonnailles. Les rillettes sont excellentes. En allant en Inde, sans y prendre garde, Dominique Strauss-Kahn et moi avons pratiquement mangé toutes les rillettes. Quand l'ancien ministre des Affaires étrangères Jean François-Poncet a voulu goûter les rillettes, le Président lui a dit d'un air désolé : « Les ministres ont tout mangé. »

L.J. : On a dit que vous étiez devenu très ami avec Jacques et Bernadette Chirac...

C.A. : Ami, ce n'est pas le mot juste. Nous avons eu de bonnes relations. Ce qui a donné naissance à cette rumeur, c'est une photo prise au téléobjectif, à Moscou, où Jacques Chirac et moi-même rions ensemble d'une plaisanterie. Dans mon camp, ça n'a pas plu aux sectaires. Ces deux voyages en Inde et à Mexico ont été utiles. J'ai noué des contacts importants pour les échanges d'étudiants et la coopération en matière de recherche. Au Mexique, Jacques Chirac a inauguré la première exposition Édufrance, cette agence qu'on a créée avec Hubert Védrine pour stimuler les échanges d'étudiants avec l'étranger. En Inde, nous avons décidé d'organiser le premier forum franco-indien de l'eau. Dans les deux cas, j'ai établi beaucoup de contacts utiles. J'ai aussi accompagné le président en Espagne où j'ai eu le plaisir de rencontrer le roi et José María Aznar. Quand Jacques Chirac m'a présenté au roi, ce dernier m'a dit : « Je vous connais bien, je lis les journaux français, vous faites beaucoup de réformes, c'est bien, mais c'est difficile. »

L.J. : Vous avez voyagé avec Jospin, aussi...

C.A. : Je suis allé avec lui en Chine, aux États-Unis et au Japon. En Chine, où j'avais été douze fois auparavant, j'ai pu rencontrer Jiang Zemin et le Premier ministre, Zhu Rongzhi. Celui qui m'a laissé le plus fort souvenir, c'est le président.

Nous l'avons rencontré au cours de nos déjeuners en province où il inspectait les efforts qui étaient faits pour lutter contre les inondations. C'était un déjeuner, Lionel était en face, j'étais assis à sa droite. Après vingt minutes de discussion convenue, Jiang Zemin interroge Lionel : « Et vous ne me parlez pas des droits de l'homme ? Vous savez, depuis que je suis président, chaque délégation occidentale me parle des droits de l'homme, alors je suis préparé ! » Nous étions surpris. « Voulez-vous que nous parlions du Tibet ? M. Allègre connaît bien le Tibet. » Et d'entamer une discussion sur le Tibet. Au milieu du débat, où Lionel faisait preuve d'une grande diplomatie tout en posant les bonnes questions, Jiang Zemin lui dit : « Monsieur le Premier ministre vous êtes socialiste, comme moi. Alors, êtes-vous partisan d'un système théocratique ? » Il parlait des Tibétains. Nous avons ensuite discuté de littérature. Le président chinois est un grand admirateur des Dumas, père et fils. Il aime *La Dame aux camélias.* Lionel lui a dit que la télévision française venait de tourner *Le Comte de Monte-Cristo* et qu'il lui enverrait la cassette. À la fin, Jiang Zemin a dit à Lionel : « Je ne vous connaissais pas, mais je crois que nous sommes devenus amis. »

J'ai aussi gardé un bon souvenir de notre visite à la Maison-Blanche ; Bill Clinton m'a vraiment impressionné. Il dominait son équipe de la tête et des épaules et donnait l'impression d'avoir conscience de la grande responsabilité qu'il portait. Il était direct, clair, précis mais en même temps ouvert, écoutant ce que disait Lionel. Je crois qu'il appréciait beaucoup Lionel. Enfin, tout ça me plaisait bien.

Il y a eu aussi les rencontres que j'ai faites en France. Quand on est ministre, on voit beaucoup de monde...

L.J. : Par exemple ?

C.A. : J'ai travaillé avec les responsables des grandes confédérations syndicales.

L.J. : Et quels ont été vos rapports ?

C.A. : Excellents, formidables même. Les entretiens que j'ai pu avoir avec Nicole Notat, Louis Vianney, puis Bernard Thibault ou Marc Blondel, ont été riches et vraiment – je n'emploie pas souvent le mot – formidables. J'avais en face de moi des gens non seulement intelligents mais dotés d'un grand sens de leurs responsabilités. Ils n'avaient aucune divergence sur la nécessité de réformer l'Éducation et ils m'ont souvent aidé. Je regrette de ne pas les avoir eus pour partenaires directs, à la place de Monique Vuaillat. Ils ont, d'ailleurs, à peu près la même opinion que moi sur cette dernière. C'est grâce à eux qu'on a pu faire l'enseignement professionnel intégré.

L.J. : Et les patrons ?

C.A. : Là aussi, j'ai eu des contacts extraordinaires, une volonté de faire avancer les choses, d'innover, en laissant l'idéologie au vestiaire, en étant pratique.

Avec les patrons des grands groupes, Jean-Marie Messier, Jérôme Monod, ou Gérard Mestrallet, Serge Tchuruk, Serge Dassault, Jean-Luc Lagardère, Thierry Breton, Michel Bon, Francis Mer.

Et bien d'autres encore. Pendant longtemps, j'ai été le ministre le plus populaire dans les entreprises, avant même Dominique Strauss-Kahn. Je crois que les cadres et les patrons se rendaient compte que j'essayais de faire bouger les choses. J'ai eu aussi de bons rapports avec Ernest-Antoine Sellière, André Bellon et son équipe du patronat. Avec tous ces gens, nous avons travaillé, nous avons fait évoluer les mentalités. Je crois qu'ils ont peu à peu levé leurs préventions contre l'Éducation nationale. J'ai aussi eu des contacts formidables avec le monde du sport, du football notamment, et celui de la culture, du cinéma et du théâtre, pour faire pénétrer sport et culture à l'école, avec des praticiens, des artistes.

L.J. : Dans votre emploi du temps surchargé, vous n'avez pas mentionné le PS. Est-ce un oubli ?

C.A. : C'est un oubli, mais peut-être est-il significatif ! J'ai passé beaucoup de temps avec les députés du PS, en particulier ceux qui travaillaient sur l'enseignement ou la recherche comme Yves Durand et Jacques Guyard, Guy Claes, Jean-Yves Le Déaut, Pierre Cohen, Michel Destot, qui ont été associés à tout, et puis surtout le président du groupe, Jean-Marc Ayrault, qui m'a toujours soutenu et aidé avec un courage que j'aurais souhaité plus contagieux. Avec la rue de Solferino, j'ai participé aux commissions Recherches ou Éducation, aux congrès, aux universités d'été, aux réunions multiples du parti. Par contre, j'ai trop négligé le bureau exécutif. Je n'avais pas de mauvais contacts. On se téléphonait ou on se voyait avec François Hollande, j'avais des rapports avec les députés, mais ça n'a sans doute pas été assez proche. Je n'ai pas su les associer assez à l'élaboration des réformes. Il est vrai que j'avais un ministère particulièrement accaparant.

L.J. : Et Lionel Jospin, quand le voyiez-vous ?

C.A. : À titre privé, assez rarement. Il n'avait pas voulu que je sois conseiller *et* ministre. Il ne tenait pas répéter l'expérience de Charasse avec Mitterrand qui, à l'époque, l'avait beaucoup énervé. Ça ne lui semblait pas éthiquement acceptable. On se téléphonait le dimanche, on déjeunait parfois ensemble à l'extérieur, on se rencontrait pour certaines fêtes, mais beaucoup moins qu'avant. Bien sûr, on se voyait lors des cérémonies officielles et on se parlait furtivement, un peu. Les relations étroites que nous avions autrefois m'ont beaucoup manqué. Amicalement et stratégiquement... Même si je la comprends, je ne suis pas sûr que cette attitude ait été la plus judicieuse.

5

Gouverner, c'est réformer

LAURENT JOFFRIN : Pourquoi dites-vous : « Gouverner, c'est réformer. » Après tout, pour beaucoup de gens, gouverner, c'est gérer l'État...

CLAUDE ALLÈGRE : Oui, mais c'est la vision a minima. C'est la vision énarchique, dans laquelle le gouvernement s'appuie sur la technique, l'organisation, le savoir-faire et l'adresse politique. Ce n'est pas ma vision, même si la gestion est importante.

C'est pour moi une question philosophique.

Je suis de gauche : je recherche une société plus équilibrée, plus harmonieuse, plus juste, plus égalitaire. Or l'évolution spontanée de la société, sous l'influence des techniques, des migrations, des facteurs économiques sociaux et culturels, ne va pas nécessairement vers l'harmonie et la justice sociale. C'est souvent le contraire. Dans ces conditions, si l'État ne réforme pas, s'il ne change pas, s'il n'induit pas des changements, il faillit à sa mission.

C'est ce qui différencie la gauche du conservatisme ou du libéralisme économique. Le libéral considère que les évolutions spontanées de la société sont bonnes par essence, puisqu'elles sont le fait d'individus guidés par la recherche de leur intérêt. Ce qu'il attend de l'État, c'est qu'il ne gêne pas ces évolutions. Lorsqu'il demande à l'État de se réformer, c'est pour qu'il n'entrave pas l'évolution naturelle, en particulier le marché, pour qu'il se désengage.

Le conservateur, lui, ne veut pas changer les rapports d'inégalité qui séparent les classes sociales, il veut les pérenniser. Il rejoint le libéral en ce sens que, pour lui, l'inégalité est la condition nécessaire de l'évolution économique.

L.J. : Le libéral vous dira : les réformes de gauche n'ont pour autre résultat que d'accroître le poids de l'État et le nombre des règlements...

C.A. : Pas pour moi ! La réforme ne signifie pas plus d'État. La gauche tend souvent à réformer à travers des lois, des interdictions, elle a une tradition réglementaire et bureaucratique. Je ne me situe pas dans cette tradition.

Pour moi, l'État doit se contenter de fixer des règles du jeu claires et de mieux gérer les services publics pour qu'ils satisfassent aux objectifs républicains.

La France est un pays paperassier. L'OCDE ne vient-elle pas de nous classer champions du monde de la bureaucratie après une soigneuse étude comparée ? En matière de bureaucratie, nous sommes dans une situation présoviétique.

La bureaucratie gêne l'adaptation de la France au monde moderne, un monde dans lequel la vitesse d'exécution est essentielle.

L.J. : La loi permet de protéger le faible contre le fort, de faire régner l'équité. Cela se paie d'un nombre plus important de règlements. L'existence d'un État démocratique qui garantit les droits des plus défavorisés présente aussi des inconvénients. On n'a pas l'un sans l'autre...

C.A. : Non. La bureaucratie ne profite pas aux pauvres. Elles nuit à tout le monde et notamment aux plus modestes, qui ne savent pas comment se défendre. Elle aide à perpétuer les inégalités. Par ailleurs, l'État bureaucratique va contre la démocratie. Dans ce système, l'administration, la haute et la moins haute, prend les décisions essentielles – présentées comme inévitables sur le plan technique – en lieu et place des politiques. Le citoyen le comprend très bien : quand on lui parle d'État, il entend administration. Plus grave : les anciens élèves de l'ENA tendent à confisquer les postes de responsabilité politique. À gauche comme à droite. Ce qui prouve bien que c'est un phénomène général. Les Anglais en ce moment font beaucoup de bruit sur le monopole d'Oxford et Cambridge, Oxbridge, comme ils disent, sur le pouvoir. Ici, c'est pareil. Le pouvoir politique est confisqué par une école et, comme cette école pratique la sélection sociale, c'est en fait la bourgeoisie qui occupe le pouvoir politique sous le couvert de l'élitisme républicain.

L.J. : Tout le monde fait le procès de l'ENA... Mais l'État a besoin de serviteurs de qualité. Pourquoi s'en plaindre ?

C.A. : Les énarques ont effectivement une excellente formation. Ils ont beaucoup apporté à la politique en sérieux, en connaissance des dossiers, en structuration de l'action. Ce n'est pas un hasard s'ils se sont imposés à droite comme à gauche. Ils le doivent d'abord à leur compétence et à leur talent. Ils sont indispensables à la vie politique française. Mais, en même temps, ils ont une formation qui ne les pousse ni à l'innovation, ni à la culture scientifique, ni à la prise de risque. Je ne suis pas un adversaire de l'ENA, je ne propose pas comme Laurent Fabius de la supprimer. Des énarques, il en faut. Mais pas trop ! D'autant plus que leur omniprésence établit une continuité entre l'administration et le monde politique. Or ces deux sphères doivent être distinctes.

Réglementation, pesanteur de l'administration, poids politique des énarques : tout cela contribue à donner trop d'importance au gestionnaire, au détriment du réformateur.

L.J. : Par exemple...

C.A. : Dans l'enseignement supérieur, on ne peut pas éviter que les universités recrutent leurs propres étudiants comme maîtres de conférence, alors que ce système produit le pire mandarinat et même, en médecine, le népotisme.

L.J. : On ne peut pas l'éviter ?

C.A. : Légalement, non. Égalité devant les emplois publics : on ne peut pas intervenir pour favoriser une catégorie au détriment d'une autre. Les universités choisissent librement. J'ai seulement pu instaurer une prime, un bonus, en faveur des universités qui ouvraient leur recrutement...

Autre exemple : dans un lycée, un enseignant qui ne fait pas son travail ou qui est toujours absent jouit de l'impunité. Le proviseur n'y peut rien. Il ne peut pas le récuser l'année suivante et il ne peut même pas intervenir sur ses promotions, car c'est contraire au principe d'indépendance de l'enseignement. Le seul moyen dont le proviseur dispose, c'est d'imposer à l'enseignant un emploi du temps biscornu, impraticable, qui le force à partir. Vous voyez la perversion à laquelle on arrive ! On vous dit : il y a des procédures, un conseil de discipline... Mais ces procédures sont tellement lourdes, tellement difficiles à mettre en œuvre, qu'on ne les applique pas.

Encore un exemple : quand on met en place un programme de recherche, entre le moment où on décide et celui où le laboratoire reçoit les crédits, il se passe six mois. Aux États-Unis ou en Grande-Bretagne, tout se fait en un mois. Lorsqu'on invite un prix Nobel étranger à venir en France participer à un travail pour le gouvernement, il n'est pas remboursé de son séjour avant six mois... Bien sûr, il ne revient plus. La plus grande neurologue du monde, Samir Seki, qui est professeur à Londres, a attendu six mois un remboursement pour sa participation au Comité de cognitique. Avant que je fasse passer ma loi sur l'innovation, un chercheur ne pouvait pas être consultant pour une entreprise ni bénéficier financièrement de l'exploitation d'une de ses découvertes. Certains le faisaient... mais clandestinement. Lorsque vous avez une secrétaire, excellente dans son travail, vous ne pouvez la promouvoir correctement que si elle est bardée de diplômes. Entre deux personnes travaillant dans le même service, ce n'est pas la plus compétente et la plus dévouée qui est promue. Le barème donne la priorité aux diplômes. Pour éviter les jugements subjectifs !

Un enseignant qui désire faire une expérience pédagogique et acheter pour cela un peu de matériel doit attendre trois mois les crédits correspondants. Souvent, il préfère les payer de sa poche, puis essayer de se faire rembourser au bout d'un an. Lorsqu'un nouveau professeur est nommé à l'université, il touche son traitement six mois après.

Lorsqu'un jeune chercheur gagne le concours de création d'entreprise innovante, il reçoit les fonds cinq mois plus tard. En Allemagne, il reçoit le chèque le jour de l'annonce des résultats. Pour construire un laboratoire universitaire ou un amphithéâtre, il faut patienter au moins deux ans après avoir pris la décision et mis en place les crédits. Je peux continuer...

Chaque fois qu'on veut changer, on se heurte à mille contraintes : le statut de la fonction publique, un arrêt du Conseil d'État, la réglementation financière... il y a toujours un bon prétexte pour ne pas faire les choses.

Au moment où le monde bouge, où la matière grise est la nouvelle matière première, la France est engluée dans la réglementation.

L.J. : Comment lutter ? N'est-ce pas la responsabilité du gouvernement ?

C.A. : Le citoyen se dit : mais que fait le ministre ? C'est lui qui peut changer tout ça. En réalité, le ministre ne peut pratiquement rien tout seul. Êtes-vous au courant qu'il ne peut pas signer un chèque ? La seule personne habilitée, c'est le contrôleur financier du ministère, qui n'est pas l'un de ses agents, mais qui dépend du ministère des Finances. Anecdote : il est arrivé dans le passé qu'un contrôleur financier ne veuille pas payer les salades destinées aux cobayes de l'animalerie de Paris-VI, sous prétexte qu'on n'avait pas précisé s'il fallait des laitues, des scaroles ou des romaines ! Alors, il faut s'appuyer sur des experts du monde administratif, des petits malins qui savent comment faire, qui ont leurs entrées à Bercy... mais qui, hélas, ne résolvent pas tout.

À l'Éducation nationale, nous avons promulgué le code de l'éducation mis en chantier par Olivier Schrameck, lorsqu'il était directeur de cabinet de Lionel, et que j'ai eu l'honneur de faire passer sept ans après. C'est un texte qui rassemble toutes les lois et tous les règlements qui régissent l'Éducation nationale, en éliminant les décrets ou les arrêtés contradictoires. C'est déjà un gros progrès. Mais il faudrait passer maintenant à l'étape suivante : en supprimer les deux tiers. C'est ce qu'ont fait les Suédois pour toute la réglementation publique lors du second gouvernement d'Olof Palme. Un socialiste...

Suppression des deux tiers des lois et règlements. Voilà qui aiderait la France !

L.J. : Mais votre appétit de réformes correspond-il à la situation de l'Éducation nationale ? Pourquoi réformer à toute force, ajouter encore des règlements alors qu'on aurait déjà beaucoup avancé en faisant marcher ce qui existe ! Chaque ministre ou presque a eu sa réforme, si bien qu'on ne s'y reconnaît plus. On ne comprend plus rien dans les années, les programmes et la manière dont fonctionne l'école. Il y a eu les réformes Fouchet, Haby, Fontanet, Edgar Faure, Savary, Monory, Jospin et maintenant Allègre... Vous ne croyez pas que ça fait beaucoup ? On ne s'y retrouve pas...

C.A. : Ces réformes successives de la part de ministres pourtant très différents montrent bien qu'ils ont tous ressenti le besoin de réformer. Ce n'est pas vrai dans tous les ministères. Comparez... Cela correspond à quelque chose de profond, peut-être le sentiment confus d'une dégradation progressive du système éducatif français.

L.J. : Ces réformes n'ont-elles pas été contradictoires ?

C.A. : Je ne le crois pas. Bien sûr, on est revenu à tel ou tel moment sur telle ou telle mesure parce qu'on avait constaté que ça ne marchait pas ou parce que les conditions avaient changé. Mais, si on regarde de près, toutes ces réformes avaient pour but d'adapter le système d'enseignement aux nécessités du monde moderne et à permettre à un plus grand nombre d'élèves d'avoir accès aux savoirs. Tous les ministres de l'Éducation nationale depuis cinquante ans sont allés dans cette direction, qu'ils aient été de droite, du centre ou de gauche. Scolarité obligatoire à seize ans, création des enseignements techniques puis professionnels, création des IUT et BTS, collège unique, augmentation massive des élèves au lycée et à l'université. On a toujours tendu vers la démocratisation et l'adaptation aux besoins de la société.

L.J. : Pourquoi ces réformes ont-elles toujours donné lieu à des affrontements, parfois violents ? Sous la Ve République, les ministres de l'Éducation nationale sont les plus exposés. Ce sont eux qui sont le plus souvent sacrifiés...

C.A. : À qui le dites-vous ! Paradoxalement, toutes les réformes progressistes se sont faites contre les conservatismes du corps enseignant, qui se voulait le gardien de l'école traditionnelle. Au bout du compte, les réformes se sont toutes traduites par de nouveaux avantages pour les enseignants. Comme s'il avait fallu à chaque fois monnayer les réformes. Les enseignants ont obtenu au fil des années une ribambelle d'avantages : de nouveaux jours de vacances, des décharges de service, le droit de prendre la formation sur les heures de cours, le paiement d'heures supplémentaires annuelles alors qu'on ne les effectue qu'à moitié, des décharges de cours pour le laboratoire de sciences naturelles ou de physique, le cabinet d'histoire, la revalorisation des traitements, l'abandon de fait des promotions au mérite au profit des promotions à l'ancienneté, le droit de n'être inspecté qu'après avoir été prévenu, une place accrue des syndicats dans les instances du ministère, etc. Au total, nous avons calculé, cela donne 220 jours de classe en 1960 contre 170 jours aujourd'hui. Sur une scolarité, cela représente deux ans d'éducation en moins pour les élèves. Mais, chaque année, quatre mois un quart de vacances pour les enseignants. À ce petit jeu des sucettes démagogiques pour faire passer des réformes pédagogiques, on pourrait dresser un palmarès. On verrait que certains ministres se sont taillé des réputations de rigueur alors que leur pratique n'était pas exactement celle-là !

Je n'ai pas suivi cette voie. Je n'ai pas donné de nouveaux avantages aux enseignants, de nouvelles vacances, de nouvelles dispenses. Mais les réformes sont passées et ce que j'ai dit ne restera pas oublié, ni sur les absences, ni sur les programmes, ni sur l'injustice sociale qu'engendre le système actuel d'éducation.

L.J. : Vous avez parlé des réformes de vos prédécesseurs. Quel est le sens des vôtres ?

C.A. : Mon premier but était de rétablir l'égalité des chances entre tous les jeunes. C'est le second paradoxe des réformes qui se sont accumulées à l'Éducation nationale. Globalement, l'enseignement s'est démocratisé, il a amené une classe d'âge de plus en plus nombreuse à accéder aux savoirs du lycée et de l'enseignement supérieur [1]. Mais, dans le même temps, cet enseignement est devenu plus inégalitaire que jamais. Le nombre de fils de familles modestes qui entrent à Polytech-

1. En 1980, 29 % des élèves entrés en sixième étaient, huit ans plus tard, dans l'enseignement supérieur. En 1990, cette proportion était passée à 46 %.

nique ou à l'ENA décroît en valeur absolue. C'est tout dire ! Pour un socialiste, c'est une réalité difficile à supporter.

Le second objectif, c'était la modernisation de l'enseignement en sortant des débats stériles qui avaient déchiré inutilement la communauté éducative.

L.J. : Quels débats ?

C.A. : Les débats du genre : doit-on éduquer ou former ? L'école doit-elle dispenser la culture ou préparer à un métier ? Faut-il développer un enseignement secondaire et supérieur pour une élite sélectionnée, ou organiser un enseignement de masse ? Tous ces débats ont absorbé beaucoup d'énergie souvent inutilement, car, bien sûr, il ne s'agit pas de choisir l'un ou l'autre des termes de l'alternative mais de faire l'un et l'autre en trouvant le bon dosage.

Je souhaitais dépasser ces conflits que je tiens pour archaïques. J'avais une grande ambition pour l'Éducation et la Recherche : en faire le fer de lance du développement de la France.

Pour cela, je désirais m'appuyer sur les forces du système, sur ses principes républicains, sur la notion du service public, et en même temps le moderniser, l'adapter aux nouvelles exigences du monde moderne.

Je voulais que l'Éducation nationale jette les fondements de la France du XXIe siècle, une France plus juste où tous les talents peuvent s'épanouir, une France moderne où tous les jeunes seraient formés aux nouvelles technologies, pourraient constituer une France qui gagne. Et, dans une certaine mesure, je crois y avoir contribué. Et, pour cela, ne pas compter sur les lois et les règlements, mais sur les gens, sur les acteurs de terrain.

Déconcentrer, rapprocher les décisions du terrain, laisser chaque acteur respirer et innover.

Ma conviction – elle reste intacte – c'est que la richesse de l'Éducation nationale, ce sont les 80 % de gens formidables qui s'y trouvent, que ce soient les enseignants ou les non-enseignants et que le système freine et empêche de s'exprimer pleinement.

Ce sont les 10 % ou 15 % qui ne devraient pas être là qui bloquent le système. Comme disait l'un de mes conseillers, l'Éducation nationale est un problème de « gaspillage marginal », pour parler comme les économistes. « Dix pour cent des enseignants dégradent – par leurs absences ou leur mauvais esprit – le système et 10 % des élèves rendent la vie impossible aux enseignants dans les classes, mais on n'a aucun moyen de mettre de côté les uns ou les autres. » Cette vision est un peu caricaturale, mais elle est vraie. Tous les enseignants vous diront qu'ils passent 70 % de leur temps avec trois ou quatre élèves dans leur classe qui leur donnent beaucoup de mal. Le ministre que je suis peut vous dire que tout ce que j'ai dénoncé ne concernait qu'une minorité d'enseignants et ne faisait que reprendre tout haut ce que disent les parents d'élèves ou ce qu'on se murmure entre profs à propos de certains collègues.

Je voulais aussi généraliser la notion de contrat que Lionel Jospin avait introduite à l'Éducation nationale, et qui est une bonne combinaison entre indépendance et responsabilité, entre gestion prévisionnelle et garantie pluriannuelle de l'État. Nous avions fait les contrats avec les universités, je voulais le faire avec les rectorats et à terme avec les lycées. Je voulais alléger les circulaires, moderniser la gestion et les pratiques, bref, libérer les énergies et les imaginations.

L.J. : On vous a accusé d'être un libéral, de vouloir vous inspirer des méthodes de gestion du privé pour gérer le service public...

C.A. : C'était idiot. Je voulais moderniser la gestion du service public pour que le privé cesse de progresser. Pour moi, service public, ce n'est pas synonyme de bureaucratie et de gestion archaïque.

Pour un socialiste, l'efficacité des services publics républicains doit être la priorité numéro un. À partir du moment où ces services publics ne sont plus un exemple, la doctrine socialiste n'a plus de substance. Ma conviction, c'est que la gauche a pour première mission de réformer les services publics. Si elle ne le fait pas, la France se trouvera dans une situation explosive. Et je pense qu'au prix d'une certaine tension avec une partie des enseignants nous étions sur le point de réussir, de montrer qu'on pouvait faire ces réformes. Quelqu'un me disait, il y a quelques jours : « Dans une réforme, il faut toujours qu'il y ait une transgression, elle ne peut pas se fonder sur le consensus, parce que le consensus, c'est statique, c'est une moyenne, donc il faut qu'il y ait une transgression, un déplacement des frontières. »

L.J. : Mais peut-on appliquer au secteur public les critères du secteur privé ?

C.A. : Oui. Je pense que l'on peut appliquer certains critères de gestion privée aux services publics.

Pendant une période, il y a eu une grande confusion dans ce pays, on a mélangé secteur public et secteur privé. Prenons l'exemple des Eaux et Forêts. Au lieu de s'occuper de savoir si on plantait des forêts pour les maintenir en bon état, on a voulu faire de l'argent avec le bois, donc on a remplacé les feuillus par des résineux parce que les résineux rapportaient plus d'argent. Mais les résineux augmentent le ruissellement, ce qui favorise les inondations et fait fuir les animaux, qui ne peuvent pas se nourrir. Moi, ça m'a toujours paru un contresens, l'Office des Eaux et Forêts est un service public, il n'a pas pour objectif de vendre des résineux mais de maintenir la forêt française en bon état et, d'ailleurs, il le fait bien. Dans un autre secteur, on a demandé au Commissariat à l'énergie atomique (CEA) de rapporter de l'argent. Il a donc noué quantité de relations industrielles et a vendu au secteur privé son savoir, qui est grand. Aujourd'hui, le CEA n'est plus crédible sur la sécurité nucléaire. Le public pense : le CEA est lié à l'industrie nucléaire, on n'a pas confiance. Lorsqu'il dit que l'eau de mer autour de l'usine de La Hague est saine, personne ne le croit. Et, pourtant, c'est vrai...

Ces organismes d'État mis sur le marché ont perdu sur les deux tableaux. Ils ont écorné leur crédit de service public, ils ont faussé la concurrence et se sont en même temps attiré l'hostilité du secteur privé. J'ai bien connu ça, comme président du BRGM qui était l'un de ces organismes mixtes. Nous étions mal vus des organismes de recherche scientifique, parce que nos découvertes pouvaient être transformées en source de profit, et mal vus du privé parce que les subventions publiques que nous recevions biaisaient le jeu économique.

C'est absurde. Chacun son métier. Le privé gagne de l'argent, le public est au service de la collectivité. La distinction est fondamentale.

En revanche, je ne vois pas pourquoi l'administration devrait se priver de techniques et de méthodes qui ont fait leurs preuves dans les entreprises. Il faut qu'un chat attrape des souris, qu'il soit public ou privé. Je le dis tout net : oui, les finalités sont opposées, mais les méthodes de gestion doivent se rapprocher.

Président du BRGM, j'ai cherché à rétablir la notion de service public; ministre, j'ai cherché à développer à l'Éducation nationale des méthodes modernes de gestion. Il n'y a aucune contradiction en cela.

L.J. : L'appareil d'État est aussi fondé sur des réflexes culturels. Il est plus égalitaire, plus austère... Un service public peut-il admettre des écarts de salaire énormes, peut-il juger les gens au rendement, ou licencier ceux qui ne sont pas bons? Tous ces critères habituels dans le privé peuvent-ils s'appliquer tels quels au secteur public?

C.A. : Certains d'entre eux, sûrement! Personne ne propose de licencier qui que ce soit. De toute manière, le statut de la fonction publique l'interdit. En revanche, pourquoi ne pas introduire des critères d'efficacité dans le travail ? Un bon fonctionnaire sert le public. Un mauvais le dessert.

L.J. : Peut-on appliquer cette méthode à l'éducation : mesurer l'efficacité des professeurs ?

C.A. : On le fait déjà ! *Le Nouvel Observateur* publie un palmarès des lycées.

L.J. : Précisément, il est souvent critiqué à cause de cela. Qu'en pensez-vous ? Est-ce qu'on doit évaluer l'efficacité pédagogique des différents lycées ?

C.A. : Bien sûr qu'on le doit ! Par contre, les classer, je n'en suis pas sûr...

L.J. : Si on évalue, on compare...

C.A. : Mais ça ne veut pas dire forcément un premier, un deuxième, un troisième, comme dans un concours national... Il vaut mieux définir des catégories assez larges, A, B, C et D, et dire : ceux-là n'atteignent pas le niveau.

L.J. : Comme on sait, cela pose un problème de méthode : l'efficacité apparente d'un lycée dépend du public qu'il accueille autant que de la qualité de son équipe pédagogique...

C.A. : Évidemment ! Il faut prendre tout cela en compte ! Cela dit, il y a une réalité : si un élève ne sait pas lire, c'est grave, quelle que soit son origine sociale. La correction des chiffres par la composition sociale du public a une limite : on ne peut pas excuser toutes les insuffisances par l'origine sociale des élèves.

L.J. : Pourtant, vous avez dissous le service d'évaluation dirigé par Claude Thélot, dont on louait la qualité.

C.A. : Je ne l'ai nullement dissous, je l'ai réuni au service de la programmation pour réduire le nombre des directions. À cette occasion, nous avons un peu modifié les méthodes de travail.

La qualité personnelle de M. Thélot n'est pas en cause. Mais j'ai estimé qu'il fallait adjoindre aux évaluations quantitatives des considérations qualitatives. J'ai créé un conseil d'évaluation dans lequel j'ai mis des sociologues, des économistes, pour essayer de trouver des critères qui soient moins quantitatifs. Je le répète : l'évaluation est indispensable. Pour ce faire, la statistique est utile, mais elle est insuffisante. Si vous faites le meilleur journal du monde mais qu'il perd mille lecteurs par semaine, il y a un problème... Si vous faites le meilleur enseignement possible dans votre lycée mais que vous avez de plus en plus de collés au bac et de plus en plus de gens qui ne savent pas lire, il y a un problème. Il faut qu'il y ait une évaluation, il n'y a pas de doute sur ce sujet. Déjà, le fait même que vous ayez une évaluation sert d'aiguillon.

L.J. : Si le ministère évalue les établissements, il instaurera une hiérarchie officielle, publique, entre eux. Les familles voudront mettre leurs enfants dans les meilleurs établissements. Elles le font déjà, d'ailleurs, pour une grosse minorité, en général issue des classes supérieures et du milieu enseignant. À terme, on risque d'instaurer un marché de l'éducation dont les familles modestes seront les victimes...

C.A. : Vous avez touché un point clé. Tout dépend de la logique générale du système. Si vous êtes dans une logique privée, vous faites l'évaluation et vous laissez les consommateurs d'éducation libres de leur choix. L'ajustement se fera tout seul, quelles qu'en soient les conséquences sociales. Si vous restez dans la logique du service public, vous vous appuyez sur l'évaluation pour rétablir l'égalité et non pour l'accroître. Vous dites : à tel endroit, ça ne va pas, ils sont en catégorie D, il faut leur donner plus de moyens, changer les méthodes, bref, s'attaquer au problème. Pour moi, le service public, c'est une lutte permanente, toujours recommencée, pour l'égalité des chances. Alain Savary puis Lionel Jospin l'avaient fait avec le concept de ZEP (Zone d'éducation prioritaire). Nous l'avons repris avec Ségolène Royal, mais sans vraiment avoir les moyens financiers de lui donner toute son ampleur.

Et, là, on tombe sur la divergence fondamentale qui m'oppose aux conservateurs élitistes, dont Alain Finkielkraut se fait régulièrement le porte-parole fiévreux. Si vous voulez l'égalité des chances, il faut accepter que l'école d'Argenteuil, si elle est mal classée (cela n'a rien d'automatique : les écoles des quartiers difficiles sont souvent efficaces), reçoive plus de moyens qu'Henri-IV, qui sélectionne son public et n'a en conséquence aucun problème.

L'égalité, c'est la diversité, pas l'uniformité. On tourne toujours autour de cette ambiguïté française : chez nous, égalité implique uniformité. Non ! L'égalité, ce n'est pas l'uniformité, c'est l'inverse, c'est la reconnaissance de la diversité ! Et, si l'on veut résumer tout mon combat à l'Éducation nationale, on dira la chose suivante : les talents sont multiples, variés, il n'y a pas de discipline noble et de discipline secondaire, d'école d'élite et d'école de masse : il faut reconnaître l'excellence partout, dans la diversité. Par conséquent, il ne faut pas donner les mêmes moyens à tout le monde. Les quartiers difficiles, où il y a une forte immigration, un fort taux de chômage, demandent des moyens beaucoup plus importants que les quartiers bourgeois. Ça, c'est l'opposition frontale avec le SNES, qui a reçu sur ce point l'appui du syndicat le plus réactionnaire de l'Éducation nationale, le SNALC. Le SNES est uniformisateur, je dirais même bêtement uniformisateur.

À partir de là, une espèce d'idéologie de la gauche molle s'est instaurée. Si on est fonctionnaire, on travaille peu, on a beaucoup de loisirs, on échappe à toute mesure de l'efficacité. M. Dugenou égale M. Dupied. Il n'y a pas de bons, pas de mauvais. Mais c'est une vision horrible ! Une vision mécanique, soviétique, même. Non, je crois qu'il y a des bons, des mauvais, chez les fonctionnaires comme ailleurs. L'effort comme le talent doivent être récompensés. C'est la vie. Et ce n'est pas être libéral que d'affirmer ça !

L.J. : Qu'est-ce que disent les libéraux que vous ne dites pas ?

C.A. : Eux déclarent : vous notez les établissements et vous laissez faire la concurrence. Les familles décideront. Il y aura compétition, concurrence, et les meilleurs émergeront. C'est une vision darwinienne. J'y suis totalement hostile. Certes, il faut accepter la diversité, mais maintenir en même temps l'unité du système. C'est pour ça que Philippe Meirieu, alors directeur de l'INRP (Institut national de la recherche pédagogique), qui est un grand spécialiste des sciences de l'éducation, avait développé cette idée d'un programme minimum commun. C'était une bonne idée : on définit un certain nombre de choses communes à tous, du XVIe arrondissement à La Courneuve, que tous les élèves où qu'ils soient, doivent maîtriser, et, pour le reste, on ajuste. On ajuste les méthodes pour y parvenir, les rythmes d'apprentissage, mais, au total, l'exigence finale est identique pour tous. C'est pour ça que je suis absolument pour l'examen national. C'est pour ça que j'ai rétabli un bac national. Il n'y a plus des sujets de bac différents à Bordeaux ou à Toulouse. Les élèves planchent sur le même sujet partout. J'y tiens. Si on refuse le contrôle continu, si on s'accroche au symbole du bac examen terminal unique, alors, soyons logiques jusqu'au bout.

Auparavant, chacun se disait : Si j'avais passé mon bac à Toulouse, j'aurais été reçu, etc. J'ai rétabli le sujet commun. Avec beaucoup de mal, d'ailleurs...

L.J. : Beaucoup de mal ?

C.A. : Je préfère ne rien dire. Ça m'a tellement énervé que je préfère ne rien dire. L'élitisme, il faut bien le comprendre, sévit aussi à l'intérieur de la gauche. Rien d'étonnant : la majorité des leaders de la gauche sort de l'ENA. Au sommet, l'élitisme sue par tous les pores de la peau. Ils sont tous favorables à la sélection précoce des élites. Quand je vois quelqu'un comme Depardieu qui a été jugé inapte à tout enseignement, ou Einstein qui, à l'école primaire, était considéré comme un élève qui ne pourrait pas faire d'études, ou à Antoine Riboud, qui a fondé Danone et échoué au bac, on a des raisons de s'interroger sur l'orientation précoce... Je me souviens d'un certain nombre de mes condisciples dont les profs disaient : « Ce sont des cancres », et qui ont remarquablement réussi dans la vie. Ça ne veut pas dire *ipso facto* qu'être cancre soit un passeport pour la réussite. Mais il faut être prudent avec les certitudes scolaires...

L.J. : Donc, à l'inverse de ce que préconisent certains libéraux, il faut maintenir les secteurs géographiques et aider les établissements en difficulté.

C.A. : Oui, bien sûr ! Il faut aider les établissements en difficulté. Et, s'agissant de la carte scolaire dans le secondaire, je suis pour un système souple : maintenir le secteur géographique à 80 % et permettre 20 % d'ajustement. L'élève qui a la mention très bien dans la banlieue nord, je ne vois pas pourquoi je l'empêcherais de s'inscrire à Henri-IV pour préparer Normale sup...

L.J. : Cela veut dire qu'Henri-IV restera éternellement le lycée de l'élite...

C.A. : Non. Non, parce que je m'évertue en même temps à développer l'autre lycée. Regardez ce qu'on a accompli pour les universités. Il y a quinze ans, il n'y avait pas photo entre l'université de Perpignan et celle de Montpellier, par exemple. Ce n'est plus vrai aujourd'hui. Perpignan n'est pas inférieure à Montpellier. Un effort énorme a été fait pour corriger des inégalités. Le gamin qui dit : Si je ne passe pas par Henri-IV, je n'entre pas à l'École normale supérieure, a raison. Si je le force à préparer l'École normale supérieure dans une petite khâgne, il ne rentre pas. Pourquoi le lui interdirais-je ? J'admets une certaine souplesse, c'est-à-dire une part de concurrence. Le service public ne peut pas nier cette réalité, déclarer que tout le monde est égal, dire que le balayeur que vous avez embauché au journal, même s'il n'a pas fait d'études, ce n'est pas grave, il fera les éditos aussi bien que vous, non, c'est de la démagogie ! Ça ne vous empêche pas de lutter pour rétablir l'égalité des chances.

L.J. : Vous dites : on peut admettre 20 % de choix libres entre établissements. Beaucoup de gens contournent le système, changent d'adresse, choisissent des options en fonction du lycée visé, etc.

C.A. : Ce n'est pas à moi que vous apprenez ça. C'est un débat d'une extrême difficulté. Il me semble que la proportion de 20 % d'élèves venant de secteurs extérieurs dans les lycées est acceptable. Je ne l'ai pas changée.

Mais, je le répète, utiliser la même méthode d'enseignement à Louis-le-Grand et dans une banlieue défavorisée où il y a une majorité d'immigrés, c'est typiquement ce que j'appelle l'illusion républicaine. Vous donnez l'impression que vous faites le même enseignement. En fait, vous enfoncez ceux qui sont de banlieues difficiles et vous augmentez l'écart avec les autres. Au nom de l'égalité, vous créez la pire ségrégation. La véritable attitude républicaine consiste à dire : « Ce ne sont pas les mêmes, il faut que je les amène à un niveau comparable. Le programme reste le même. »

L.J. : Vous dites « le programme reste le même ». Pourtant, vous n'avez cessé de parler de réduire les programmes. On vous l'a beaucoup reproché. C'est à ce propos qu'on a créé l'expression « lycée light »...

C.A. : C'est vrai que cette expression a été utilisée. C'est dans ce dossier de la réforme des lycées et au CNRS que j'ai rencontré les plus grandes difficultés.

Le rapprochement paraîtra incongru. Mais il y a un point commun : j'ai appris récemment que la proportion de chercheurs du CNRS qui sont mariés avec les enseignants du secondaire dépasse les 50 %.

L.J. : Vous voulez dire que les couples prof-chercheur se sont monté mutuellement la tête contre vous ?

C.A. : Je n'en sais rien. Si j'avais connu ce détail, j'aurais évité d'engager la réforme du CNRS et du lycée en même temps ! Ça n'a pas été une très bonne idée.

Mais revenons à l'essentiel : on me reproche d'avoir voulu alléger les programmes ? Prenons l'exemple des sciences, car l'allègement des programmes touchait essentiellement ces matières. Le nombre d'étudiants qui choisissent les sciences à l'université décroît de près de 10 % par an. À une époque où les sciences et la technologie deviennent des éléments essentiels de nos sociétés modernes, c'est étrange. À quoi est due cette désaffection ?

Après enquête, interrogations multiples, on en trouve l'origine dans l'enseignement des sciences au lycée. Logique : c'est après le lycée que les futurs étudiants se déterminent. Pourquoi ce rejet ? Parce que les programmes sont inadaptés. Au fur et à mesure des progrès de la science, on y a rajouté des chapitres. En biologie, on ajouté la biologie moléculaire, puis les neurosciences, puis l'immunologie. Aujourd'hui, la lecture d'un livre de biologie de terminale ne peut qu'effrayer les parents. Elle a en tout cas effrayé Bernard Kouchner, médecin, comme François Jacob, prix Nobel et biologiste, comme elle désempare tout parent d'élève, quel que soit son niveau de culture scientifique.

La somme des connaissances à ingurgiter est telle que l'élève ne peut pas y arriver. Il renonce à comprendre. Au mieux, il apprend sans maîtriser. La démarche scientifique, c'est-à-dire l'expérience, le raisonnement, le doute, la démarche critique, balancée, l'alternance abstrait-concret, ça n'existe pas dans l'enseignement secondaire d'aujourd'hui. La science, c'est un dogme ! Dans ma propre discipline, les sciences de la Terre, c'est la même chose. J'ai eu la surprise de constater que des figures issues de mes propres travaux apparaissaient dans les manuels du secondaire. Après une minute de satisfaction d'auteur, je me suis interrogé : « Pourquoi dans les programmes du secondaire ? » Cela part d'un bon sentiment. Sous prétexte d'actualiser la connaissance, ceux qui enseignent au lycée accroissent d'année en année les programmes, les manuels et les cours. Comme ils n'ont jamais fait de recherche – c'est une lacune terrible dans la formation des enseignants scientifiques du secondaire –, ils ne sont pas à même de faire une mise à jour pertinente, c'est-à-dire de substituer telle découverte moderne à tel exposé ancien. Le mot d'ordre, c'est « toujours plus ». Mais le cerveau des élèves ne grossit pas aussi vite que les connaissances ! Ils ne peuvent tout assimiler, alors ils se contentent d'un à-peu-près.

Quant aux mathématiques, elles doivent opérer la plus grande mutation de leur histoire, c'est-à-dire intégrer l'usage de l'ordinateur et de la calculette ! Ce qui ne signifie pas, bien sûr, qu'il faille abandonner la pratique du raisonnement abstrait. Au contraire.

Tous ces problèmes sont mondiaux. La désaffection vis-à-vis des sciences atteint tous les pays occidentaux. D'où mon idée, fort simple : on allège certains programmes manifestement excessifs et on passe un peu plus d'heures à soutenir les élèves en difficulté. Ce point de vue est partagé par tous les scientifiques de haut niveau en France. Sans exception. On ne peut pas leur reprocher de ne pas maîtriser le savoir ou de le tenir pour négligeable... Et voilà qu'on appelle cette réforme le « lycée light » ! Mais c'est une escroquerie ! Les élèves, actuellement, ne maîtrisent pas les programmes. Ils ont des manuels énormes qu'ils n'ont pas le temps d'étudier. Le lycée light, c'est le lycée d'aujourd'hui ! Mais j'avais touché à un tabou. Le prof du secondaire se définit par rapport à sa discipline, pas par rapport aux élèves. J'avais touché à sa discipline dans l'intérêt des élèves : le crime !

L.J. : Vous aviez contredit l'idée selon laquelle l'école est avant tout un lieu de transmission du savoir... Je suis frappé par la vivacité des débats, dans le monde éducatif, entre les pédagogues et les tenants du savoir...

C.A. : Je n'ai jamais nié quoi que ce soit sur les savoirs, j'ai seulement dit que l'école ne se réduisait pas à leur transmission. À travers l'apprentissage des savoirs, il faut aussi se former l'esprit, apprendre à raisonner, s'autonomiser, bref, devenir des citoyens. Pour moi, il y a d'un côté les « gardiens du temple » et de l'autre les « pédagogos ». Je ne me reconnais ni dans les uns ni dans les autres.

L.J. : Cela ne vous a pas empêché d'être attaqué par les uns et les autres...

C.A. : Oui. Cela montre bien à quel point d'intransigeance ils sont parvenus. Si l'on n'est pas entièrement d'accord avec les uns et les autres, on est un ennemi des uns et des autres ! Cela ressemble à une guerre de religion. Les points fondamentaux que nous avons évoqués – diversité contre uniformité, l'élève au centre du système éducatif – sont des clés pour qui veut comprendre les clivages au sein de la communauté éducative et qui sont au fond des clivages politiques souvent inconscients.

La vision traditionnelle prône une école faite par le maître et uniforme pour tous. C'est le maître qui sait, c'est lui qui définit *le savoir*, quelle discipline est importante et quelle discipline ne l'est pas, quelle méthode d'évaluation de l'élève et de sélection on emploie. L'élève doit se conformer à ce choix. S'il ne satisfait pas les critères, il est orienté, c'est-à-dire rejeté de la filière, exclu. Comme, en France, l'enseignement technologique ou professionnel – sous-entendu pratique et manuel – est moins noble que l'enseignement théorique, général, on oriente les exclus vers ces filières. L'inepte bataille autour du grec et du latin est là [1]. C'est la logique de l'exclusion. N'a-t-on pas trouvé dans *Le Monde*, sous la signature de personnalités éminentes, dont je présume qu'elles ont signé un texte sans l'avoir lu, l'affirmation selon laquelle « la meilleure manière d'intégrer les enfants des banlieues, c'est de leur apprendre le latin et le grec, il y retrouveront leurs racines latines » ! Comme quoi, tous les arguments sont bons ! Cela confine au racisme inconscient. Non, une orientation élitiste trop précoce n'est pas bonne, elle ne correspond ni à ce que l'on sait du développement intellectuel des adolescents, ni à la soif de culture de beaucoup de jeunes des quartiers défavorisés. Il faut retarder le moment du choix pour donner à chacun une chance de se rattraper.

L.J. : Vous êtes donc favorable au collège unique. Certains y voient la source des difficultés du secondaire : trop d'hétérogénéité chez les élèves et donc une pédagogie impossible...

C.A. : Je suis pour une scolarité qui va jusqu'à seize ans et donc qui n'oriente que vers quatorze-quinze ans. Mais le collège unique, ce n'est pas, pour moi, le collège uniforme. C'est un collège avec un tronc commun et diverses filières, qui ne doivent pas représenter plus de 30 % et dont aucune n'est irréversible.

1. La proportion d'élèves qui apprennent le latin au lycée est de 4,5 %. Pour le grec, elle s'élève à 0,8 %.

Il faut dire aussi que les tenants du collège unique poussent parfois leur raisonnement trop loin. Pour eux, il faut repousser les exigences et les apprentissages des savoirs le plus loin possible dans le temps. En caricaturant, il devrait y avoir un tronc commun jusqu'à seize ans fondé sur l'apprentissage des méthodes. L'apprentissage des savoirs serait repoussé à plus tard. Ce mélange confus, ce galimatias entre pédagogie, psychologie de l'enfant et égalitarisme a conduit, par exemple, à l'absurde suppression de l'examen d'entrée en sixième. Résultat, 15 % des élèves qui entrent au collège ne savent pas lire. Bien sûr, il fallait faire évoluer l'ancien concours qui était très difficile, le remplacer par un examen. Mais pourquoi a-t-on supprimé toute évaluation à l'entrée ?

Un collège pour tous, c'est une idée noble et généreuse. Mais, si on ne sait pas lire, écrire et compter, on ne doit pas passer au collège. On doit continuer à apprendre à lire, écrire, compter. Ceux qui n'y arrivent pas, on les met dans des classes spéciales, avec un encadrement renforcé, au lieu de les noyer dans une classe de collège au nom de l'égalitarisme. Quand vous ne savez pas nager, on ne vous jette pas dans la piscine au nom d'un principe édictant que tout le monde doit savoir nager ! Ceux qui ne savent pas conduire, on ne leur confie pas une auto sous prétexte qu'on veut démocratiser la voiture ! Et ce n'est pas en décrétant que 80 % des élèves doivent avoir le niveau du bac qu'on résout le problème. Cet égalitarisme naïf propagé par la FEN des années soixante-soixante-dix a mené à des absurdités.

Ma position est claire. Il n'y a pas d'éducation sans savoirs, il n'y a pas d'acquisition de méthode sans solides connaissances, pas plus qu'il n'y a d'éducation sans travail, sans contrôle, sans sanctions. Tout cela nous renvoie à l'éternel débat sur l'acquis et l'inné. Or, la biologie moderne nous a beaucoup appris dans ce domaine. On sait maintenant que chaque individu est génétiquement unique. La diversité est aujourd'hui un fait scientifique et l'importance de l'acquis dans la maîtrise des mécanismes du cerveau est démontrée. Il n'y a qu'à lire les grands neuroscientifiques, les Edelman, Changeux, Damasio ou Sebi, pour bien le comprendre.

Mes idées sur la diversité et sur l'apprentissage correspondent aux découvertes scientifiques modernes.

Les connaissances de la fin du XIXe siècle aboutissaient à une vision différente. Elles nous faisaient penser que l'homme était un produit unique, ultime joyau de l'évolution. Il y avait l'homme moyen d'un côté, les anormaux de l'autre. L'éducation s'appuyait sur cette idée formulée par la courbe en cloche de Gauss : la masse au milieu, une minorité à chaque extrémité. Aujourd'hui, on sait que tout cela était faux. Sauf Alain Finkielkraut, peut-être !

L.J. : Que comptiez-vous faire pour arrêter l'hécatombe du premier cycle universitaire ?

C.A. : Je m'inscris en faux contre cette expression !

L.J. : Vous niez l'hécatombe du premier cycle ?

C.A. : Absolument. Regardez les faits. Sans aucune sélection, sans interdiction de s'inscrire dans des filières auxquelles on n'est pas préparé, 60 % des étudiants réussissent en trois ans leur deug. C'est presque aussi bien que les élèves de classes préparatoires qui entrent à 75 % dans une grande école en trois ans. Ce n'est pas si mal, et, si le baccalauréat était contrôlé avec un peu plus de sérieux, le résultat serait encore meilleur.

L.J. : Vous n'êtes pas partisan de recevoir 80 % des élèves au bac, comme l'a dit l'un de vos prédécesseurs ?

C.A. : Il n'a pas dit cela. Il souhaitait 80 % d'une classe d'âge au niveau du bac, ce qui est un objectif qui n'a rien à voir avec le fait de recevoir 80 % des candidats au bac. Mais, si vous voulez mon avis de professeur, je trouve que l'on donne aujourd'hui le bac avec trop de facilité. Encore une fois, c'est une conséquence de la surcharge des programmes. Cela renforce mon opposition à toute sélection à l'entrée de l'université.

L.J. : Ça devrait être le contraire. Si le bac est dévalorisé, il faut introduire un barrage supplémentaire. C'est le raisonnement de certains de vos collègues universitaires .

C.A. : Il faut se garder de la logique des apparences. Il existe un secteur très sélectif : celui des grandes écoles. Les meilleurs élèves de lycée vont dans les classes préparatoires. Dès lors, il me paraît normal qu'il y ait une seconde chance pour ceux qui n'ont pas bien travaillé au lycée ou qui sont allergiques aux méthodes du lycée. Cette seconde chance est offerte par l'université. Comme le dit le doyen Georges Vedel : « J'étais un fantaisiste au lycée et je me suis mis à bien travailler en fac parce que le droit m'a passionné. »

Mais, en fait, tout cela rejoignait ma seconde préoccupation pour réformer qui est de donner l'égalité des chances à tous. La non-égalité des chances est une épouvantable injustice, savoir que parce qu'on est né ici, qu'on a eu des parents chômeurs, ou qu'on n'a pas été dans le bon collège, on n'a pas pu réussir à devenir ceci ou cela, c'est terrible. Et le socialiste que je suis considère que c'est un devoir de rétablir l'égalité des chances.

Si l'on regarde le problème du point de vue du pays, de la France, de l'intérêt général, c'est tout aussi désastreux. Perdre des milliers de talents, peut-être de grands ingénieurs, de grands entrepreneurs, de grands intellectuels, faute d'un bon système éducatif juste et équitable, c'est catastrophique pour le pays. Un système qui avantage trop les fils d'enseignants du secondaire n'est pas équitable.

Et là-dessus ne pas offrir l'éventail de disciplines, de savoirs, de sujets d'épanouissement est aussi criminel que de mal orienter tel ou tel élève. Les disciplines techniques sont aussi nobles que les disciplines théoriques, les disciplines artistiques aussi importantes que la littérature ; oublier de donner sa place à telle ou telle discipline, c'est éliminer ceux qui sont doués pour elle ou ceux qui sont passionnés par elle. Car chez un enfant, chez un adolescent, la motivation est un élément essentiel pour apprendre.

L.J. : Quelle était votre idée maîtresse pour rétablir cette égalité des chances ?

C.A. : Encore une fois, je crois que le maître mot c'est « diversité ». L'égalité ne se conçoit que dans la diversité, diversité des talents individuels, diversité des disciplines, diversité des trajectoires individuelles – encore une fois, attention à la sélection trop précoce sans retour –, diversité des situations sociales et familiales.

Dans la diversité, on peut fixer pour tous comme objectifs la recherche de l'excellence, la recherche du trajet optimum.

Or, en France, on a cru trop longtemps que l'égalité suppose l'uniformité. Tout vient de cette erreur.

Les disciplines qui servent à sélectionner (mot tabou parce qu'il cache une vraie réalité, féroce, qu'on croit éviter en proscrivant le mot) doivent, elles aussi, être multiples.

Aujourd'hui, la technologie, c'est pour moitié l'informatique. Est-ce moins important que le latin ? Moins logique ?

Si l'on veut former des citoyens responsables, il faut que l'école apprenne à tous un socle de savoirs et de repères communs. Mais elle doit le faire en tenant compte de la diversité des élèves. On voit bien dans ce compromis toute la difficulté, mais aussi la noblesse de l'enseignement.

L.J. : Quelles réformes aviez-vous prévues pour l'Université ?

C.A. : L'adapter aux enjeux de la mondialisation.

L.J. : Qu'entendez-vous par mondialisation, s'agissant des universités ?

C.A. : La mondialisation touche tous les domaines de l'éducation. Mais au premier chef les universités. D'abord parce que, désormais, les étudiants sont mobiles, notamment ceux d'Asie ou d'Amérique latine. Où vont-ils aller se former ? Chez nous, en Amérique, en Angleterre ?

La qualité de notre enseignement va être jugée sur le marché mondial de l'éducation. Nos propres étudiants resteront-ils chez nous ou iront-ils étudier ailleurs ? Ils demandent tous à notre enseignement d'être de qualité et d'être moderne, c'est-à-dire d'intégrer les nouvelles disciplines, les nouveaux savoirs. Nous retrouvons ici l'absolue nécessité que la recherche la plus avancée, la plus innovante, irrigue le tissu universitaire.

Mais, surtout, les nouvelles technologies de l'information et de la communication avec Internet vont révolutionner les méthodes d'enseignement, comme elles ont révolutionné les procédés de fabrication. Malgré une résistance qu'on aperçoit chez certains enseignants, j'avais la volonté de faire pénétrer ces méthodes dans l'enseignement scolaire.

Je crois qu'elles peuvent être une aide précieuse pour les enseignants et leur permettre d'améliorer les performances des élèves. Elles devraient surtout accroître l'égalité des chances, en personnalisant davantage les apprentissages, en adaptant l'enseignement aux caractéristiques de chaque enfant.

Pendant longtemps, beaucoup d'enseignants ont refusé la technologie des médias pour enseigner. Je caricature, mais, eux, c'était le tableau noir et la craie. La télé, surtout la télé couleur, c'était l'horreur. Les méthodes d'enseignement sont restées figées à cause de ce refus des médias et ce refus de voir la réalité en face.

L.J. : J'ai une objection. Les médias dont vous parlez, ce sont en général les médias audiovisuels. Or l'image n'est pas bonne pédagogue. C'est l'écrit qui rend possible la transmission des savoirs. L'image est secondaire dans ce processus.

C.A. : Oui. Mais l'image existe, et elle n'est pas sans message. L'école doit apprendre à intégrer la civilisation de l'image et celle de l'écrit. L'image ne remplace pas l'écrit, elle apporte un complément.

L.J. : De 10 %...

C.A. : C'est moins une question de pourcentage que de qualité. Cette résistance à la civilisation de l'image a fait qu'on a résisté aussi aux nouvelles technologies. Or, si vous regardez bien ces nouvelles technologies, elles intègrent le film, l'image de synthèse, mais aussi l'écrit. Vous avez un continuum. Prenez l'exemple du roman, il suscite des images dans votre tête. Pour qu'il les suscite, il faut que vous ayez des références, un catalogue d'images.

L.J. : Les gens lisaient des romans du temps où il n'y avait pas de télévision...

C.A. : Bien sûr. Je ne suis pas en train de vous dire ça. Quand les enfants de familles pauvres, qui n'avaient jamais été au bord de la mer, lisaient un roman de Pierre Loti ils ne comprenaient pas bien. Le gamin qui était allé à la mer avec ses parents, qui avait vu un port de voiliers, tout de suite les images venaient dans sa tête. À partir du moment où vous avez à votre disposition ces outils que sont la télévision ou le cinéma, il faut les intégrer dans l'éducation comme quelque chose de positif. Ça ne veut pas dire qu'il faille se laisser manger. Je ne suis pas partisan de remplacer les cours de français par des films de Laurel et Hardy, comme ça s'est pratiqué dans certains endroits ! Non ! Prenons l'exemple de l'histoire. Au lieu de faire des discussions abstraites sur les Romains, il faut dire aux élèves : allez voir *Gladiator*, et à partir de là on discute et on structure.

L.J. : Je comprends ce que vous dites, je suis assez d'accord, mais les gens risquent d'entendre : on va remplacer les pièces de Corneille par Navarro.

C.A. : Pas du tout. Pas plus qu'on ne remplace Victor Hugo par Philippe Sollers. J'ai appris par cœur : « Ainsi Rome n'a point ménagé son estime... » Très bien ! Je n'avais jamais vu *Horace* de ma vie, et puis j'ai eu la chance qu'il y ait eu les matinées du TNP et je suis allé voir *Horace*. Aujourd'hui, vous passez une cassette sur une pièce de théâtre, puis vous allez au théâtre, puis vous dissertez sur le théâtre.

L.J. : L'image telle qu'elle existe dans la société est faite à 90 % pour satisfaire un besoin immédiat de distraction. C'est normal, légitime, on ne va pas demander à TF1 de remplacer le TNP. On est dans la satisfaction du plaisir immédiat. Mais l'école ne peut pas faire ça ! Ce n'est surtout pas son rôle. L'école est fondée sur l'effort, la discipline, le détour, l'abstraction.

C.A. : Si vous n'avez pas intégré dans l'éducation que vous donnez, dans le sens de l'effort, une bonne utilisation de la civilisation de l'image, vous laissez l'enfant désarmé en face de la télé. En intégrant la civilisation de l'image dans l'éducation, dans le sens où vous le dites, c'est-à-dire dans le sens de l'effort, de l'analyse, de la rationalité, vous formez un citoyen...

L.J. : Il faut faire de l'histoire du cinéma, à la rigueur...

C.A. : Pas forcément. Mais c'est aussi intéressant. Mankiewicz, Visconti, Buñuel, Bergman, ça fait partie de la culture moderne au même titre que Faulkner, Joyce, Günter Grass, Albert Camus ou Yourcenar.

L.J. : Vous reconnaissez qu'il y a une hiérarchie dans les œuvres.

C.A. : Il faut qu'il y ait une hiérarchie dans la difficulté, dans l'abstraction, mais ce n'est pas forcément une hiérarchie entre les différentes formes d'expression artistique. Il faut que l'école crée un support d'images, qui comprenne la gravure, la peinture, la sculpture, l'architecture, mais aussi les images de synthèse, le film. Savez-vous, comme dit Yves Bonnefoy, le poète, que l'écriture, c'est aussi une image. Et maintenant que vous avez Internet, c'est ce que l'école va faire. L'école ne doit pas être excentrée. Elle doit être dans la société et en produire les références. Ça ne veut pas dire pour autant que je sois prêt à abandonner Corneille ou Victor Hugo. J'ai même fait l'inverse en introduisant l'enseignement de la philo dans les lycées professionnels qui étaient volontaires.

L.J. : Est-ce qu'il n'y a pas une grandeur dans le fait de refuser l'air du temps ?

C.A. : Ça, c'est un autre sujet. C'est intéressant, cette discussion, parce que ça montre pourquoi des tas de gens ont eu beaucoup de mal à comprendre l'équilibre de ma politique. J'ai entendu un prof dire : « Il veut mettre les nouvelles technologies au lycée, moi je préfère le latin. » C'est absurde, cette réponse. La nouvelle technologie est une méthode. Il peut apprendre le latin et je peux fournir un excellent logiciel de latin. Ça n'a rien à voir.

L.J. : Pour les gens qui sont habitués au livre, à l'écrit, l'image est une régression. Alors, vous leur dites : on va faire un progrès formidable, on va intégrer la régression !

C.A. : Ça, je le nie complètement, l'image n'est pas une régression. Un tableau de maître n'est pas une régression et c'est une image.

L.J. : « Alerte à Malibu » c'est aussi une image, qu'on voit plus souvent que les tableaux de maître !

C.A. : C'est précisément parce qu'il y a ce genre de feuilleton qu'il faut un enseignement critique de l'image à l'école ! Cela dit, je ne suis pas d'accord pour remplacer la littérature par la bande dessinée.

L.J. : Donc, vous maintenez l'idée d'une hiérarchie des savoirs. Vous placez Flaubert au-dessus d'Hergé.

C.A. : Oui. Mais je mets aussi Miles Davis ou Vincent Van Gogh au-dessus de Paul Guth. Il ne faut pas être dogmatique. Du temps de Voltaire, le roman était un « petit genre ». Au XIXe siècle, on écrivait des romans pour les feuilletons de journaux. Ce qui était noble, c'était la poésie et le théâtre. Aujourd'hui, on s'extasie sur le moindre romancier de troisième zone. Alors tout change... Mais notre discussion est décalée. La situation réelle n'est pas celle-là. Beaucoup de professeurs de français ont tenu compte de la civilisation de l'image dans leur enseignement. D'autres se servent des nouvelles technologies sans qu'aucun ministre ait eu besoin de le leur demander. Nous sommes dans un contexte totalement nouveau. Ce que vous reprochez à l'image, c'est d'être un message qu'on reçoit passivement. Un message facile, flou, qui ne suscite pas immédiatement la réflexion. Avec Internet, ce n'est plus la même altitude, nous sommes dans le dialogue. L'ordinateur vous pose des questions, il faut y répondre, et en poser à son tour. Il permet de communiquer avec d'autres élèves ou d'autres professeurs à distance. Il vous demande de choisir entre divers programmes d'apprentissage. Il est parfois plus exigeant sur l'orthographe ou la grammaire que certains professeurs. Il compte automatiquement les fautes d'orthographe. C'est bien parce que nous avons des moyens nouveaux que je me refuse à classer Internet dans la civilisation de l'image ou de l'écrit. Il nous faut dégager une synthèse, une nouvelle alliance.

L.J. : Je pose la question parce qu'il y a dans ce que disent les intégristes du savoir et de la culture cette critique : vous, socialistes français, vous avez tout mis au même niveau : la cuisine et les beaux-arts, la télé et la littérature...

C.A. : Je vous répète que je suis d'accord sur ce point. On ne peut pas tout mettre sur le même plan. Mais je souhaite une école ouverte sur la cité, sur les métiers, sur le monde. L'école n'est pas faite pour former des clercs ou des moines reclus mais des citoyens. Bref, derrière tout cela, vous avez compris que ma volonté de réforme était fondée sur un projet, et ce projet repose sur un équilibre entre tradition et modernité.

L.J. : Ce projet, quel était-il? L'avez-vous bien expliqué?

C.A. : Mon projet, je devrais dire notre projet, car bien des gens y ont travaillé, l'ont élaboré ou l'ont nourri...

L.J. : Comment cela? Je ne dis pas ça pour vous embêter, mais on a eu l'impression au moment des manifs que l'on débattait sur telle ou telle mesure technique et que l'on oubliait un peu le projet global, puisqu'il y en avait un.

C.A. : Avec mes conseillers, nous avons beaucoup parlé entre nous. Puis j'ai écrit moi-même une trame et nous avons organisé deux séminaires avec tout mon cabinet pour l'approfondir et l'améliorer. Nous avons parlé avec un grand nombre gens extérieurs, enseignants et non-enseignants, parents, experts, syndicalistes...

Ensuite, j'ai présenté ce projet en réunion de ministres un jeudi. Tous les ministres étaient intéressés. Bien sûr, Jean-Pierre a fait entendre son habituelle petite musique sur l'élite républicaine. Je me souviens, c'est Lionel qui lui a répondu : « Écoute, Jean-Pierre, on est aussi républicains que toi. Claude ne peut pas être suspecté de ne pas aimer l'apprentissage du savoir. » Moyennant quoi, Chevènement interviendra encore en Conseil des ministres lorsque je présenterai le projet sur l'école du XXIe siècle. Cette fois, c'est Martine Aubry qui le remettra à sa place, en parlant de l'inégalité des chances, des enfants des quartiers difficiles, etc. Les autres ministres ont dit leur accord profond avec cette idée d'égalité dans la diversité. Jean-Claude Gayssot, notamment, et ça m'a fait chaud au cœur. Et puis, il y a eu les colloques sur les lycées, les discussions avec les enseignants, avec les novateurs rassemblés par Edgar Morin, avec le Comité national des programmes, les parents d'élèves, les élèves... Bref, beaucoup de discussions, des suggestions, mais autour d'idées maîtresses structurantes. Un projet ne naît pas du néant, en organisant des colloques !

Je me souviens que lors des manifestations de 1999 organisées par le SNES contre la réforme du lycée, au cours d'un repas de ministres à Matignon, Lionel m'a demandé d'exposer la situation. Il a pris la parole immédiatement après et dit : « La réforme des lycées est bonne, les conservatismes habituels s'expriment, tout a été discuté, négocié longuement. On essaie de recommencer le coup de la rue. Je le connais bien. Je vous dis à tous : c'est la réforme du gouvernement. Je demande à tous les ministres de l'expliquer et de la défendre. »

Ça ne pouvait pas être plus clair. D'ailleurs, les ministres l'ont fait, en particulier les deux ministres communistes Marie-Georges Buffet et Jean-Claude Gayssot, auxquels je tiens à rendre hommage car c'était sans doute plus difficile pour eux que pour d'autres.

L.J. : Donc, Jospin vous a soutenu.

C.A. : Oui, complètement, jusqu'en mars 2000. Je souhaitais relier recherche, innovation, technologie et éducation. Donner à mon ministère une cohérence autour de ce mot aujourd'hui un peu fourre-tout : l'innovation. Et, pour moi, ce mot innovation était synonyme d'ouverture sur la société, sur l'économie, sur le monde. Tout partait de la recherche.

L.J. : Mais la recherche est déjà ouverte sur la société et le monde...

C.A. : En partie seulement. La recherche française est organisée autour de grands organismes comme le CNRS, l'INSERM, le CEA, etc.

L'Université constitue le plus grand potentiel de recherche, mais elle est un peu trop isolée des organismes, qui sont en général plus riches qu'elle. Or, on le voit bien, dans le monde moderne, c'est autour des grands centres universitaires que se développe la nouvelle économie et que se forment les grands ensembles novateurs. La Silicon Valley est un appendice de Stanford. La route 128 à Boston est née des recherches du Massachusetts Institute of Technology (le MIT). En Europe, des centres de ce type se développent autour de Cambridge ou bien de l'université de Grenoble ou de Nice. Mais c'est encore insuffisant.

Donc, comme je l'ai dit, rapprocher organismes de recherche et universités est une nécessité absolue.

Le second objectif, c'était l'ouverture vers la société.

La recherche française est d'une bonne qualité, mais elle ne transfère pas assez ses savoirs et ses découvertes vers les entreprises. Pendant des années, on a opposé éducation et formation, et, sous cette fausse querelle, on a trop isolé l'école de la société et en particulier de l'entreprise. Je souhaitais établir ces liens recherche-école-entreprise.

L.J. : Avez-vous réussi ?

C.A. : J'y reviendrai, mais pour faire vite disons que j'ai engagé un processus, j'ai brisé des tabous, des réticences.

Finalement, parmi les atouts qu'a la France dans la mondialisation, le meilleur, c'est l'éducation. Je crois que les gens ne se rendent pas bien compte de ça. Quand vous interrogez les compagnies internationales sur les raisons pour lesquelles elles viennent s'installer en France, alors qu'il y a la situation des impôts, que les règles administratives et sociales sont contraignantes, que le prix du travail est élevé, la première raison qu'elles donnent c'est l'éducation. Elles disent : « Vous avez des gens qui sont bien formés et, deuxièmement, pour nos cadres qu'on va amener, vous avez un bon système éducatif et gratuit. » Par conséquent, ce système d'éducation est un élément très important de la compétitivité à la fois sur le territoire national et à l'extérieur. Le système d'éducation français est encore considéré comme l'un des meilleurs du monde. Même si les tests faits par l'OCDE montrent sans ambiguïté une perte de qualité, en sciences principalement.

L.J. : Pour ce qui est du primaire et du secondaire, pas pour le supérieur...

C.A. : Oui, pour ce qui est du primaire, surtout, et du secondaire un peu moins. Pour le supérieur, c'est plus compliqué. Il faut le dire, l'enseignement supérieur s'est extraordinairement amélioré depuis vingt ans. Le système des grandes écoles aussi s'est modernisé et il est très apprécié à l'étranger. Si nos étudiants qui partent travailler à l'étranger étaient mauvais, on ne les embaucherait pas. Autrefois, la fuite des cerveaux français n'existait pratiquement pas. Les études françaises de médecine et de droit restent partout des références. Les IUT sont imités dans un grand nombre de pays, c'est nous qui avons fabriqué l'équivalent des IUT au Mexique. J'ai été personnellement invité en Chine, aux États-Unis, au Liban, en Grande-Bretagne, en Égypte, en Inde, au Mexique, pour expliquer nos réformes, et je le suis encore. Je crois qu'il y a la reconnaissance d'une compétence française en matière d'éducation.

Mais, en même temps, il faut que ce système évolue parce que, tout en restant d'un bon niveau, il est en train de prendre du retard et de se dégrader. Là est le paradoxe. Nous devons réformer et adapter notre système parce qu'il est impératif qu'il reste l'un des meilleurs, parce qu'il est l'un des fondements de nos succès et qu'on ne peut sans risque accepter qu'il devienne médiocre. Et là, par contre, répétons-le, les tests faits par l'Unesco ou l'OCDE sont très significatifs, notamment dans les disciplines scientifiques. Nous prenons un retard considérable dans la formation scientifique par rapport à des pays comme la Corée, Hong-Kong, Singapour, Taïwan.

L.J. : Comment on fait ces tests ?

C.A. : On prend des élèves qui ont douze ans, des élèves qui ont seize ans, des élèves qui ont huit ans, on leur pose les mêmes questions, on note et l'on regarde.

L.J. : C'est assez fiable ?

C.A. : Ce sont des tests. On les améliore sans arrêt, mais enfin, ce sont des tests quand même, avec toutes les réserves que cela implique. Ils font faire une dictée, comptent les fautes d'orthographe, alors, évidemment, une faute en chinois ou en français, ce ne sont pas les mêmes valeurs, ils ont des critères. Ils font faire un même problème de maths. Ils posent les mêmes questions en sciences, etc. Ils essaient de faire au mieux.

L.J. : Et sur ces tests-là, tels que vous les avez vus, la France est placée à un niveau honorable ?

C.A. : Elle est placée pas mal dans un certain nombre de domaines, pas bien dans le domaine scientifique. On est pas mal placés dans les mathématiques et dans les sciences humaines. Mais l'enseignement français est estimé – c'est très qualitatif tout ça, – comme un enseignement solide. Mais en même temps, je le répète, il doit être réformé. C'est une nécessité pour la compétitivité de la France. J'étais avec le président de Motorola il y a huit jours, qui m'a déclaré, très étonné : « On a suivi avec une grande attention vos péripéties dans l'éducation et l'on ne considère pas comme un bon point le fait que vous soyez parti. » Alors, bien sûr, je ne suis pas dupe, il voulait être gentil, mais en même temps il n'était pas obligé de me le dire. Il a ajouté : « Je considère que ce n'est pas un bon point, parce qu'il est important pour nous que la France maintienne son système d'éducation, mais, pour cela, il faut qu'il évolue. » Encore une fois, je suis quasiment invité partout maintenant pour faire des conférences sur mes réformes.

Je crois que, pour l'enseignement comme pour la recherche, les indicateurs comparatifs internationaux sont utiles. Encore faut-il en tirer les bonnes conséquences.

L.J. : Que voulez-vous dire ?

C.A. : Pour la recherche, pendant des années, la France était en retard dans son investissement global par rapport aux États-Unis, au Japon, à l'Allemagne. La revendication numéro un des chercheurs était alors d'atteindre un investissement de 2,3 % du PNB.

Le chiffre a été atteint grâce à l'effort colossal fait quand Chevènement était ministre de la Recherche.

L.J. : Est-ce que cela a amélioré les choses ?

C.A. : Oui, un peu, mais ça a aussi introduit des déséquilibres structurels.

L.J. : Comment ?

C.A. : On a embauché beaucoup de chercheurs et on s'est mis à dépenser beaucoup pour les équipements lourds. Aujourd'hui, comme le montrent les statistiques de l'OCDE, on a près de deux fois plus de chercheurs que les États-Unis ou la Grande-Bretagne, une fois et demie plus que l'Allemagne, mais, du coup, ces chercheurs n'ont pas les moyens financiers de travailler. Les budgets de recherche sont mangés par les salaires : 80 % au CNRS. D'où un système difficile à faire évoluer, d'autant plus qu'on ne licencie personne. C'est à partir de là qu'il a été malaisé de réorienter notre recherche vers les sciences en plein essor : biologie ou informatique.

L.J. : Mais ces indicateurs internationaux, est-ce qu'ils vous disent quelque chose sur la qualité de la recherche française ?

C.A. : Nous avons deux types d'évaluateurs. Pour la recherche fondamentale en sciences, un bon indicateur est ce qu'on appelle l'index de citations. Le nombre de fois qu'un chercheur est cité dans la littérature scientifique.

L.J. : Et qu'est-ce que ça donne pour la France ?

C.A. : La France a des chercheurs de premier plan dans toutes les disciplines. Ça n'a pas été toujours le cas.
Elle est très bonne dans deux disciplines, les mathématiques et les sciences de la Terre. Elle est faible statistiquement en recherche médicale.

L.J. : Mais ces indicateurs internationaux, pourquoi ne les rend-on pas publics ? Ce serait un stimulant, mais aussi une information intéressante pour les contribuables.

C.A. : Ça se fait dans certains pays. Le Brésil les a récemment publiés dans le plus grand journal de Rio. *Le Provençal*, je crois, a donné quelques chiffres et quelques noms pour la Provence. Mais pour l'instant, en France, on n'a pas le droit !

L.J. : Pourquoi ?

C.A. : Parce que la loi Informatique et Liberté n'est pas claire à ce sujet. Je peux quand même vous dire que le mathématicien le plus cité dans le monde sur vingt ans est un Français qui s'appelle Pierre-Louis Lions. Qu'en chimie il y a un Français qui est huitième et en biologie un Français qui est sixième ; en Sciences de la Terre, un Français est second.

L.J. : Des noms !

C.A. : Cherchez-les vous-même ! Vous verrez aussi qu'on a beaucoup de chercheurs qui ne sont pas cités. Enfin, c'est un indicateur important, un autre point que cette enquête nous a appris, c'est la répartition régionale.

L.J. : Alors, c'est comme toujours Paris et le reste...

C.A. : Non, pas du tout, le premier ensemble scientifique, c'est Strasbourg. Nice vient ensuite. Paris centre ne vient qu'en troisième position et précède de peu Grenoble. Orsay, qui s'agite beaucoup, n'est plus le centre d'excellence qu'il était il y a vingt ans. On voit aussi une situation assez flatteuse pour des universités comme Lille ou Rennes. Désormais, elles sont quasiment au niveau des grandes universités méridionales qui délimitent ce qu'on appelle « la banane », de Bordeaux à Lyon.

L.J. : Et l'autre indicateur...

C.A. : Ce sont les brevets. Là, nous sommes médiocres.

L.J. : À quoi ça tient ?

C.A. : D'abord au fait qu'en France, et en Europe en général, les brevets sont chers. Pour qu'ils aient de la valeur, il faut les prendre avant toute publication – autrement dit, avant qu'on sache s'ils auront une résonance dans le milieu industriel.

Aux États-Unis, c'est l'inverse. La publication avant application vaut brevet pendant trois mois. C'est ce qu'on appelle le délai de grâce. Ma conseillère, Florence Javoy, a dépensé beaucoup d'énergie à convaincre le ministère de l'Industrie que nous devions, nous aussi, bénéficier du délai de grâce. Mais ça traîne toujours.

Secondement, c'est une question de culture. La recherche française et surtout les chercheurs français sont encore insuffisamment tournés vers les applications. Ça change, mais lentement.

Il y avait aussi le souci d'intégrer mes réformes dans la politique générale du gouvernement.

L.J. : C'est-à-dire ?

C.A. : Le gouvernement avait décidé que l'entrée dans l'euro était une priorité. Il fallait donc réduire les déficits budgétaires. Comment aurait-on pu faire sans maîtriser le budget de l'Éducation nationale, plus gros budget de l'État ? Ma volonté de réforme à moyens quasi constants relevait aussi de ce simple principe de réalité. J'avais le devoir d'aider le Premier ministre et le gouvernement à réaliser ses objectifs généraux.

De la même manière, le gouvernement avait décidé dans sa lutte contre le chômage de mettre en place des emplois jeunes. C'est à partir de là qu'on a développé la notion d'aide-éducateur pour l'Éducation nationale. Je ne voulais pas faire n'importe quoi, nous avons donc été amenés à développer un projet éducatif impliquant ces emplois jeunes, projet qui finalement a débouché sur l'école du XXIe siècle et l'embauche de 75 000 jeunes sortis du chômage.

Je tiens beaucoup à cette attitude. Pour moi, un ministre fait partie d'une équipe. Il n'est pas là pour défendre son secteur sans s'occuper des autres ; il est là, quoi qu'il lui en coûte, pour défendre l'intérêt général du gouvernement avant tout et, dans ce cadre, gérer et réformer son secteur.

Je crois que je l'ai fait.

L.J. : Pourquoi avez-vous rencontré une telle opposition dans les réformes, notamment au niveau du lycée, car c'est bien là que ça s'est cristallisé.

C.A. : Oui, la résistance était localisée, même si c'est elle qui a fait plier le Premier ministre.

Je crois qu'on peut expliquer la résistance du milieu du secondaire par deux facteurs : le malaise de la profession et l'action d'un syndicat puissant et coriace, le SNES, mais je pense que la seconde action n'aurait pas pu se développer si elle ne s'était pas appuyée sur la première.

L.J. : Quelle est cette cause?

C.A. : Comme je l'ai dit, l'enseignement du secondaire est mal situé aujourd'hui.

Hier, enseignement d'élite; aujourd'hui, enseignement de masse.

Hier, 60 000 professeurs dont 30 % d'agrégés; aujourd'hui, 350 000 professeurs dont 6 % d'agrégés. Tout cela est ressenti comme une perte de prestige, alors que le métier est lui-même devenu plus difficile.

En même temps, ces enseignants qui se croient dévalués et mal considérés (largement à tort) sont les bénéficiaires du système.

Dans ce lycée aux horaires trop lourds, aux programmes trop copieux, aux options multiples, ce sont les fils d'enseignants du secondaire qui réussissent le mieux.

Hier, Bourdieu et Passeron disaient que les polytechniciens étaient fils de polytechniciens. Aujourd'hui, ils sont fils d'enseignants; le profil type de la réussite, c'est père ingénieur, mère enseignante du secondaire. Comme ceux qui ont mention très bien au bac, qui ont des prix aux concours généraux, qui entrent à l'ENA ou à HEC. Le meilleur bagage aujourd'hui pour un élève, c'est d'avoir une mère enseignante du secondaire.

En plus, ce système procure à certains professeurs des cours particuliers en abondance, des heures supplémentaires faites ou non. Quatre mois de vacances, six pour certains. Pas étonnant que, malgré des revendications incessantes, les sondages indiquent que 97 % des enseignants ne veulent pas changer de métier.

Le mot réforme leur fait donc peur, par principe. Surtout s'il faut refaire les cours, voire corriger les devoirs !

Et dans ce contexte, les critiques sur le comportement de certains, l'absentéisme, etc., la régularisation des heures supplémentaires annuelles les a mis de mauvaise humeur.

L'idée de mettre l'élève au centre du système éducatif était déjà inscrite dans la loi d'orientation qu'avait fait voter Lionel Jospin lorsqu'il était ministre de l'Éducation. Mais c'est une idée très mal acceptée chez les professeurs du secondaire. Lors d'une rencontre, l'un deux me dira : « Ce que je ne vous pardonnerai jamais, c'est d'avoir déclaré que l'élève était le centre du système éducatif. »

Et, dans l'acceptation ou non de ce qui est une évidence, il y a là tout l'archaïsme et toutes les difficultés rencontrés par tous les ministres de l'Éducation nationale depuis quarante ans.

Jacques Chirac avait chargé Roger Fauroux d'une réflexion sur l'enseignement pour essayer de dynamiser l'immobilisme de son ministre de l'Éducation, François Bayrou. Fauroux est normalien, agrégé, ancien dirigeant d'entreprise, ancien directeur de l'ENA, ancien ministre de l'Industrie ; il avait tous les titres pour mener à bien cette réflexion. Il a effectué un travail approfondi, sérieux, il s'est entouré de l'avis de tous les experts, et il a fait des propositions intéressantes. Résultat : il a été injurié, insulté par le SNES, avec un accord tacite de la profession. Lui aussi voulait mettre l'élève au centre de l'enseignement !

L.J. : Mais pourquoi cela ? L'éducation est bien faite pour les élèves, qui peut nier cela ?

C.A. : Depuis la création de la Sorbonne au XIIe siècle, les professeurs français pensaient que le professeur est le centre du système éducatif. N'oubliez pas que l'Université s'est fondée en Europe, sauf à Bologne, autour de quelques clercs soucieux de parler, de réfléchir et chercher entre eux. Ils ont admis auprès d'eux des disciples, plus que des élèves, qui étaient destinés eux-mêmes à être des futurs professeurs. Et cette idée n'a pas quitté l'imaginaire enseignant. Pendant longtemps, les enseignants ont pensé que les meilleurs élèves devaient être enseignants et que l'École ou l'Université devaient d'abord sélectionner et former des enseignants. Jusqu'à la révolution de 68, c'était l'idée affirmée et défendue comme telle dans l'Université française. J'ai été élevé dans cette idée par mes parents enseignants et mes professeurs.

L.J. : Est-ce pour cela que certains professeurs préfèrent écarter les élèves en difficulté en les orientant ?

C.A. : Oui, hélas, la logique de l'exclusion, la conception que l'enseignement secondaire est un enseignement d'élite réservé à quelques-uns, est très répandue. Cela se traduisait dans pratiquement tous les livres écrits par des enseignants à la rentrée 1999 [1]. Ce que nous voulons, disent-ils, c'est davantage de bons élèves. Les autres auraient dû être orientés plus tôt.

Et puis il y a le SNES...

1. Si ces livres avaient été lus par ceux qui auraient dû le faire, on aurait vu que beaucoup d'entre eux étaient d'un élitisme social effarant et, pour certains, d'un racisme qui ne prenait même pas la peine de se cacher !

Mes soutiens ont été les trois fédérations de parents d'élèves, qui se sont rapprochées dans cette action et, on n'est plus à un paradoxe près, les éditorialistes de tous les médias ou presque. Derrière, je pense que le pays approuvait.

À partir de mon expérience et de ces diverses péripéties, on peut se demander : doit-on à tout prix rechercher la réforme dans le consensus ?

Si c'est cela la doctrine, on ne fera, pour l'enseignement, que des petites réformes.

Réformer le service public, c'est pour moi améliorer le service du public, ce n'est pas améliorer la situation matérielle des agents publics. Si on peut faire les deux, tant mieux, sinon, pour moi, c'est l'intérêt général qui prime, en l'occurrence, l'intérêt de l'élève.

Avec les expériences récentes, on peut se poser la question. La réforme dans le consensus n'est-elle pas une utopie et ne doit-on pas choisir entre plaire ou faire ? Bien sûr, en politique, il faut plaire un minimum, sinon, on n'est pas élu ou réélu. Mais d'un autre côté, si on ne réforme pas, si on ne fait pas les changements nécessaires, on ne réalise pas ce pour quoi on a été élu.

J'ai choisi avant tout de faire. L'avenir dira si j'ai eu raison.

La France a de tout temps été aux prises avec les corporatismes. La question pour un démocrate est : les corporations doivent-elles être plus puissantes que les instances démocratiques ?

Raymond Barre, dans un communiqué sympathique après mon départ, disait : « On a sacrifié deux ministres non pas à l'intérêt général, non pas à l'opinion publique, mais à deux corporations. Ce n'est pas bien. »

Quand la majorité des parents, des citoyens qui m'ont témoigné leur soutien, leur sympathie, manifesteront-ils dans la rue ? Ils pourraient facilement mobiliser plusieurs millions de personnes et impressionneraient ainsi les médias et les politiques.

Quand les parents exigeront-ils plus de pouvoir dans l'organisation de l'école ? Quand mettront-ils en place un observatoire des absences, comme en Angleterre ?

Qui organisera les contre-pouvoirs pour s'opposer à la dictature des corporations ? Et, sans cela, comment fera-t-on des réformes ?

Mais, symétriquement, je m'interroge. N'ai-je pas trop sacrifié à la réforme ? Mon équipe était complètement focalisée sur cette idée de réforme, qu'elle tenait pour un devoir, dans le but d'aider le pays. N'était-ce pas trop ambitieux, peut-être même trop présomptueux ? Un journaliste de *Libération*, Emmanuel Davidenkopf, a écrit : « Il a voulu faire en trois ans ce qu'on aurait dû faire en trente ans. » Peut-être est-ce vrai. Cependant cela traduit à la fois les retards que nous avions pris et les difficultés de la tâche. J'ai dit, au début de ce chapitre, « gouverner, c'est réformer ». Mais à quel rythme ?

6

Le destin des réformes

LAURENT JOFFRIN : Vous nous avez dit votre volonté de réformer. N'avez-vous pas le sentiment de n'avoir pu accomplir tout ce que vous projetiez et, donc, d'un certain échec ?

CLAUDE ALLÈGRE : On ne fait jamais totalement ce qu'on aurait voulu faire, en politique comme ailleurs.

Cela dit, je crois avoir fait passer un nombre important de réformes utiles qui, je l'espère, resteront. Toutes ces réformes ont demandé beaucoup de temps, de longues négociations, des compromis... mais elles sont passées.

On a essayé de me donner la réputation de quelqu'un qui décidait sans négocier. Ce ne sont pas trois banderoles disant « nous voulons négocier » qui peuvent faire oublier trois ans de discussions ininterrompues. Le président d'une fédération de parents d'élèves l'a rappelé nettement à un syndicat d'enseignants : « Cessez de dire : nous voulons négocier. Voilà deux ans que le ministre négocie avec vous. » Pour être plus précis, mon équipe et moi avons passé en négociations avec les divers partenaires du système éducatif plus de temps qu'aucun ministre de l'Éducation nationale et à peu près autant que la ministre des Affaires sociales, Martine Aubry...

Je veux donc tordre le cou à cette calomnie. Il est vrai que, pour moi, négociation signifie compromis et non compromission ou capitulation. C'est cela qui a surpris, surtout après Bayrou.

Mais, comme vous m'avez interrogé sur les réformes et leurs prolongements possibles, je vais jouer le jeu, vous exposer les réformes que nous avons réalisées, sans masquer ni les difficultés ni les compromis que nous avons été amenés à faire, puis nous évoquerons ce que pourraient être leurs prolongements futurs.

L.J. : J'imagine que vous allez commencer par ce qui vous tient le plus à cœur, à savoir l'assouplissement du dinosaure, puisque ce sont ces animaux que vous souhaitez voir évoluer...

C.A. : Avant toute chose, il fallait améliorer le système, pour démontrer l'esprit de changement.

Je l'ai fait par quelques mesures qui n'ont pas été que symboliques.

J'ai ramené les dix-neuf directions du ministère à onze. Il n'y avait aucune femme directeur de ministère, j'en ai nommé cinq sur onze. Ça me paraissait indispensable dans un ministère où 60 % du personnel est féminin. Puis nous avons créé un Intranet à l'intérieur de la centrale, relié avec les rectorats, les universités, les inspections d'Académie, etc. Puis un système de téléconférence. Pour moderniser la communication, la rapidité me paraissait essentielle.

L.J. : Il n'y avait pas d'Intranet à l'Éducation nationale?

C.A. : Non, et nous avons largement amélioré le web du ministère et mis le *Bulletin officiel* de l'Éducation nationale sur Internet.

Nous avons aussi, comme je l'ai dit, diminué le nombre de fonctionnaires centraux (–700) au profit des rectorats et nous avons affecté ailleurs beaucoup d'agents. C'étaient des mutations internes. Les usagers ont surtout constaté que nous avions mis en place un réseau de médiateurs, avec, au sommet celui de l'Éducation nationale, Jacky Simon. Ce système de médiateurs a eu un immense succès, et traite des milliers de litiges. Il rédige un rapport annuel qu'on tient aujourd'hui pour indispensable.

Nous avons aussi mis en place un réseau de DRH pour toutes les académies. Les directeurs de ressources humaines sont destinés à aider les personnels à gérer leurs carrières, grâce à des contacts personnels. Mais, là, nous partions de loin, tout était fait par les machines et les syndicats. Ce réseau ne sera vraiment efficace qu'avec la mise en œuvre complète de la déconcentration et un changement des attitudes.

L.J. : Vous considérez la déconcentration comme la mesure structurelle décisive ?

C.A. : Oui. C'est fondamental. Nous avons d'abord déconcentré le mouvement des enseignants du second degré, c'est-à-dire les mutations annuelles, ce que tout le monde regarde comme un exploit et que je vois comme une mesure de bon sens. C'est un grand pas vers la déconcentration. Désormais, pour être nommé de Roubaix à Tourcoing, on ne passe plus par Paris. Dans le système ancien, un enseignant qui voulait être muté faisait sa demande entre novembre et début janvier. Il recevait son affectation entre fin juillet et septembre, parfois quelques jours seulement avant la rentrée. Le nouveau système est plus simple. Si un professeur veut aller dans une autre d'académie, il fait sa demande en février. S'il reste à l'intérieur de l'académie, il fait sa demande à la fin mars et tout est fini le 15 juin. Autrement dit, celui qui va de Tourcoing à Marseille le sait le 15 juin. Il peut s'organiser, prendre un appartement, sa femme ou son mari peut chercher un emploi dans le coin, etc. Ça a changé radicalement.

Évidemment, nous avons affaibli le pouvoir syndical qui contrôlait le mouvement national...

L.J. : Comment le contrôlait-il ?

C.A. : Les syndicats étaient présents dans la commission nationale. Ils présentaient les demandes et annonçaient aux intéressés le résultat un mois avant le ministère. *De facto*, les profs devaient passer par les syndicats pour obtenir une mutation et être informés rapidement. C'était un pouvoir redoutable : pour obtenir ce qu'il voulait, un prof avait un grand intérêt à se syndiquer. Nous avons mis fin à ce qui s'apparentait presque à du racket.

Naturellement, les mutations interacadémiques se traitent toujours à l'échelon national, mais elles ne représentent que 20 % du total et se sont également accélérées. Maintenant, il faut s'attaquer au recrutement des professeurs du secondaire. Il faut le régionaliser, comme celui des instituteurs.

L.J. : Pourquoi n'est-il pas régional ou interrégional ?

C.A. : Il faut revenir à l'histoire. Quand Jules Ferry a créé l'école de la République, son grand génie à cette époque, enfin, surtout celui de Frédéric Buisson qui a été son directeur de cabinet, a été de déconcentrer. Personne ne l'a accusé de ne pas être républicain parce qu'il ne centralisait pas le recrutement des instituteurs ! Il a institué les écoles normales d'instituteurs, une par département. Chaque département faisait son recrutement et, du même coup, ancrait l'école dans la France profonde. Dans le secondaire, la situation est différente, il y avait une trentaine de lycées pour toute la France : le recrutement était nécessairement national. Aujourd'hui, il y a 7 000 lycées. Les Capes se passent devant vingt ou vingt-cinq jurys, ce qui, pour un classement unique, est à la limite de la légalité. Il faut donc déconcentrer le recrutement dans le secondaire. Pour les grandes disciplines. Pour les petites disciplines, il faut évidemment laisser un concours national unique. Mais les syndicats du secondaire sont très attachés à la centralisation. C'est un symbole qui les différencie du primaire. Le système actuel est absurde : M. Dugenou, qui veut aller à Lille, est nommé à Metz, après quoi on organise son retour à Lille pendant cinq ans, par étapes. C'est kafkaïen. La raison est simple : en invoquant l'égalité des chances, on a maintenu le concours national...

L.J. : Au départ, on n'affecte pas les gens en fonction de leur demande régionale ?

C.A. : Non, pas nécessairement. L'affectation dépend du classement au concours. Le premier classé choisit son poste, le second ensuite, etc. Donc, il n'y a pas de régionalisation.

L.J. : Mais, en régionalisant, on enlèverait au premier classé le droit de choisir...

C.A. : Non. Le premier classé va à Marseille s'il est de Marseille ; dans le système régionalisé, il s'inscrirait à Marseille et irait à Marseille. Et, dans le système actuel, qui est vraiment le premier, alors qu'il y a plusieurs jurys et un interclassement discutable ? En fait, personne ne le sait. C'est purement arbitraire, c'est purement cosmétique. Et, surtout, ça ne présente aucune garantie d'équité. C'est une machine infernale qui consiste à affecter la moitié des gens là où ils ne veulent pas aller et ensuite à passer son temps à gérer les mutations !

L.J. : On dit souvent que tout le monde veut aller dans le Sud et personne dans le Nord. Dans ce cas-là, le concours est une bonne solution pour instaurer un ordre de priorité.

C.A. : Non. Là encore, ce n'est pas exact. La preuve en est qu'avec les instituteurs (aujourd'hui professeurs des écoles) ce n'est pas ce qui se produit. La réalité, c'est que les gens qui ne veulent pas aller dans le Nord ou dans l'Est et qu'on affecte de force partent le plus rapidement possible. Ces régions subissent une migration continue d'enseignants. Comment bâtir une politique d'établissement ou même académique solide avec des gens qui changent constamment et qui ne se considèrent que de passage ?

C'est l'origine d'une des plus fortes inégalités qui existent, l'inégalité régionale. Demandez à Michel Delebarre, président du conseil régional du Nord-Pas-de-Calais, ce qu'il en pense !

L.J. : La déconcentration du système se mesure uniquement au mouvement et au recrutement ?

C.A. : Non. Mais ce sont des préalables indispensables pour une bonne gestion de la carte scolaire. Pour cette dernière, nous avons mis en place une contractualisation pluriannuelle avec les rectorats. Il faudra plusieurs années pour qu'elle joue pleinement son rôle, elle ne pourra être vraiment efficace que lorsque les académies auront la maîtrise des concours de recrutement. La gestion de la carte scolaire de Paris conduit à un gaspillage et à une insatisfaction générale particulièrement et c'est un paradoxe lorsque le nombre d'élèves baisse, ce qui est le cas aujourd'hui.

L.J. : Pourquoi ?

C.A. : Le nombre d'élèves baisse de 40 000 par an. Ce n'est pas uniforme. Il baisse fortement dans le Nord ou en Champagne, mais il augmente en Languedoc et dans les Alpes-Maritimes. Il faut donc déplacer des postes – pas des individus, puisque personne ne peut être muté sans son accord – du Nord à Montpellier. Bien sûr, le Nord considère qu'on en enlève trop. C'est souvent terrible de fermer des classes dans les corons du Nord ! Montpellier estime à l'inverse qu'il n'a pas assez de postes, qu'on n'ouvre pas assez de classes. Alors, la seule solution, c'est d'en créer pour Montpellier. C'est ce qui s'est passé l'année dernière. Donc, on a cette machine infernale : lorsque la démographie des élèves s'accroît, on crée des postes, c'est normal. Mais, lorsqu'elle diminue, on les augmente aussi !

Voilà le résultat du système actuel. Quelques années après, on a le résultat que j'ai trouvé en arrivant. Des départements sont sous-encadrés – la Seine-Saint-Denis, les DOM, l'Hérault, les Alpes-Maritimes – d'autres surencadrés : la Normandie, la Lozère, l'Aveyron... Nous avons fait des plans de rattrapage, des plans d'urgence. L'expérience m'a prouvé qu'on ne vous sait jamais gré de rien, qu'on vous réclame toujours plus. Sans mon plan de rattrapage, où en serait la Seine-Saint-Denis aujourd'hui ? Qui s'en souvient ? Avec la déconcentration, chacun sera responsable de ses ajustements et ce, sur une base pluriannuelle !

Mais déconcentrer vers les rectorats ne suffit pas si les rectorats eux-mêmes ne s'assouplissent pas et ne se déconcentrent pas à leur tour. Déconcentrer les rectorats vers les départements, c'est-à-dire vers les inspections académiques, mouvement qui est en cours, et aller plus loin, plus près du terrain, plus près de gens. Il faut instaurer une gestion de proximité.

C'est pour cela que nous avons développé la politique de bassins d'éducation. Un bassin est une entité géographique organisée autour de quelques lycées et qui comprend aussi les collèges et les écoles. L'idée est d'avoir un coordinateur de bassin qui permette aux établissements de travailler ensemble, de gérer ensemble les absences des enseignants, mais aussi les activités périscolaires ou médicales, de coordonner les flux d'élèves, de développer une politique d'orientation mais aussi des liens plus étroits avec les entreprises, avec naturellement en ligne de mire l'emploi.

Aujourd'hui, proviseurs, principaux de collège, directeurs d'école n'ont aucune instance pour dialoguer et se coordonner.

C'est aussi au niveau des bassins que le dialogue avec les parents d'élèves devrait être le plus fructueux. Il n'est ni trop proche, avec les interférences gênantes des cas personnels qu'on trouve dans les établissements, ni trop loin, sans possibilité de suivi, comme le sont les instances nationales.

L.J. : Au niveau de l'établissement, qu'avez-vous fait? Comme je vous l'ai dit, les parents et les citoyens ne comprennent pas pourquoi le chef d'établissement n'a pas de pouvoir sur les enseignants, pas le pouvoir de les sanctionner, pas le pouvoir de les embaucher, de les choisir...

C.A. : Vous le savez, c'est très difficile, car les profs ne veulent dépendre de personne. Nous sommes loin du stade où le proviseur déciderait d'embaucher tel ou tel professeur. Je crois, par contre, qu'on pourrait réclamer que, pour qu'une mutation ait lieu, il faille l'acceptation du chef d'établissement, avec des procédures de recours, bien sûr.

Nous avions le projet de rendre un rôle au chef d'établissement dans la notation des professeurs, à égalité avec les inspecteurs. C'est le chef d'établissement qui les connaît le mieux, qui sait qui est un bon prof et qui ne l'est pas. D'ailleurs, lorsque les enfants d'enseignants s'inscrivent dans un lycée, leurs parents demandent au proviseur quelle est la bonne classe, quand ils ne le savent pas eux-mêmes. S'il y avait conflit de personnes entre le chef d'établissement et le professeur, l'inspecteur pourrait arbitrer. Un tel système me paraît juste et équilibré.

À côté du conseil d'administration présidé par le chef d'établissement, je souhaitais introduire un conseil d'orientation présidé par un parent d'élève élu et un conseil pédagogique présidé par l'un des professeurs les plus anciens dans l'établissement (une sorte de doyen). À partir de là, on aurait pu faire vivre la notion de projet d'établissement cher à Lionel Jospin et qui ne fonctionne pas vraiment.

L.J. : Mais ne craigniez-vous pas encore une fois qu'on vous accuse d'être partisan d'une logique libérale, car ce système ressemble finalement à l'enseignement privé sous contrat !

C.A. : Je crains beaucoup la concurrence de l'enseignement privé : le système du contrat avec l'État l'a renforcé considérablement. Il y a aujourd'hui en France un nombre de lycées privés à peu près égal au nombre de lycées d'État, et plus de 20 % des élèves sont dans des lycées privés. Le privé cumule des avantages de l'enseignement public et ceux d'une gestion plus souple. Les établissements privés sont intégrés dans un vaste système d'évaluation nationale avec des examens valables à l'échelon national. Les profs sont reconnus, ils ne sont pas marginalisés, ils sont au cœur des choses. Le chef d'établissement a un véritable pouvoir : quand un prof n'est pas bon, on ne le garde pas. Les parents d'élèves participent à la vie de l'établissement, y compris parfois pour aider les élèves en difficulté ou décorer une classe le dimanche. Jean-Claude Carrière, qui fait des conférences dans les lycées, me racontait un jour : « Je viens d'un lycée privé, ça n'a plus rien à voir avec ce que je connaissais, les élèves ne sont pas forcément des enfants de gens riches, tous les profs sont diplômés, ce n'est plus l'espèce de boîte à bac, avec des bouts de ficelle, que j'ai connue autrefois. La reconnaissance des établissements par l'État et son financement ont grandement amélioré l'enseignement privé et l'ont rendu financièrement plus abordable. »

Et, sous l'influence des Anglais notamment, Bruxelles a tendance à vouloir faire augmenter les subventions d'État au nom de... la libre concurrence.

L.J. : Vous voulez aligner l'école publique sur ce système ?

C.A. : Non, c'est l'inverse. Je veux un système d'enseignement public, gratuit, laïque, ouvert à tous, sans sélection, sans choix d'élèves, mais dont la gestion soit souple et efficace. Un système dans lequel les absences et les remplacements des professeurs ne seraient plus un problème, dans lequel les profs seraient évalués et contrôlés, seraient promus suivant leur talent et la difficulté de leur tâche, dans lequel les parents pourraient jouer un rôle utile, sans, bien sûr, interférer dans la pédagogie. Un système dont la gestion serait décentralisée, proche des gens, mais dont, à l'inverse, la pédagogie, la qualité des enseignants, l'évaluation, les programmes seraient du ressort de l'État.

Au lieu de gérer suivant des méthodes soviétiques, centralisées depuis Paris, un système gigantesque, on laisse la gestion à l'échelon local ou régional. L'État se concentre sur l'animation pédagogique, la définition des savoirs à transmettre, l'adaptation à la société, etc. Les programmes sont nationaux, ils définissent les références nationales, mais 30 % des cours sont laissés à l'initiative de chaque enseignant, qui peut affirmer sa personnalité. Encore une fois, je suis partisan d'une école de la République rénovée.

Débarrassé d'une gestion lourde, centralisée, inhumaine, l'État pourrait s'employer à restaurer l'égalité des chances, entre les régions, entre les quartiers, entre les établissements.

L.J. : Mais qui assurerait la gestion ?

C.A. : Les régions coordonneraient et assureraient la gestion avec les départements et les communes, et pourraient contribuer financièrement aux frais de fonctionnement.

L.J. : Vous voulez régionaliser les corps d'enseignants, les instits, les profs, etc. Le ministre qui propose cela a du souci à se faire !

C.A. : Ce n'est nullement nécessaire. Les corps d'enseignants – et de non-enseignants – peuvent rester des corps de fonctionnaires. L'État garantit leur recrutement et les paie, et ils sont mis à la disposition des collectivités territoriales qui les gèrent. C'est un gage de qualité et d'égalité entre les régions.

L.J. : Mais quel est l'avantage ?

C.A. : En cas d'urgence, les collectivités territoriales peuvent faire des avances de postes, s'assurer que tout va bien et ne régulariser qu'ensuite. On n'aurait plus le cirque actuel, où l'on demande à Paris l'autorisation de créer des postes, à moins de recruter à la va-vite des maîtres auxiliaires qui souvent n'ont pas la qualification nécessaire pour enseigner. À chaque rentrée dans l'urgence, on désorganise le système ! Il ne manquerait pas d'infirmières ou d'assistantes sociales, les locaux seraient entretenus, etc.

La gestion décentralisée du système éducatif a fait ses preuves ailleurs, en Allemagne ou en Angleterre.

L.J. : L'enseignement y est-il meilleur ?

C.A. : Non, mais la gestion y est meilleure. Ce que je critique dans leur système, c'est l'absence d'une animation pédagogique nationale, de références nationales pour les savoirs, d'une évaluation nationale, et c'est pour ça que je ne veux pas les imiter. Je retiens ce qui me paraît bon et efficace pour nous, et eux cherchent aujourd'hui à nous imiter en proposant des programmes nationaux, mais sans remettre en cause la gestion décentralisée.

Encore une fois, je crois que le meilleur système est situé entre les deux systèmes. Gestion décentralisée et standards pédagogiques nationaux, l'État assurant l'égalité entre les académies. Les Français ne s'y trompent pas. Un récent sondage donnait 68 % de personnes favorables à la décentralisation de l'enseignement. C'est le bon sens !

Et puis, en France, nous avons tout de même un exemple flamboyant.

L.J. : Lequel ?

C.A. : Je veux parler de la construction des établissements scolaires par les départements et les régions. Nos collèges et nos lycées construits par l'État étaient sales, mal entretenus, affreux. Grâce aux collectivités territoriales, ils sont devenus des exemples d'architecture. L'éducation intéresse tout le monde. Si les régions gèrent les établissements d'enseignement, la pression citoyenne fera qu'ils seront bien gérés et l'entretien des établissements sera enfin assuré.

L.J. : Que deviendront les recteurs, les inspecteurs ?

C.A. : Ils resteront la trame de l'organisation d'État : la décentralisation de Defferre n'a pas supprimé les préfets. Je ne veux nullement l'abstention de l'État en matière d'enseignement. Je veux le recentrer sur son rôle principal d'éducateur, de garant de l'égalité des chances d'une éducation laïque et républicaine. Pour les admirateurs du Gosplan, bien sûr, ce système est difficile à concevoir. Alors que tout le monde y gagnerait !

L.J. : Et les syndicats ?

C.A. : Les syndicats américains de profs – il y en a deux, concurrents – sont très puissants dans un système totalement décentralisé. Ce qui est amusant c'est que ces syndicats s'opposent résolument à toute tentative de coordination pédagogique nationale. Ils sont pour l'indépendance du « teacher ». En Amérique comme ici, « à bas la réforme ».

L.J. : Nous n'êtes donc pas un partisan du système d'éducation américain.

C.A. : Ayant vécu au total cinq ans en Amérique, j'en connais trop les défauts pour avoir une admiration quelconque pour ce système. Voilà encore une rumeur malveillante qu'on a fait courir contre moi.

Le système universitaire américain est formidable, mais pas l'enseignement secondaire dispensé dans les *high schools*.

L.J. : Vous dites que l'État doit garder la maîtrise de la pédagogie, qu'avez-vous fait dans ce secteur ?

C.A. : La vérité, c'est que la grande difficulté se situe dans le secondaire et non dans le primaire. J'entendais, ces jours-ci, Jack Lang parler du primaire comme l'objet prioritaire des réformes. C'est une vision démagogique. Elle plaît au SNES en répandant l'idée que le primaire va plus mal que le secondaire. Mais c'est ridicule ! Dans les pays développés, comme la France, le nombre d'élèves dans le primaire n'a pratiquement pas varié en quarante ans. On a le même nombre d'élèves, l'effectif par classe a diminué et les exigences de base – lire, écrire, compter – sont restées quasiment les mêmes. Quand on dit que le primaire s'est dégradé, ce n'est pas vrai.

L.J. : Il y a beaucoup d'élèves qui arrivent dans le secondaire sans avoir les bases... C'est imputable au primaire, ça !

C.A. : Je vous l'ai dit, la suppression de tout examen d'entrée en sixième fausse la vision. Le passé paraît idyllique, le présent catastrophique.

Ça ne correspond pas à la réalité. Hier, les enfants qui ne savaient pas lire n'allaient pas au collège (qui s'appelait, d'ailleurs, lycée), ils restaient à l'école pour préparer le certificat d'études, c'est-à-dire continuer à apprendre à lire s'il le fallait. On a tout mélangé. La volonté de démocratiser a occulté la nécessité de maintenir une exigence de qualité : ce fut l'erreur. Il y a aujourd'hui moins d'élèves de douze ans qui ne savent pas lire qu'en 1960 ; le malheur, c'est qu'aujour'hui ils sont « passés » au collège ; donc, au collège, il y en a plus !

À mon avis, il vaut mieux passer un an de plus à bien apprendre à lire que de passer dans la classe supérieure et de ne jamais savoir bien lire.

S'il y avait un examen d'entrée en sixième, cela susciterait une émulation pour toutes les écoles et une évaluation sérieuse pour chaque élève.

Jospin avait bien vu cela quand il était ministre de l'Éducation nationale, même s'il n'avait pas osé aller jusqu'au bout. Il a créé les tests d'évaluation. Franchement, ça s'est révélé être une usine à gaz – très chère et qui a apporté autant de problèmes que de solutions. Ayons le courage de rétablir l'examen d'entrée en sixième !

Donc, je trouve que le primaire n'a pas trop baissé. Il a eu tendance pendant une période, pour des raisons de revendications salariales, à se disperser, c'est vrai. Comme les instituteurs exigeaient d'être payés comme les profs, ils ont été enclins à se lancer dans des choses qui ressemblaient à ce que faisaient les profs, plus sophistiquées, du culturel, par exemple, plutôt que de se concentrer sur les trois bases, lire, écrire, compter. Mais, en gros, les instituteurs sont restés de très bonne qualité, dévoués aux enfants, et, surtout, imprégnés de l'idée d'intégration et non d'exclusion. La revalorisation n'a fait qu'augmenter la qualité des « instits ».

L.J. : Donc, il n'y a rien à faire dans le primaire.

C.A. : Si, bien sûr, il faut adapter l'école à la situation présente, c'est-à-dire y introduire les langues étrangères, mettre en place l'initiation aux nouvelles technologies – encore que cette initiation finira par ne plus être nécessaire : avec la banalisation de l'informatique dans la vie privée, tous les jeunes enfants des familles les plus favorisées utilisent déjà des logiciels adaptés à leur âge –, aux sciences, au sport, aux arts, et puis, adapter l'organisation de la journée aux rythmes de l'enfant.

L.J. : Mais, l'enseignement des langues à l'école, Jospin l'avait déjà commencé. C'est le serpent de mer. Où en est-on ?

C.A. : Si on fait cet enseignement avec des instits, ça ne marche pas. Claude Hagège a raison : pour apprendre les langues étrangères aux enfants, il faut des « locuteurs natifs ». Voilà encore du jargon de l'Éducation nationale. Bref, il faut de jeunes étrangers.

Nous avons effectivement mis en place 3 000 assistants de langue : des Anglais, des Espagnols et quelques Allemands.

Le problème, c'est qu'on ne trouve pas assez d'assistants d'anglais, alors que ce sont eux qui sont réclamés.

L.J. : Pourquoi n'en trouve-t-on plus ?

C.A. : Parce que toute l'Europe en veut, l'Allemagne, l'Italie, la Hollande, la Suède, l'Espagne, et qu'il n'y a plus d'étudiants anglais disponibles.

C'est le plus gros problème. Nous sommes allés en chercher aux États-Unis et au Canada, mais c'est cher.

L.J. : Mais on dit aussi qu'ils ne sont pas toujours bien traités en France et qu'ils ne veulent pas venir...

C.A. : Il est exact qu'il y a eu un incident en 1998. Quelque trois cents jeunes Anglais sont repartis en se plaignant d'avoir été mal accueillis. On a arrangé ça.

Mais revenons à ce qui a été notre projet pour le primaire, qu'on a appelé l'école du XXIe siècle.

Tout est parti de deux données fondamentales.

D'une part, les aides-éducateurs ; d'autre part, les expériences ui avaient été menées depuis plusieurs années, concernant les rythmes de l'enfant.

L.J. : Vous avez réalisé une réforme pédagogique pour qu'on crée les emplois jeunes que Strauss-Kahn avait annoncés...

C.A. : C'est presque ça. Dès que Lionel Jospin a annoncé qu'il allait mettre en œuvre le programme d'embauche des emplois jeunes, j'ai sauté sur l'occasion. J'avais dans la tête l'idée que, si on voulait faire évoluer l'enseignement, il fallait sortir l'instit de sa solitude.

L.J. : Pourquoi la solitude ? Après tout, l'instit dans sa classe en blouse grise a fait la grandeur de l'école de Jules Ferry. Pourquoi vouliez-vous modifier cela ?

C.A. : On ne peut pas demander à l'instit d'accomplir ce qui est son travail normal, c'est-à-dire de faire éclore la personnalité des enfants autour de l'apprentissage des savoirs fondamentaux, lire, écrire, compter, et en même temps exiger de lui qu'il soit un prof de gym, un prof de musique, un prof de langue, et expert en nouvelles technologies.

J'avais observé que, dans les villes riches comme Paris ou certaines villes de banlieue, en plus de l'instit, il existe dans les écoles des intervenants extérieurs pour le sport ou la musique. C'est un gros appoint.

Donc, lorsque j'ai compris qu'avec les emplois jeunes je pourrais généraliser ce système en l'étendant aux villes moins prospères que Paris, j'ai sauté sur l'occasion.

Cela convergeait avec une série d'expériences effectuées autour des rythmes de l'enfant et dont la plus connue avait été développée par Guy Drut lorsqu'il était ministre de la Jeunesse et des Sports.

L'idée générale est simple : le matin on travaille, on étudie ; l'après-midi, on fait du sport ou des activités artistiques.

L.J. : Mais c'est le dada de Chirac ! Il a répété cela lors de toutes les campagnes présidentielles, mais il a été incapable de décider Bayrou à le faire...

C.A. : Oui. Et c'est pour ça que Drut s'en est chargé. Ce que je voulais faire était un peu différent. Je souhaitais que le matin soit placé sous le signe du fameux et indispensable « lire, écrire, compter », mais en y ajoutant l'initiation aux langues et aux sciences, suivant le programme développé par Georges Charpak et appelé « la main à la pâte ».

L'après-midi devait être consacré au sport, aux activités artistiques, aux nouvelles technologies, avec, vers dix-sept heures, la mise en place d'une étude surveillée et de l'aide personnalisée aux élèves en difficulté. Tout cela en utilisant à la fois les instituteurs, les aides-éducateurs et le soutien des intervenants extérieurs.

Ce qui était original, dans l'esprit de ce qu'on va appeler l'école du XXIe siècle, c'est qu'on ne tenait pas à avoir le matin une école « avec cartable » et l'après-midi une école « sans cartable » ; nous voulions que l'acte éducatif soit présent tout au long de la journée et que toutes les activités soient coordonnées par le professeur d'école. L'instit d'hier est devenu professeur d'école : hier musicien isolé, il devient aujourd'hui à la fois soliste et chef d'orchestre. Soliste dans sa classe le matin, chef d'orchestre lorsqu'il coordonne les activités de l'après-midi. Naturellement, pour moi, le point clé, c'étaient les aides-éducateurs.

L.J. : Vous avez créé des emplois jeunes de luxe en les prenant de bac à bac +2. Certains ont dit : « Ceux qui ont du mal à sortir du chômage, ce sont ceux qui n'ont aucune qualification. Allègre, lui, prend ceux qui sont qualifiés : ce n'est guère socialiste. »

C.A. : Oui, certains ont dit cela, mais ça prouve qu'ils n'avaient rien compris.

Si l'Éducation nationale ne sort pas du chômage ceux qui ont des diplômes, le bac et le deug, alors les diplômes ne servent à rien, et l'Éducation nationale se nie elle-même !

Par ailleurs, avec les emplois jeunes Éducation nationale, je ne cherchais pas à faire les « ateliers nationaux », je voulais que ces jeunes s'intègrent dans un projet – celui dont je viens de vous parler. Que n'aurait-on pas dit si on avait confié les élèves des écoles ou des collèges à des jeunes n'ayant pas le bac ! Comment auraient-ils été reçus par les professeurs d'école ? On leur aurait fait faire le café et effacer le tableau.

L.J. : Ce n'est pas ce qui s'est produit ?

C.A. : Écoutez, l'épisode des aides-éducateurs est pour moi un sujet de fierté sur lequel je n'aime pas plaisanter. Au départ, tout le monde était contre. Les syndicats, qui pensaient qu'on allait remplacer les profs par des emplois jeunes ; les socialistes purs et durs, qui les trouvaient trop qualifiés pour qu'on leur donne du travail ; l'administration de l'Éducation nationale qui voulait qu'on définisse des procédures, qu'on prenne des arrêtés, des circulaires, et qu'on ne commence à recruter qu'en juillet 1998 pour ne pas perturber les établissements ; le ministère du Travail qui voulait contrôler directement l'utilisation, puisque la réforme était financée sur son budget...

L.J. : Alors ?

C.A. : En décembre 1997, déjouant tous les pièges, tous les crocs-en-jambe, tous les pronostics, l'Éducation nationale avait embauché 35 000 emplois jeunes. Nous avions laissé aux enseignants, aux établissements, le soin de définir la manière dont ils travailleraient, sans circulaires, sans arrêtés.

L'administration de l'Éducation nationale, les rectorats, les établissements ont donné une véritable leçon d'efficacité à toutes les autres administrations.

Six mois après, il y en avait 75 000, et ces jeunes, heureux enfin d'avoir du travail, ont été dans l'ensemble extraordinaires, montrant par là que leur exclusion du marché du travail était une injustice. Sans forfanterie, nous avons été les fers de lance dans le programme de lutte contre le chômage des jeunes mis en place par le gouvernement. Cela au prix de toutes les acrobaties administratives. Et plus encore, deux ans après, j'ai personnellement négocié avec les grands groupes industriels pour qu'ils puissent se former et trouver un travail après leur sortie de l'Éducation nationale. Ça marche... et, bien sûr, on n'en parle pas. Mais on a sorti les jeunes du chômage, et c'est l'essentiel.

J'en suis fier, pour moi, car je me suis personnellement engagé, mais plus encore pour toute mon équipe qui, dans ce domaine, a été animée par Jean-Cyril Spinetta, aujourd'hui directeur général d'Air France, puis par François Gaudu.

L.J. : En revanche, l'école du XXIe siècle, malgré l'effort de promotion que vous avez fait à la Villette avec Mauroy, Lang, Douste-Blazy, Drut, a fait un flop. À peine 2 000 écoles l'ont mise en place...

C.A. : Vous avez en partie raison. Je ne vais pas polémiquer, car je n'ai aucun doute sur le fait qu'à terme ce programme s'imposera de lui-même. Il est dans la logique du temps. Mais je reconnais que je n'ai pas bien compris pourquoi il n'y a pas eu 20 000 écoles dès le début. Je puis vous dire que la montée en charge va se poursuivre. Encore une fois, laissons faire les choses, même si je suis conscient que j'aurais dû prendre plus de temps et mieux montrer que ce que nous faisions venait des expériences de terrain et non pas d'idées tombées d'en haut.

L.J. : C'est dans le secondaire que vous avez rencontré les plus grandes difficultés et, particulièrement, l'opposition de votre bête noire, le SNES. Ça fait longtemps que vous n'en parliez pas...

C.A. : Pour le secondaire, mon projet était double : rénover un peu la pédagogie des lycées généraux, et favoriser la coopération lycées-entreprises pour les lycées professionnels.

L.J. : Pourquoi ces choix ? Beaucoup disent que c'est au collège que l'échec scolaire se cristallise, que c'est là qu'il faut agir. Et puis pourquoi n'avez-vous pas inclus les lycées technologiques dans votre programme de rénovation pédagogique ?

C.A. : Parce que le lycée technologique est mal situé. Il ne pourra évoluer que lorsqu'on aura bien fixé le rôle du lycée général et celui du lycée professionnel. C'est vrai, je n'ai rien changé à ce secteur.

Pour ce qui est du collège, c'est différent. Bayrou venait de faire une réforme du collège. Je souhaitais laisser l'expérience se dérouler, car j'estimais qu'il y avait un certain nombre de bonnes idées. Plus tard, Ségolène Royal a mis en chantier une réforme du collège pour homogénéiser ce que nous avions fait à l'école et au lycée en ce qui concerne l'aide à l'élève et, notamment, aux élèves en difficulté. Je crois que cette réforme a été utile.

Revenons donc au lycée.

Pour le lycée d'enseignement général, je ne voulais pas bouleverser les choses, mais tout de même faire évoluer, moderniser un peu le système.

L.J. : Après Jospin, vous vous êtes lancé dans une réforme du lycée. Vous saviez que c'était difficile, que le SNES serait un partenaire-adversaire peu conciliant. Vous saviez que Lang, après Jospin, avait tout lâché au SNES. Il voulait alléger les horaires pour les élèves : ils avaient finalement été alourdis.

Est-ce que ce n'était pas un peu fou de vous lancer dans cette aventure ? Vous attaquiez le SNES avec la déconcentration, pourquoi y ajouter la réforme des lycées ?

C.A. : C'est ce que pensaient Jospin et Schrameck à l'époque. Ils avaient peut-être raison. D'un autre côté, si nous n'avions pas engagé en même temps la déconcentration et la réforme des lycées, nous n'aurions réalisé ni l'un ni l'autre. Or, nous avons fait les deux !

La réforme du lycée a été lancée par une équipe d'enseignants extraordinaires animée par Philippe Meirieu et, à mon cabinet, par le mathématicien Didier Dacunha-Castelle. Ils ont accompli un travail formidable. Appréciez un peu. Un questionnaire envoyé à 2 millions d'élèves et à 350 000 enseignants. Des programmes de statistiques originaux – que les sociétés de sondage ont tenté de nous acheter – écrits par une équipe de profs de classe préparatoire autour de Claude Deschamps. La mise en place d'un collectif de dépouillement impliquant tous les élèves d'IUFM. Bref, une consultation dont l'ampleur a été sans précédent.

L.J. : N'avez-vous pas commis là une erreur psychologique comme Dominique Strauss-Kahn à Bercy en consultant la base par-dessus les syndicats ? Les syndicalistes de Bercy ont dit aux députés socialistes, en mars 2000, que la consultation démocratique de tous les agents de base avaient été pour eux le signe d'une agression inacceptable. Est-ce que ça n'a pas été le cas aussi pour vous ? N'avez-vous pas alors chauffé le SNES à blanc ?

C.A. : Sans doute. D'autant plus que, sur la pédagogie, ils n'ont pas grand-chose à dire et que leurs discours sont plutôt creux.

Mais ça faisait partie de mon plan d'entraîner la base, de la mobiliser par-delà les lourdeurs syndicales.

L.J. : Vous avez mis sur pied une grande consultation. En avez-vous tenu compte ?

C.A. : Oui, absolument, de très près. Car, après la consultation, nous avons organisé des colloques académiques et un colloque national.

Il y avait deux groupes de travail nationaux.

L'un piloté par Meirieu pour faire la synthèse des travaux de la consultation.

L'autre piloté par Edgar Morin, avec tous les spécialistes des disciplines, pour voir comment il fallait rénover les programmes et introduire la pluridisciplinarité.

L.J. : Mais les syndicats participaient-ils à tout ça ?

C.A. : Bien sûr. Monique Vuaillat a même été sifflée par les enseignants au colloque national à Lyon ! Il est vrai que la pédagogie n'est pas son affaire !

Ils participaient en outre aux groupes de travail, aux commissions. Le problème, c'est qu'ils n'avaient pas grand-chose à proposer, les pauvres !

L.J. : Quelles ont été les grandes lignes retenues ?

C.A. : Un allègement des horaires de cours au profit de l'aide aux élèves et du travail personnel.

Pour moi, l'enseignement ce n'est pas du bachotage, il faut apprendre à l'élève à travailler seul.

Et puis l'aide à l'élève, c'est-à-dire le cours particulier ou en petit groupe pour les élèves en difficulté, c'est la base de la démocratie.

L.J. : Mais vous allez ruiner l'industrie des petits cours !

Ce doit être une entreprise juteuse... En Italie, on dit qu'elle était contrôlée par la mafia et que c'est pour éviter cela que le gouvernement Prodi à autorisé les cours particuliers payants à l'intérieur des lycées...

C.A. : En France, ça n'atteint pas ce degré de gravité ! Mais affirmer l'égalité des chances, c'est se donner les moyens de la réaliser. Cette aide à l'élève répond à cette nécessité et je crois qu'on aura du mal à la supprimer. Ensuite, il y a les travaux personnels encadrés, où l'élève travaille sous la direction de plusieurs professeurs sur un sujet pluridisciplinaire.

Il y a aussi l'introduction d'un nouvel enseignement appelé « Civique, Juridique et Social » qui fera l'objet d'un contrôle au bac et qui prévoit d'organiser systématiquement en classe des débats autour des grands thèmes de la société : la liberté, la peine de mort, la drogue, république et démocratie, etc.

L.J. : Vous marchiez sur les traces de Chevènement. N'avez-vous pas prévu de faire apprendre aussi *La Marseillaise*, comme il le voulait ?

C.A. : Non, mais je partage avec Jean-Pierre l'idée que l'école doit former des citoyens responsables. C'est pourquoi, en complément de ce programme, nous avons mis en place une charte des droits et devoirs des lycéens, des conseils académiques et nationaux de la vie lycéenne ; bref nous avons incité les lycéens à faire l'apprentissage pratique de la démocratie. Nous suivions là une piste déjà ouverte par Jospin quelques années auparavant.

Ensuite, il y avait la rénovation des programmes de sciences dont j'ai déjà parlé. C'est ici qu'il y avait des allègements et un changement d'esprit.

L.J. : Les professeurs étaient-ils disposés et préparés à suivre ?

C.A. : Pour beaucoup, oui. Mais nous avions envisagé un grand programme national de mise à niveau auquel tous les grands scientifiques français avaient accepté d'apporter leur concours. De Gennes, Charpak, Cohen-Tannoudji, Changeux, Jacob, Lions, etc.

Grâce à une bonne coopération avec le ministère de la Culture de Catherine Trautmann et l'obstination de Michel Oriano, nous avons aussi installé l'éducation artistique au lycée par le biais d'ateliers artistiques animés par des artistes eux-mêmes. Ça, ce fut une rude bataille. Car, comme je l'ai dit, les profs ne voulaient pas d'intervenants extérieurs. Il n'y avait que

3 % des élèves qui suivaient de tels enseignements. Dès cette année, il y a eu 30 % des élèves dans les ateliers artistiques, et ça ne fera qu'augmenter.

Je n'ai pas de souci, Jack Lang n'abandonnera pas ça... Enfin, j'espère, et je suis vigilant.

L.J. : Mais il y a eu aussi l'abandon de la dissertation et la fronde des littéraires.

C.A. : Parlons-en et mettons tout sur la table, si vous êtes prêt. Je vais parler de la presse...

L.J. : Allez-y, nous verrons bien ! La presse a l'habitude de se faire houspiller...

C.A. : Depuis mon arrivée rue de Grenelle, je n'ai cessé de déplorer le déclin des études littéraires et la mainmise des maths sur les lettres. Les meilleurs élèves choisissaient de faire la filière S, certaines khâgnes ne prenaient les élèves que s'ils avaient fait S. Au concours sciences humaines de l'École normale supérieure, c'étaient les maths qui déterminaient le classement.

Or, moi qui suis dans mon domaine scientifique un grand utilisateur des mathématiques, qui adore en faire et en apprendre, j'ai la solide conviction que, pour sélectionner ou motiver les gens, les mathématiques sont surtout bonnes pour les futurs mathématiciens. Je crois que, pour sélectionner les littéraires, il vaut mieux la littérature, l'histoire ou la philo.

L.J. : Je suis d'accord là-dessus !

C.A. : Afin de réagir, j'ai, dans un premier temps, organisé des manifestations littéraires à l'école. Le printemps des poètes avec Jack Lang, le théâtre à l'école, le concours de nouvelles. Dans la réforme des lycées, j'ai souhaité rétablir une vraie filière (L) qui aurait des avantages qu'on n'aurait pas ailleurs.

L.J. : Par exemple ?

C.A. : Le droit de faire grec et latin (alors qu'en S on devait choisir grec *ou* latin), de faire en plus trois langues vivantes, d'abaisser le coefficient des maths au bac (à la demande de l'élève), de continuer le français en terminale, etc.

Pour ce qui est de la dissertation, il faut connaître la situation véritable. La dissertation ? Elle n'est prise que par 7 % des candidats au bac. Nous l'avons rendue obligatoire dans les programmes des filières L et S. Mais nous y avons ajouté des exercices d'écriture libre, de rédaction. Ça n'a pas plu à certains. J'ai lu cette ânerie : « Il veut mettre des exercices pour développer l'imagination, mais l'imagination, ça ne s'apprend pas. »

Et on a vu brutalement fleurir, en février 2000, des pétitions à propos de n'importe quoi : contre la suppression de la dissertation, du grec (où l'on voulait au contraire augmenter l'horaire en section littéraire), de la culture latine (je l'avais défendue avec les Italiens au Conseil européen ; j'ai même mis en place une académie de la latinité). Bref, toute une série d'âneries superbes qui ne font guère honneur aux gens qui les ont signées sans être informés.

L.J. : Comment l'expliquez-vous ?

C.A. : Il y a, à Paris-III, une femme professeur de littérature, Hélène Merlin, qui est l'ennemie intime de M. Vialla, autre professeur à Paris-III, chargé par mes services de présider la commission de réforme des programmes (et que je ne connais pas personnellement). Elle s'est déchaînée. Le problème, c'est qu'elle est l'épouse de M. Kajman, lui aussi ancien universitaire, qui contrôle les pages d'intervenants extérieurs du journal *Le Monde*. Du coup, les fabulateurs ont eu droit à trois pages dans *Le Monde*. Sur les deux cents lettres de réponse en ma faveur et en faveur des réformes (dont j'ai eu copie), il en a publié trois dans un coin

Comme ce journaliste avait décidé de livrer bataille, il a fait feu de tout bois. Lorsque les prix Nobel français ont écrit à deux reprises un article pour défendre mes réformes et la seconde fois avec les fédérations de parents, ils ont eu droit à une petite colonne discrète. Mais, lorsque quelques hurluberlus m'ont injurié, ils ont eu droit à la première page. *Le Figaro littéraire* n'a pas voulu être en reste. Il a lui aussi publié deux pages d'articles, tous aussi ineptes les uns que les autres – celui d'Yves Berger était particulièrement stupide –, complètement faux, éloignés totalement des réalités, enflammés par des rumeurs. Car, s'il y avait un domaine où les réformes étaient minimes, c'était bien le contenu des enseignements littéraires. Quant au grec, l'attitude d'intransigeance de gens comme Mme de Romilly ou mon ex-ami Jean-Pierre Vernant conduit à sa disparition.

L.J. : Que voulez-vous dire ? Ils passent leur temps à défendre le grec !

C.A. : En apparence, oui. Ils voudraient rendre le grec obligatoire au lycée, ce qui est bien sûr idiot lorsque l'on sait que seuls 0,8 % des élèves des lycées généraux le choisissent. C'est oublier que le nombre d'étudiants en grec se compte en unités à Dijon, Limoges, Rennes, Briançon, Reims, etc. Ils ne comprennent pas et disent : « De mon temps... », mais ils ont quatre-vingts ans et le nombre a changé. Or je pense qu'il faut sauver l'enseignement du grec en France, et que ce n'est pas par l'intransigeance que l'on obtiendra ce résultat... L'égyptologie se porte beaucoup mieux que l'héllénisme !

Une autre contrevérité propagée par *Le Monde* a été cette pétition de quelques profs de maths pour dire que je voulais remplacer l'enseignement des maths par l'ordinateur. Pétition qu'on a fait signer à trois ou quatre de mes confrères de l'académie. Âgés de quatre-vingt-dix ans !

De quoi s'agit-il ? Il s'agit d'intégrer l'utilisation de l'ordinateur dans l'enseignement des maths. C'est indispensable et c'est nécessaire pour la survie de l'enseignement des maths ; 90 % des matheux sont d'accord. Ce sont les 10 % restants qui se sont exprimés, avec un esprit revanchard parce que j'avais annoncé que toute la sélection ne doit pas se faire par les maths. « Vous avez ruiné notre prestige », m'a déclaré un professeur de maths.

Et, là, je pose la question des médias et de l'éthique.

L.J. : Voilà une explication inattendue ! Michel Kajman vous répondra, je suppose... Pourquoi cette diatribe contre les médias ?

C.A. : Le journal *Le Monde*, qui donne des leçons de morale à tout un chacun, qui se considère comme un acteur essentiel de la vie politique française, pourrait être organisé d'une manière plus éthique. Les pages « Idées » du *Monde* ont une certaine résonance, pour ne pas dire plus. Est-il normal qu'elles soient contrôlées par un seul journaliste ?

L.J. : La direction de ce journal répliquera, je suppose... Il me paraît difficile de mettre les rubriques de journaux sous la responsabilité de comités Théodule. Mais *Le Monde* est assez grand pour se défendre !

C.A. : Bon, vous ne répondez rien...

L.J. : Ce n'est pas à moi de le faire !

C.A. : Je continue sur le plan des humanités. J'attache une grande importance à la philo et, après avoir vu qu'en Italie on enseignait la philo dans la classe de seconde, je voulais tenter une expérience de même type en France.

Des philosophes sont venus me voir et m'ont dit : « C'est impossible, il faudrait mettre au moins cinq heures par semaine et remplacer trois heures de français par de la philo ; on ne peut pas enseigner la philo à moins de cinq heures. » Je rétorque : « Et les Italiens ? – Eux, ce n'est pas de la philo, c'est de l'histoire des idées. Mais, ce qu'on peut faire, c'est mettre "deux heures d'enseignement – sans nom – données par des philosophes" ».

J'ai donc abandonné. J'ai quand même pu confier une mission à Dominique Lecourt pour rendre la philo des sciences obligatoire en sciences et médecine et créer un Institut de philo des sciences. Nous avons introduit l'enseignement de la philo dans les lycées professionnels, et Alain Etchegoyen est allé lui-même faire l'expérience. Lorsqu'il me conseillait, il savait de quoi il parlait. Pas comme M. Finkielkraut, professeur à Polytechnique, qui s'exprime sur les collèges et jamais sur Polytechnique... Mais, au bout du compte, tout rentrera dans l'ordre, puisque Jack Lang est considéré comme un littéraire...

L.J. : Vous semblez amer...

C.A. : Sur cet épisode de la dissertation, oui. Il suffit de me connaître un peu plus pour savoir ce que je pense, ce que je lis, ce que je suis et plus encore ce que j'ai écrit. Mais, laissons... Revenons au second chantier : l'enseignement professionnel intégré.

L.J. : Pourquoi « intégré » ? Pourquoi ne pas avoir dit « enseignement professionnel en alternance » ?

C.A. : Ce fut en effet un problème sérieux que nous avons mis dix-huit mois à résoudre ! Nous voulions que tout l'enseignement professionnel se fasse dans un lien renforcé avec les entreprises. Les syndicats d'enseignants – pas le SNES, le SNETA – étaient d'accord, les confédérations syndicales aussi, le patronat également, mais il fallait trouver un nom.

Alternance, dites-vous ? Ce mot était honni par les syndicats d'enseignants qui l'avaient combattu pendant vingt ans, pour des raisons idéologiques d'abord, plus complexes et obscures ensuite.

L'enseignement intégré, c'est plus que l'alternance. Non seulement l'enseignement comprend des périodes au lycée et des périodes en entreprise, mais lycée et entreprise coopèrent aussi ensemble pour organiser l'enseignement et les stages.

Les plates-formes technologiques mises en place dans les lycées et les contrats d'association scellent cette collaboration où chacun respecte l'autre. Avec en plus, pour les lycées professionnels, la possibilité de mettre en place une formation pour tous tout au long de la vie.

Mon équipe a beaucoup travaillé. J'ai payé de ma personne en multipliant les contacts avec les confédérations ouvrières, avec les entreprises, avec le patronat. Avec, pour terminer le tout, le grand colloque à Lille que Pierre Mauroy n'a pas pu ouvrir car il s'était fait un lumbago le matin même!

L.J. : C'est là que vous avez dérapé en annonçant la rémunération des stages en entreprise...

C.A. : Ce fut un petit incident. J'ai déclaré que si le lycée professionnel coopérait avec l'entreprise, si on se rapprochait des conditions de l'apprentissage, il n'y avait pas de raison pour ne pas se rapprocher des conditions de stage et rémunérer les élèves. C'était une atteinte au code en vigueur! Il fallait dire « gratifier » ou « bonifier ». « Rémunérer » cela suppose un salaire, qui n'était pas prévu. Nicole Notat m'a expliqué ensuite que la distinction fait partie de la langue de bois sociale...

Mais c'était un beau colloque, avec Notat, Thibault, Deleu, le patronat, les parents d'élèves, les syndicats.

Que de temps passé à discuter avec tous, à combattre les vieux préjugés de certains enseignants, suivant lesquels l'entreprise était par hypothèse un lieu terrible d'exploitation des travailleurs, dont il fallait se défier! Ou, à l'inverse, à convaincre le patronat que les lycées professionnels étaient utiles, efficaces, qu'ils valaient l'apprentissage. Alain Geismar a passé un temps fou avec les syndicats enseignants, avec les patrons et les confédérations. Mais, enfin, je crois que nous avons cassé des préventions séculaires dans l'intérêt de tous. On ne reviendra pas là-dessus. Les mentalités ont basculé.

L.J. : Vous dénoncez les carences du système et la difficulté qu'il y a à le réformer. Pourquoi ne pas soumettre la réforme de l'Éducation nationale à référendum, comme l'a proposé Jacques Chirac ?

C.A. : Lorsque Chirac l'a proposé, j'ai trouvé cela ridicule. Comment réformer un système si complexe par un simple référendum ? « Voulez-vous prendre vos vacances en hiver ou au bord de la mer ? » Répondez par oui ou par non... Puis j'ai un peu réfléchi. On a beaucoup dit que Bayrou était contre le référendum et que c'est pour cette raison que Chirac ne l'avait pas fait. Je crois que là n'est pas la cause. La cause est constitutionnelle : on ne peut pas organiser un référendum sur n'importe quoi. La réforme de l'Éducation nationale n'était pas dans le champ référendaire.

Mais, si on posait la question, pour moi essentielle : « Voulez-vous que l'Éducation nationale soit gérée régionalement ? » alors, on pourrait faire un référendum, puisqu'on toucherait à l'organisation des pouvoirs publics, cas prévu par la Constitution. Et la réponse serait positive. C'est peut-être une voie plus paisible que les âpres chemins de la réforme, pour parler comme Théophile Gautier.

L.J. : Nous parlions de la création des emplois jeunes, geste important dans l'histoire du gouvernement Jospin. Pourquoi ne pas avoir étendu leur création à l'enseignement secondaire ?

C.A. : Si, nous en avons attribué au secondaire à l'occasion du plan anti-violence pour aider l'administration à maintenir la discipline. Mais c'était impossible de leur faire faire le même type de travail d'animation pédagogique que dans le primaire. Les professeurs y étaient hostiles. De plus, il y avait un peu double emploi avec les surveillants d'externat – les pions – qui sont payés plus et travaillent moins. C'était délicat.

Pourtant, votre question pose implicitement le problème du travail en équipe des profs du secondaire. Il est exact qu'ils auraient besoin d'assistants, de travailler en équipe, pour mieux maîtriser ces « nouveaux élèves » souvent très difficiles. Je crois que c'est l'avenir. C'était prématuré. Il faut laisser le temps aux mentalités d'évoluer.

Par contre, bien sûr, nous avons introduit les nouvelles technologies. Un plan avec les régions et les départements a été fait. Résultat, pratiquement 100 % des lycées sont branchés sur Internet, 70 % des collèges, mais l'outil n'est réellement disponible librement pour les élèves que dans les lycées techniques ou professionnels. Nous avons mis en place une banque de ressources pour les profs. Bref, avec le CNES et France Télécom, nous avons accompli un gros effort technique relayé par un effort pédagogique, des colloques, des enseignements dans les IUFM, une coordination des actions à distance, des bourses pour les enseignants qui veulent développer des logiciels. C'est parti. Là aussi, laissons faire le temps...

Le Salon de l'éducation, que nous avons créé et confié à la Ligue de l'enseignement, a eu un immense succès, notamment parce qu'on peut y observer les nouvelles méthodes d'éducation fondées sur les nouvelles technologies. À l'avenir, il sera un bon thermomètre pour mesurer les progrès accomplis.

L.J. : Les enseignants eux-mêmes suivent-ils ?

C.A. : Oui. Les plus jeunes totalement. Les autres, c'est variable. Je voulais monter une grande opération en favorisant l'achat d'ordinateurs pour tous les enseignants et en leur payant l'abonnement à Internet. Mais entre les discussions avec les centrales d'achat, les fournisseurs, le ministère du Budget, on s'est un peu emmêlé les pieds et on n'a finalement rien fait de clair. C'est dommage. Si Dominique Strauss-Kahn était resté, on aurait réussi. C'est nécessaire si on veut que les nouvelles technologies pénètrent bien à l'école et dans les pratiques pédagogiques.

L.J. : Et, à l'université, qu'avez-vous fait ? Vous m'avez dit que le système sans sélection à l'entrée était bon, que le premier cycle n'était pas réellement l'hécatombe que l'on pensait, mais que l'université manquait d'argent. Certains suggèrent, dans ces conditions, de mettre en place des droits d'inscription élevés avec prêts remboursables, comme l'a fait Tony Blair...

C.A. : L'enseignement supérieur gratuit ou quasi gratuit, c'est la tradition européenne. L'État paie les études de tous ceux qui sont capables de les suivre. L'Angleterre avait un problème particulier. Les études étaient payées par les communes d'où venaient les élèves. Vous étiez né à Newcastle, vous étiez admis à Cambridge, la ville de Newcastle payait les droits d'inscription de Cambridge.

Le système marchait bien lorsque 15 % d'une classe d'âge allait dans l'enseignement supérieur. Aujourd'hui, avec l'ouverture des instituts polytechniques, la Grande-Bretagne a 25 % d'une classe d'âge dans les études supérieures. Elle voudrait rattraper la France et l'Allemagne et atteindre 42 %. Les communes refusent de payer : il fallait inventer un nouveau système. D'où le système de droits d'inscription assortis de prêts. En France, il n'y a aucune raison sérieuse de changer le système, mais c'est vrai qu'il faudra continuer d'augmenter le budget des universités, comme nous l'avons fait. Je crois que nos avons mené une politique efficace.

D'abord, si vous jugez selon un critère de politique intérieure, je n'ai pas eu d'étudiants dans la rue en trois ans. C'est une performance inégalée depuis quinze ans. Mais c'est l'anecdote. Ce qui m'importe, c'est ce qu'on a fait. Quand nous sommes arrivés, le recrutement des enseignants du supérieur était bloqué. Nous l'avons déconcentré, ce qui a facilité les choses. Sous Bayrou, on recrutait 2 000 personnes par an. Sous Allègre, on en a recruté 5 000, ce qui a changé radicalement la situation des jeunes docteurs et, plus encore, a permis de préparer l'avenir, car, à partir de 2005, les départs en retraite vont être nombreux. Mais le point d'attaque principal des réformes, ce fut l'harmonisation européenne et l'insertion internationale.

L.J. : L'harmonisation des diplômes ?

C.A. : Oui, l'harmonisation des diplômes et des cursus universitaires. J'aimerais vous en parler un peu, parce que j'ai la faiblesse de penser que la manière dont on l'a fait a un caractère plus général. Il est très important maintenant, si on veut construire l'Europe, que nos étudiants puissent bouger. Hier, c'était difficile. Un étudiant français qui allait passer un an à Madrid, par exemple, revenait en ayant perdu une demi-année dans son cursus. Après beaucoup de discussions avec l'administration, il arrivait à faire valider en France la moitié de l'année passée en Espagne, pas plus. S'il allait à Cambridge, c'était la même chose. C'était absurde. Il faut faire l'Europe d'Érasme, l'Europe du savoir. Donc nous voulions une harmonisation européenne des études supérieures. La Commission européenne s'était attaquée à ce problème depuis vingt ans, avec un résultat nul. Elle avait tenté d'imposer un diplôme européen uniforme et de créer le même cursus partout en Europe. C'était voué à l'échec, parce que chaque pays est très attaché à son cursus, qui est souvent le résultat d'une histoire mouvementée. Pour moi, cette question était une priorité absolue. On l'a abordée autrement. Au lieu d'uniformiser les cursus, nous avons voulu les harmoniser, c'est-à-dire déterminer des niveaux d'équivalence à l'intérieur de cursus différents. Toujours la même idée : respecter la diversité. J'avais mis sur pied un groupe de travail présidé par Jacques Attali, avec Francis Mer, Georges Charpak, Alain Touraine, Mme Marcello-Nizia et beaucoup de personnalités de haut niveau, autour d'une question simple : comment faire l'Europe des universités ? Ils ont proposé quelque chose sur quoi je n'étais pas d'accord au départ, mais qui était juste : le premier niveau de correspondance se situerait au niveau bac + 3, c'est-à-dire, en France, à celui de la licence. Je pensais que le niveau bac + 4 correspondait mieux à l'habitude française. C'est le ministre allemand Jürgen Rüttgers qui m'a convaincu. Son argument était politique. Les Américains débutent l'université par ce qu'on appelle l'undergraduate, qu'on effectue en quatre ans. Mais les élèves sortent plus jeunes de la high school, c'est-à-dire du lycée, et, en général, avec un niveau assez faible. Leur enseignement secondaire est très inégal et en général inférieur à celui des Européens. Si nous options pour le niveau bac + 4, nous nous rangions sur la norme américaine, mais avec des étudiants plus vieux et apparemment d'un meilleur niveau. Politiquement, nous donnions le sentiment de nous aligner. Rüttgers a dit : « En Europe, l'undergraduate se situe à bac + 3. C'est la fin des études universitaires normales et le début des études avancées. » Ça m'a convaincu. Attali estimait pour sa part que le niveau bac + 3 permettait de rapprocher les universités et les grandes écoles, ce qui était pertinent. Nous avons donc choisi bac + 3. Ensuite, tout le monde était favorable à la création du master, un diplôme qui correspond à la norme internationale. Et le dernier niveau était celui des doctorats : nous arrivions à trois niveaux. Nous avons appelé ce système le « 3-5-8 ». La commission Attali avait bien travaillé.

Puis nous nous sommes dit : en matière universitaire, si la France, l'Italie, l'Allemagne et la Grande-Bretagne sont pour, les autres suivront. Et, là, j'ai eu la chance formidable qu'il y ait eu en Allemagne un ministre de l'Éducation, de la Recherche et de la Technologie, Jürgen Rüttgers, aujourd'hui numéro trois de la CDU, qui a tout de suite compris l'enjeu. En Italie, le ministre s'appelait Luigi Berlinguer (le cousin d'Enrico, qui dirigeait le PCI) et il était sur la même ligne. J'avais aussi de bons contacts avec les Anglais. Nous avons monté notre opération, qui s'est ponctuée par une grande cérémonie à la Sorbonne, un colloque où on a pris l'initiative de lancer l'harmonisation européenne.

Les Italiens ont changé leur cursus pour adopter le 3-5-8, les Allemands aussi, bien que chez eux l'enseignement dépende des Länder, ce qui ralentit le processus de réforme. Nous, les Français, avions une difficulté. Nous ne voulions pas modifier les diplômes. C'est Francine Demichel, la directrice de l'enseignement supérieur, une juriste, qui a trouvé l'astuce. Elle a exhumé un texte de Napoléon qui distinguait entre diplômes et grades. Dans l'Université, il y avait trois grades : le bac, la licence et le doctorat. Avec le 3-5-8 la licence était confortée. On a ajouté le mastaire, le tour était joué ! L'astuce était importante aussi, parce que l'Université a le monopole de la collation des diplômes – qu'on qualifie d'ailleurs d'universitaires. Les grandes écoles ne peuvent pas décerner de diplômes nationaux, ce qui en Europe les handicape. On a donc décidé que la grille des grades serait commune aux universités et aux grandes écoles. Personne n'en a beaucoup parlé, mais on fait un bon coup ! C'est la première fois qu'il y a en France une trame commune entre les grandes écoles et les universités. L'École polytechnique, par exemple, peut décerner le mastaire, le doctorat et la licence si elle le souhaite. En contrepartie, les grandes écoles ont consenti à créer des concours d'entrée pour les étudiants de l'université. C'était une mesure historique : on a établi un pont entre ces deux secteurs qui s'ignoraient. Pour la première fois cette année, l'École polytechnique a pris des élèves d'université sur dossier et entretien. Ça n'a pas été sans mal. Les universités rechignaient à perdre de fait leur monopole, certaines grandes écoles s'estimaient « banalisées ». Il a fallu beaucoup de temps et de patience et l'aide de gens comme Pierre Faure, Francis Mer, des présidents d'université, des directeurs d'école, comme Guy Gautherin, de Jacques Attali pour y arriver.

Pour couronner le tout, nous avons réussi l'exploit de réunir dans le même amphithéâtre, celui du Collège de France, les directeurs de grande école et les présidents d'université. Ils n'avaient jamais accepté d'être dans la même salle depuis cinq siècles !

L.J. : Pourquoi ces gens refusaient-ils de se parler ?

C.A. : C'est un antagonisme séculaire. À l'origine, la Sorbonne ne voulait pas des sciences naturelles et de la technique. C'est pour cette raison qu'on a créé les grandes écoles, pour former des scientifiques et des ingénieurs. La République s'en est ensuite emparée à cause des concours, qui illustraient bien l'idée d'élitisme républicain. Du coup, nous avons un système unique au monde, divisé en deux univers qui s'ignorent. Nous les avons rapprochés.

L'année suivante, nous avons organisé un colloque à Bologne, avec un résultat historique : vingt-neuf pays ont accepté l'harmonisation européenne sur la base de la trame que nous avions proposée. Toute l'Europe. Pourtant, à Bologne, tout a failli basculer ! La Commission européenne a essayé de récupérer la mise et d'imposer encore une fois une trame unique de diplômes européens. Tout a failli exploser de nouveau : chacun tient à ses traditions nationales. Grâce à la solidarité du trio France-Allemagne-Angleterrre, nous avons maintenu l'idée de niveaux équivalents dans des systèmes différents. C'était la seule manière d'y arriver. Et, sur mon insistance, nous avons étendu le système aux pays de l'Est. La prochaine conférence se tiendra à Prague. Je ne serai plus là...

Les conséquences de tout cela sont importantes pour la France. La première, c'est qu'on décerne maintenant couramment le master, qu'on a appelé « mastaire ». Il a fallu en effet surmonter une petite difficulté sémantique. Le mot « master » est anglais. Nous pouvions le franciser en créant le « mastère ». Mais le mot était breveté : il aurait fallu payer, ce qui était absurde ! Alors, j'ai inventé le mastaire ! C'est un peu étrange, mais ça a marché. Ce grade est la référence la plus demandée dans le monde avec, notamment, le fameux MBA. Autre problème : si on fixait le grade d'équivalence à la licence, les élèves qui sortaient des IUT en deux ans étaient pénalisés. Ils avaient un très bon niveau, mais pas de grade européen. Pour résoudre le problème, nous avons conçu la licence professionnelle. Ils font un an de plus avec un enseignement appliqué, des stages nombreux en entreprise. Nous avons étendu cette licence aux étudiants d'université qui veulent faire un an de plus après le deug. De fil en aiguille, nous avons réformé toute l'architecture de l'enseignement supérieur. Ça nous a pris énormément de temps. Et comme il n'y a pas eu de grandes manifs, les journaux en ont peu parlé... Et pourtant combien d'heures de négociations avec les présidents d'université, les directeurs d'école d'IUT, les syndicats étudiants... Enfin, tout a été voté au CNESER.

En fait, les journaux en ont beaucoup parlé quand Lang a fait une conférence de presse en juillet dernier sur la licence professionnelle... Il a dit tout de même que j'avais tout fait, ce qui était la moindre des choses. Plus de 200 licences professionnelles débuteront l'an prochain, ce qui assurera sans doute du travail à des milliers d'étudiants.

L'harmonisation européenne était donc un fil d'Ariane pour contribuer à construire l'Europe, mais aussi pour rénover l'enseignement supérieur français. Après la licence professionnelle, le mastaire et le rapprochement avec les grandes écoles, nous avons mis en chantier la réforme des études juridiques, puis celle des études médicales, notamment pour mettre fin à l'hécatombe de la première année et donner ses lettres de noblesse à la médecine généraliste. Nous avons mis en place les Écoles doctorales, fondement d'un véritable enseignement coordonné de troisième cycle. Tout cela se mettra en place petit à petit, car l'Europe ouvre de belles prespectives, ce que les universitaires français ont compris. Moderniser la trame en se servant de l'Europe est une méthode que d'autres ont pratiquée depuis longtemps. Mais nous avons fait bien d'autres choses à l'Université, par exemple, expérimenter l'enseignement en petite classe dans les premiers cycles scientifiques ou organiser des concours entre les universités pour qu'elles restent ouvertes toute l'année et donnent tous leurs diplômes en formation continue aussi bien qu'en formation initiale. Vous parliez de regret ? En voilà un. Ne pas avoir eu le temps de développer assez l'idée de formation, d'éducation tout au long de la vie. J'ai posé des pierres dans l'enseignement professionnel et à l'université, on peut faire mieux... Là aussi ce sera difficile.

L.J. : Mais, dans tout cela, les étudiants ?

C.A. : Tout cela est fait pour les étudiants ! Et d'ailleurs, à Bologne, nous avions amené avec la délégation française les représentants syndicaux étudiants. Ce sont eux qui vont bâtir cette Europe universitaire où on étudiera sans frontières, comme au Moyen Âge.

Le cadre européen était primordial, mais il fallait aussi avoir une perspective mondiale. À l'époque de la globalisation, comme j'ai eu l'occasion de le dire, le monde de l'éducation est un grand enjeu. Nous voulions à la fois faire connaître à l'étranger notre système d'enseignement et accueillir les étudiants étrangers, dont le nombre était en chute libre (sauf au niveau des thèses en sciences humaines). Susciter des coopérations directes entre établissements d'enseignement supérieur. Pour cela, nous avons créé avec Hubert Védrine l'agence Édufrance, indépendante des ministères, gérée par les présidents d'université et les directeurs de grande école. Ce fut, là encore, une grande bataille avec les administrations. Les Affaires étrangères, en particulier, voyaient ça comme de la concurrence, les Finances comme une dépense inutile ; l'Éducation nationale ne s'était jamais préoccupée des affaires internationales.

Je n'avais moi-même jamais évalué correctement l'importance de l'attractivité universitaire jusqu'à ce que ma conseillère

Catherine Bizot, qui connaissait bien l'Asie, m'éclaire sur ce sujet. J'ai réalisé, entre autres, que, dans le contexte international, la gratuité de l'enseignement est un handicap. Le représentant français à Hong Kong m'a dit : « Si vous pouviez me facturer mes études à la Sorbonne quelque chose comme 20 000 ou 30 000 francs par an, alors ce serait formidable pour nous, on nous enverrait des tas de gens de Hong Kong. » Mais, quand on leur explique que c'est gratuit, ils disent que c'est un enseignement dévalué. Nous avons changé la formulation, j'ai dit : le prix est de 700 000 francs par an pour un étudiant en sciences, il est payé par l'État, et j'ai inscrit dans les accords de coopération, par exemple : tant de millions par l'État français, paiement des droits d'inscription des étudiants. Néanmoins, la pratique européenne des droits d'inscription très faibles est une pratique minoritaire aujourd'hui sur le globe. Elle étonne. Je ne veux pas la modifier, mais il faut le savoir.

À partir de cela, nous avons organisé avec Édufrance des forums à Mexico, à Barcelone, à Hyderabad, à Canton, à Shanghai, à Rio, au Caire. Des centaines de milliers (je dis bien centaines) d'étudiants étrangers sont venus se documenter sur l'enseignement et la recherche en France. Et j'ajoute que j'ai payé de ma personne dans ces actions.

L.J. : Comment cela s'est-il traduit ?

C.A. : Il y a 4 000 étudiants chinois en France, 1 000 étudiants indiens (il y en avait 50 par an), 100 élèves ingénieurs brésiliens, etc.

Maintenant, il reste à mettre sur pied un système d'accueil digne de la France, ce qui n'est pas le cas partout, mais enfin je vois qu'on est sorti de l'archaïsme. Et, grâce à Hubert Védrine, du système de saupoudrage des bourses des Affaires étrangères. Nous avons mis des priorités pour la coopération scientifique et universitaire.

L.J. : Quelles étaient-elles ?

C.A. : Le Brésil, le Mexique, l'Inde, l'Égypte, la Chine, le Japon, les États-Unis, l'URSS. Dans tous ces pays, petit à petit, nous avons ouvert des laboratoires mixtes de recherches communes et établi des têtes de pont pour les échanges d'étudiants et de chercheurs.

L.J. : Et l'Afrique ?

C.A. : L'Afrique reste un domaine privilégié, sur lequel beaucoup avait déjà été fait, mais nous commencions à développer un programme spécifique, notamment tourné vers des télé-enseignements, quand je suis parti.

Cette ouverture sur le monde s'adressait aussi aux étudiants français. Nous voulions inciter nos étudiants à aller à l'étranger. En mettant à profit les aides européennes, les accords directs entre les universités ou les grandes écoles, nous avons fixé comme objectif que tous les étudiants français sortant au niveau maîtrise ou doctorat passeraient un an à étudier à l'étranger à la fin de leurs études. L'objectif doit être atteint dans cinq ans. Il demeure...

L.J. : Mais il fallait des financements pour tout cela...

C.A. : Oui, nous avons augmenté l'aide consacrée aux étudiants de 800 millions par an, 2,7 milliards en tout, ce qui concernait les bourses, les bourses à l'étranger.

Nous avons aussi réintroduit dans l'enseignement supérieur un peu de cet élitisme républicain dont je parlais. Ça aussi, on l'a passé sous silence : nous avons créé 400 bourses par an pour les élèves de familles modestes. Ceux qui obtiennent une mention très bien ou bien au bac sont pris en charge intégralement par l'État pendant leurs études supérieures. À condition de préparer en priorité l'ENA, l'École de la magistrature, médecine ou Normale supérieure, ils perçoivent 5 000 francs par mois.

L.J. : Pourquoi ces écoles-là ?

C.A. : Parce qu'en dépit de la démocratisation de l'enseignement supérieur il n'y a plus d'enfants de familles modestes dans les écoles qui conduisent au pouvoir. Nous avons rétabli le concours des bourses qui existait autrefois.

Après la remise en ordre des cursus par l'harmonisation européenne, l'internationalisation, la rénovation de l'aide aux étudiants, nous avons aussi initié une vraie politique d'aménagement du territoire universitaire. Le plan U3M, 42 milliards sur six ans en cofinancement avec les régions.

C'était un sujet qui m'était familier, car, comme je vous l'ai dit, j'avais déjà conçu pour Jospin U2000. Je connaissais la technique, la méthode mais aussi les difficultés, la nécessité de ne pas faire n'importe quoi sous des pressions politiques. Nous avons beaucoup travaillé, compilé des données statistiques, dessiné beaucoup de cartes, consulté des tas de gens. J'ai reçu personnellement tous les présidents d'université avec les recteurs, tous les présidents de région. Nous avons constitué des groupes d'experts et nous avons élaboré le plan qui intègre la recherche, établit des infrastructures régionales et prépare bien le futur. Grâce à mon engagement personnel, j'ose le dire, Paris et ses universités n'ont pas été oubliés, comme elles l'avaient été lors de l'U2000.

Là encore, les journaux en ont peu parlé, et pourtant c'est un nouveau paysage de l'université et de la recherche que nous avons construit avec, par exemple, des infrastructures nationales et régionales communes et les centres nationaux de recherches technologiques qui associent labos de recherche publics et privés, etc., et que le professeur Schwartzenberg a inauguré en juillet

L.J. : En vous écoutant, je suis frappé par une chose. Finalement, le secteur qui vous a causé le plus d'ennui, le secondaire, n'a été pour vous qu'une activité relativement limitée...

C.A. : Bien sûr que ce n'était pas ma priorité. Mais j'y ai tout de même passé un temps considérable, par devoir ! L'enseignement supérieur m'intéressait beaucoup plus et nous y avons fait bon nombre de réformes sans manifs d'étudiants ou d'enseignements, sinon sans résistances. Mon équipe du supérieur, cabinet et administration, n'y a pas été pour rien : Francine Demichel, Jo Goy, Laure Meynadier, Jacques Soulas, Jean-Richard Cytermann et les autres; les présidents d'université, qui sont, ne l'oublions pas, des élus représentatifs, et les directeurs d'école, mais aussi les syndicats d'étudiants ont noué une collaboration que j'aurais aimé instaurer ailleurs...

L.J. : En principe, l'Université doit surtout se maintenir à la pointe du savoir...

C.A. : Séparer recherche et enseignement pour définir l'université, c'est aussi absurde que de choisir entre penser et marcher pour un homme. Que doit faire l'université ? Elle doit faire les deux, voilà tout ! C'est la raison pour laquelle nous avons lancé en même temps notre plan Innovation Technologique avec Dominique Strauss-Kahn. Dans ce domaine, l'université et les grandes écoles doivent jouer un rôle central. C'est l'un des grands enjeux du XXIe siècle. Les étudiants étrangers ne viendront en France que si l'on enseigne dans nos universités les savoirs les plus modernes. Dans le monde actuel, l'université est au cœur de l'économie. C'est en développant les nouveaux savoirs que l'on favorisera la création d'entreprises innovantes. Les start-up dont on parle tant ont pour la plupart vu le jour près des campus américains (Silicon Valley, la Route 128, Maryland, etc.). Avec Dominique, nous avons voulu transposer ce système chez nous. Après un excellent rapport d'Henri Guillaume, ancien commissaire au Plan, nous avons dégagé des crédits, nous avons constitué un fonds de capital-risque, un concours des entreprises innovantes, un concours pour créer des incubateurs, c'est-à-dire ces lieux où l'on aide les chercheurs à fonder leur entreprise. Nous avons instauré un système de stock-options, les BSCI, les bons de souscription de créateurs d'entreprise, pour permettre à ces jeunes entreprises des nouvelles technologies de ne pas trop dépenser en salaires directs. Avec la loi sur l'innovation que j'ai fait passer à l'unanimité au Sénat, grâce à l'aide intelligente d'Emmanuel Kessler et de Jacques Desaisse, j'ai modifié radicalement un contexte. J'ai mis fin à cette règle absurde selon laquelle il était interdit aux chercheurs de monter des entreprises. Ils ne pouvaient pas être membres de conseils d'administration et les profs ne pouvaient pas être consultants dans une société privée ! Le transfert de savoir et de technologie dans l'économie n'était pas admis. Nous avons cassé tout ça et jeté des ponts entre ces deux mondes. Croyez-vous que ça se soit effectué sans oppositions ? Que faire voter ce texte à la fois par les groupes communiste et Démocratie libérale, ce soit facile ? Convaincre les instances où siègent les syndicats de chercheurs n'était pas non plus évident. Il y a eu des grognements, mais, là encore, nous avons réussi.

L.J. : Vous semblez bien content de vous...

C.A. : De cela, oui, et si je ne dis pas ce que nous avons réalisé, qui le fera ? Vous, la presse, ne parlez que de ce qui va mal ! Tout ce travail est le résultat de centaines d'heures de travail, de centaines de personnes, c'est un travail d'équipe. J'étais leur ministre, n'ai-je pas à défendre leurs réussites ? Ne me demandez pas de ne pas être fier d'avoir été leur chef !

Nous avons aussi mis fin à cette absurdité qui voulait que l'État finance directement la recherche des grands groupes industriels. Si les chefs d'entreprise ne financent pas leur propre recherche, c'est qu'elle ne leur sert pas à grand-chose. Et, si c'est l'État qui finance, la recherche est contrôlée par des fonctionnaires, qui sont très compétents, mais qui ne sont en aucun cas tournés vers le profit et le marché. C'est un mélange des genres très pervers. Le secteur public doit faire de la recherche désintéressée, axée sur la connaissance, puis être à même de transférer ses savoirs vers les applications. Mais le privé, lui, doit s'orienter vers l'efficacité, vers le marché et le profit. Sa recherche doit être conçue pour cela. J'ai donc ramené presque à zéro les subventions aux grands groupes. Les patrons (sauf un) l'ont très bien compris. J'ai remplacé le système par ce qu'on a appelé les réseaux d'innovation technologique. Ce sont des réseaux qui font coopérer des laboratoires privés, des laboratoires publics, des PME autour d'un thème commun de recherche. J'ai dit aux grands groupes : « Financer votre recherche, ça ne nous intéresse pas. En revanche, nous vous donnons accès aux chercheurs publics. C'est là que se trouve l'innovation, c'est là que se fera le transfert. »

L.J. : Les deux parties l'ont accepté ?

C.A. : Oui. C'est l'intérêt de tout le monde. Nous avons mis en place, par exemple, un réseau « innovation technologie » sur la pile à combustible avec Renault et Peugeot. D'autres sur les nanotechnologies, les microtechnologies en informatique, les logiciels, l'eau, l'aéronautique, les télécommunications par fibre optique Renater (un équipement national aujourd'hui indispensable que la droite avait laissé en déshérence. En principe, au mois de janvier 2001, nous disposerons d'autoroutes de l'information à deux gigabits/seconde.

L.J. : C'est-à-dire ?

C.A. : Très rapides, au même niveau que les Américains. Et ce réseau est relié au monde entier. Donc, sur ce point, le handicap de la France se comble ! Nous avons demandé au Commissariat à l'énergie atomique de développer la recherche pour construire des centrales propres, c'est-à-dire qui détruisent elles-mêmes les déchets dangereux, et de travailler sur des énergies de substitution. Je sais que ces programmes donnent déjà des résultats. Au lieu de produire des engins pour des raisons purement technologiques, le Centre national d'études spatiales doit se concentrer sur le retour d'échantillons de Mars en coopération avec les Américains, mais plus encore sur les applications terrestres de l'espace et les retombées pratiques pour les citoyens. L'exploration de Mars sera la grande aventure des quinze prochaines années, mais le CNES doit aussi revenir sur terre : observation de la planète, utilisation des satellites pour les télécommunications... Nous avons créé un secteur qui s'appelle « Espace et sociétés », qui consiste à mettre l'espace à la disposition des sociétés françaises, qui doit s'occuper du télérenseignement, des communications cryptées, etc.

L.J. : Vous avez, en revanche, rencontré des difficultés sérieuses avec le CNRS, le Centre national de la recherche scientifique...

C.A. : Commençons par le commencement, si vous voulez bien. Lorsque nous sommes arrivés, la recherche française était en état d'asphyxie. On produisait 11 000 thésards par an, 1 200 étrangers retournaient dans leur pays, 3 000 étaient embauchés dans l'industrie ou le privé, 2 000 seulement trouvaient un débouché. Il y avait donc une accumulation de jeunes thésards souvent brillants qui n'avaient aucune perspective de carrière. C'est d'ailleurs comme ça qu'a débuté la fuite des cerveaux parmi les jeunes chercheurs français vers les États-Unis. Nous avons stoppé cette hémorragie, mais, hélas, elle n'a toujours pas diminué dans les proportions que j'espérais.

Nous avons inversé cette tendance immédiatement, nous avons créé 6 000 postes par an entre l'Université et les organismes de recherche, et augmenté le nombre de bourses diverses pour les chercheurs et les thésards. Aujourd'hui, bien sûr, on l'a oublié, sauf les jeunes qu'on a sortis du cauchemar.

Ensuite, nous avons effectivement rencontré une première difficulté avec l'INSERM. Pour moi, cet institut dédié à la recherche médicale doit être une grande priorité nationale. C'est un organisme de qualité. Mais, pour des raisons multiples, il a dérivé au cours du temps vers une recherche de plus en plus fondamentale. Nous avons dit clairement qu'il fallait le médicaliser, développer davantage les applications médicales. Nous avons rencontré une résistance qui a pris une allure politique. Par l'intermédiaire du PS, on nous demandait de changer le directeur général, Claude Criscelli, sous prétexte qu'il était RPR. Or c'est un excellent chercheur, qui était d'accord avec notre politique. Pourquoi l'aurions-nous congédié ? Je déteste mêler les critères scientifiques et politiques. Ce refus a engendré de la mauvaise humeur chez certains chercheurs mais, petit à petit, nous avons réussi à mettre en place ce que nous voulions... tant bien que mal.

Avec le CNRS, c'était différent. Nous avons eu des difficultés analogues à celles que nous avons éprouvées avec l'enseignement secondaire. Là aussi, le syndicalisme est très puissant et la défense du statu quo bien organisé. Nous avions deux objectifs pour le CNRS : d'une part, rompre son isolement, établir une coopération plus étroite avec l'université et l'industrie ; de l'autre, donner plus d'importance aux nouvelles disciplines et aux jeunes chercheurs. Immédiatement, on nous a dit : vous attaquez le CNRS ! Il n'en était rien, évidemment. Sans le CNRS, je le sais bien, il n'y aurait pas de recherche française. Mais c'est un organisme qui avec le temps s'est un peu sclérosé. Il a en particulier donné trop d'importance à des commissions élues par les chercheurs. Comme elles sont élues, elles tendent à figer les disciplines et à s'autoreproduire. Il devient très difficile de faire émerger de nouvelles disciplines : ceux qui sont en place s'y opposent. Par conséquent, on prend du retard sur les évolutions scientifiques majeures. Si l'on veut favoriser l'émergence d'une nouvelle discipline, le plus rapide est de créer un organisme nouveau. Ce fut le cas avec l'informatique et l'INRIA. Le CNRS n'arrivait pas à constituer de grand département consacré à l'informatique ou aux sciences de la communication. L'informatique restait pour lui un sous-chapitre de la physique appliquée, ce qui était une vision archaïque. Le CNRS est dominé par les physiciens, parce que la science, ces vingt dernières années, a été dominée par la physique. Point. La biologie, comme l'informatique, n'a jamais réussi à se développer vraiment au CNRS pour la même raison. Elle n'a jamais été une priorité. Pour travailler, chaque chercheur du CNRS a trois fois moins d'argent qu'au CEA !

Deuxième point, les effectifs du CNRS ont beaucoup crû. Il y a maintenant 27 000 personnes. Si bien que l'administration du centre a pris une grande importance, ainsi que les grands labos scientifiques, les grosses structures. Les jeunes n'ont pas assez d'autonomie. Dans ma carrière de chercheur, j'ai été autonome scientifiquement à trente ans. Maintenant, au CNRS, vous ne pouvez pas avoir votre équipe à moins de quarante-cinq ans. Nous voulions ouvrir tout cela.

L.J. : Sur quel point l'hostilité s'est-elle focalisée ?

C.A. : Sur la mobilité. La France est un des seuls pays du monde où il y a des fonctionnaires-chercheurs à vie. Je voulais qu'on ne soit pas chercheur à vie dans le même organisme, au même endroit. Je voulais qu'on aille passer de temps en temps un an soit dans l'université, soit dans le privé, soit à l'étranger. Ce n'était pas pour ennuyer les gens ! Dans mon esprit, cela permettait aux chercheurs de transférer leurs connaissances. Je me suis heurté à un blocage extraordinaire des syndicats de chercheurs !

L.J. : Avec quels arguments ?

C.A. : Nous sommes des chercheurs et des fonctionnaires. Personne ne peut nous contraindre à quoi que ce soit. Nous irons ailleurs si nous en avons envie. Sinon, nous n'irons pas. J'avais prévu de donner une prime dans les promotions à ceux qui iraient à l'extérieur. On a pris ça pour une agression inadmissible !

L.J. : Vos projets augmentaient la charge de travail...

C.A. : Nullement. Les chercheurs refusaient de bouger. Un point, c'est tout. Je ne suis pas le premier ministre à me heurter à ce problème de mobilité. Tous les ministres se sont plantés là-dessus depuis Chevènement. D'ailleurs, je vais vous faire une confidence. Quand il était à la Recherche, Chevènement est celui qui a donné le plus aux syndicats. C'est lui qui a fonctionnarisé les chercheurs et qui a conféré aux syndicats de chercheurs un énorme pouvoir en les installant de force dans toutes les commissions. Dans le gouvernement Jospin, il était devenu le plus virulent en faveur des réformes que je proposais pour la recherche. Il en était même à suggérer de bouleverser complètement le CNRS ! Sans doute avait-il été déçu par ce milieu, qu'un temps il avait aimé et beaucoup aidé...

Car, c'est vrai, 1981 et 1982 ont été des années où l'on a augmenté le budget de la Recherche, ce qui était bien, mais où on l'a aussi bureaucratisée, rigidifiée et syndicalisée.

L.J. : La mobilité était le seul problème ?

C.A. : Non. Je voulais aussi augmenter les responsabilités des jeunes chercheurs. Là, c'était très différent. Quand vous dites des choses de ce genre, personne ne peut s'y opposer publiquement. L'opposition est oblique, sournoise. Les directeurs de labo ont peur de voir leur pouvoir s'effriter. Là aussi, il y a eu des résistances. Mais mon erreur principale a été le choix du directeur général du CNRS. Son inactivité m'a obligé à m'en occuper moi-même, ce que je n'ai fait avec aucun autre organisme, chacun ayant fait ses réformes seul, et dans le calme..

L.J. : Quelle erreur ?

C.A. : Je voulais la réforme et j'ai nommé quelqu'un qui n'en voulait pas. Ça ne pouvait pas marcher !

Je voulais enfin introduire une évaluation du CNRS à l'échelle internationale et surtout européenne. En sciences – mais c'est la même chose dans d'autres disciplines – toute évaluation est internationale. Eh bien, au cours d'une audience, un leader syndical m'a contré en disant : « Monsieur, le comité du CNRS s'appelle comité national, il ne s'appelle pas comité international. Nous n'avons rien à faire des étrangers. » Sur le plan scientifique, c'est absurde. Mais, sur ce point, j'ai gagné. Le statut du CNRS que j'ai fini par faire adopter prévoit que les étrangers siégeront dans les conseils et que les scientifiques européens auront voix au chapitre dans l'évaluation et dans l'orientation scientifiques. Au total, sur le CNRS j'ai fait avancer les choses, mais ce n'est pas encore suffisant. Et c'est tragique. Le CNRS est un organisme qui comprend bon nombre de remarquables chercheurs et de remarquables équipes, et je le répète, sans le CNRS, la recherche fondamentale française ne serait pas ce qu'elle est. Tout le monde est d'accord là-dessus. Mais la question est qu'en recherche nous vivons totalement immergés dans la mondialisation et que toute recherche qui n'est pas excellente est inutile. C'est un critère cruel, injuste parfois mais impitoyable. Or notre système, avec ses élus syndicaux qui dominent les commissions, le poids du passé, n'arrive pas à concentrer les moyens sur les équipes les meilleures, et il n'arrive pas à prendre des risques, soit avec les jeunes, soit avec les nouvelles disciplines. Nous avons trop de chercheurs et chacun d'eux a des moyens de travail insuffisants. Les seuls organismes qui ont su corriger ces défauts sont les CEA et l'INRA, mais au prix de plans de redressement rudes et dans des organismes où le syndicalisme est de type « raisonnable ». Je doute qu'on puisse faire la même chose au CNRS... Seul le contact plus étroit avec l'université peut faire évoluer le CNRS. C'est pour cela que séparer recherche et éducation supérieure n'a pas de sens. Et c'est pourquoi ma lutte au ministère a été de ne pas séparer les organismes de recherche de l'enseignement.

L.J. : Les gens du CNRS vous le reprochent beaucoup...

C.A. : Bien sûr !

L.J. : Les chercheurs anglo-saxons, qui sont obligés de faire des heures de cours, disent qu'ils ne peuvent pas se consacrer à leur travail, parce que leur temps est accaparé par les étudiants...

C.A. : Ce n'est pas l'idée. Simplement, et je le répète pour la troisième fois, je constate que le système qui marche le mieux, c'est la recherche qui s'organise avec et autour de l'université. L'essentiel, une fois qu'on a fait la recherche, c'est de la transmettre. Il faut former des étudiants et irriguer l'industrie. Moi, mon travail, je ne l'ai jamais appris à l'école, ma discipline n'existait pas, j'ai contribué à la faire émerger, à la créer. J'ai formé à cela mes étudiants, et, quand ils sortent, ils ont un esprit formé, frais et ouvert aux nouvaux savoirs. Ils n'ont pas, comme moi, à briser des tabous. Ils avancent tout de suite, ils sont opérationnels et ils vont plus loin. Et partout, c'est pareil. La transmission du savoir, la formation sont aujourd'hui plus qu'hier essentielles.

Ce sont ceux qui découvrent des terres nouvelles, qui doivent les décrire à ceux qui ne les connaissent pas encore et progresseront plus avant. Ce que je souhaite, c'est qu'à l'avenir le CNRS soit encore plus lié à l'université. Le nombre d'heures que les chercheurs passeront avec les étudiants, c'est un autre sujet, que des gens fassent moins d'enseignement, plus de recherche doit être modulable suivant les individus et les étapes de leur vie, mais il faut qu'enseignement et recherche soient liés et que les chercheurs comme les enseignants soient mobiles, qu'ils aillent irriguer l'extérieur des connaissances, des réflexions, des savoir-faire.

Le CNRS a finalement admis qu'il fallait se réformer ; l'INSERM se réforme également à petits pas ; les autres organismes s'y sont eux aussi mis discrètement. Il reste cependant deux problèmes essentiels à résoudre : comment, dans ce système bureaucratique, faire émerger, autour de personnalités de grand talent, des centres d'excellence capables de rivaliser avec les meilleurs centres américains ? Comment persuader les meilleurs des jeunes chercheurs que leur avenir est en France et que leurs talents seront reconnus et récompensés ? Ce n'est pas en construisant des synchrotrons à tort et à travers qu'on y parviendra !

L.J. : C'est pour punir le CNRS que vous avez fait un synchrotron avec les Anglais ?

C.A. : Non, mais là aussi il faut être clair. Les Américains ont trois synchrotrons, les Européens en ont déjà sept, dont le plus gros du monde en France, à Grenoble. Vous connaissez beaucoup de cas où il nous faut deux fois plus de moyens que les Américains ?

J'avais fixé une règle qui, je crois, est la sagesse. Pour les gros instruments, construisons-les à plusieurs Européens. On fait d'une pierre deux coups. C'est moins cher et on bâtit l'Europe. Le reste est littérature. Mais, en réalité, on est tombé sur le problème que je soulevais plus haut. Comment occuper les physiciens du CNRS qui sont trop nombreux et dont la majorité n'est pas de niveau international ? En leur fabricant de gros instruments ! Merci pour les contribuables !

L.J. : Où voulez-vous mettre l'argent de la recherche ?

C.A. : En plus de l'argent consacré aux organismes, nous avons défini, avec Vincent Courtillot et Pascal Colombani, les directeurs de la recherche et de la technologie, des programmes d'incitation. C'était là une stratégie qui avait fait ses preuves sous le premier gouvernement de De Gaulle : au-dessus des organismes, développer des programmes nationaux, des priorités nationales. Pour nous, la première priorité devait être la biologie, avec, d'abord, la génomique, puis les neurosciences, car ce seront les disciplines phares des prochaines années, mais aussi l'écologie, le sida et le palu en Afrique, etc. Mais également l'informatique, négligée par le CNRS, la science des matériaux, les sciences de la planète et de l'environnement et les sciences humaines grâce à un travail remarquable resté trop peu connu fait par Alain Supiot. Et puis, au-dessus de tout cela, deux programmes réservés aux jeunes chercheurs. L'un pour fonder des entreprises innovantes, l'autre pour que quelques jeunes puissent créer des équipes autonomes et ne soient pas étouffés par les hiérarchies de la recherche.

L'avenir de ce pays dépend des responsabilités qu'on donnera aux jeunes. Ça ne veut pas dire qu'il faille condamner les anciens. En fait, la longévité intellectuelle permet de poser des questions nouvelles. Pourquoi mettre à la retraite tel ou tel chercheur encore très créatif ? Les Américains ont opportunément aboli l'âge de la retraite pour les universitaires. Faudra-t-il traduire cette idée chez nous en l'allongeant ? La question est particulièrement importante, car, par suite du phénomène gros labo, nous avons une génération intermédiaire assez pauvre en leaders intellectuels, en chefs d'équipe créatifs.

Il est donc indispensable de faire le lien entre l'ancienne génération, celle des De Gennes, des Jacob, des Changeux, des Chambon, des Gros, et la génération des trente-quarante ans à qui nous voulons donner des responsabilités. Comme dans l'enseignement, là encore il faut moderniser en s'appuyant sur la tradition lorsqu'elle est solide... Il faudra être prêt au moment où la recherche s'européanisera complètement.

Encore une fois, dans le monde de la recheche de demain, seules compteront l'excellence et l'innovation. Ce n'est pas la quantité qui primera, mais la qualité. Serons-nous capables de relever ce défi ? Pour l'Angleterre, la Hollande, cela semble acquis. Pour l'Allemagne, la France et l'Italie, la vérité est que c'est moins certain.

7

La politique autrement

LAURENT JOFFRIN : Nous avons retracé votre action au ministère de l'Éducation et votre parcours de ministre. Au fond, quelle leçon principale en tirez-vous ?

CLAUDE ALLÈGRE : J'en tire l'idée que la démocratie est en danger. La vraie démocratie, c'est-à-dire le contrôle de la société par le peuple qui la constitue. La France doit agir rapidement si elle ne veut pas assister passivement à cette évolution du monde. La démocratie est menacée, parce qu'elle est aujourd'hui entraînée par la technologie et par l'économie, sans pouvoir peser sur ces deux forces. Ces forces sont mondialisées. Elles dépassent le contrôle démocratique qui, lui, ne s'exerce qu'au niveau des nations. Le monde économique et social se transforme plus vite que le monde démocratique. Il faut remettre la démocratie dans la course par des réformes audacieuses, des réformes permanentes qui nous permettent de s'adapter aux changements technico-économiques. Pour cela, il faut faire de la politique autrement.

L.J. : En quoi la démocratie est-elle distancée ? Après tout, nous ne vivons pas la première révolution technique et économique...

C.A. : Si ! notre monde est radicalement nouveau. Aucun épisode passé n'est comparable à notre époque.

Parlons d'abord de la science et de la technique, nous arriverons à l'économie ensuite.

Ce qui est nouveau, c'est que le temps qui s'écoule entre une invention scientifique et son application pratique a été réduit à presque rien. Auparavant, cela demandait environ une trentaine d'années. On a mis vingt ans à se servir du laser couramment. La découverte de la radioactivité n'a eu aucune conséquence pratique pendant des décennies. Les centrales nucléaires ont vu le jour cinquante ans plus tard. Il y avait un temps de latence avant les applications. Ce délai laissait le temps aux experts et aux politiques de réagir. On pouvait réfléchir, évaluer les conséquences, mesurer les implications morales ou philosophiques d'une découverte, ses conséquences sanitaires. Tous les pionniers de la radioactivité sont morts d'un cancer. On a ainsi détecté le danger avant l'application de la découverte. Imaginez qu'on ait construit des centrales nucléaires au début du siècle. On aurait provoqué une hécatombe par irradiations.

Aujourd'hui, les découvertes scientifiques se traduisent immédiatement par la naissance de nouvelles technologies ou par la création d'un nouvel objet commercial. C'est particulièrement vrai dans les deux grands domaines que sont la technologie de l'information et la biologie. Entre la conception d'un logiciel et son succès commercial, il y a parfois moins d'un an. Demain, entre l'identification d'un morceau de gène dans le développement d'une maladie et sa mise sur le marché, il y aura peut-être un an et demi. On n'aura pas le temps d'étudier les éventuels effets nocifs à long terme. Et il est difficile de ralentir le rythme. Imaginez qu'on possède une protéine pour combattre la maladie d'Alzheimer et qu'on refuse de la commercialiser sous prétexte qu'on n'est pas sûr de ceci ou de cela...

L.J. : C'est la raison pour laquelle on a mis à l'honneur le principe de précaution...

C.A. : Oui, c'est un mot élégant, pratique, utile sans doute... Mais le principe de précaution est mal compris et on peut se demander si le manche du râteau ne va pas nous claquer à la figure. Les gens croient qu'il s'agit d'instaurer un risque zéro qu'il incomberait aux États de garantir, sous peine d'être responsables de tout accident. Le principe de précaution, cela revient en fait à réfléchir à deux fois avant de prendre telle ou telle décision, en s'efforçant de réduire le risque. Mais si vous le poussez à l'extrême, si précaution veut dire risque zéro, il conduit à la paralysie. Si vous aviez appliqué le principe de précaution, tel qu'on l'entend, aux machines à vapeur ou aux moteurs à explosion, vous auriez proscrit les trains et les avions ! Le risque zéro n'existe pas. Le principe de précaution maximale est inapplicable. La vie, c'est le risque. Chaque jour arrivent en France des millions de tonnes de produits alimentaires provenant du monde entier. Certains fruits, certaines viandes contiennent peut-être des virus ou des bactéries très dangereuses qui apportent chez nous telle ou telle maladie endémique lointaine. Contrôlons-nous tous ces aliments importés ? Pas totalement... D'un côté, il y a le risque, de l'autre, l'intérêt pour la société, y compris l'intérêt économique.

Prenons l'exemple du génome humain. Nous sommes tous d'accord pour interdire de breveter les gènes. Un gène, c'est une connaissance, on ne doit pas plus breveter un gène qu'un théorème de maths ! Encore que, dans ce domaine, il y ait aussi conflit : un théorème d'informatique peut conduire à une nouvelle classe de logiciels exploitables. Revenons au génome. La séquence GTGTAG..., située sur tel chromosome, n'est pas brevetable. Ça semble acquis. Si une étude statistique entre génomes d'individus sains et génomes d'individus malades vous permet de penser que c'est dans la modification de cette séquence que se situe la prédisposition au diabète, pouvez-vous breveter la découverte ? Avec la majorité des scientifiques, je réponds non. Mais des patrons de sociétés de recherche privées, comme Bill Haseltine ou Craig Venter, veulent breveter cela. Faute de le pouvoir, ils arguent qu'ils ont stocké toute une série de connaissances et de prévisions sur leur banque de données personnelle. Si un tiers la réclame, une société pharmaceutique, par exemple, ils la factureront des millions de dollars. Aucune loi ne les force à ouvrir à tout le monde leur mémoire d'ordinateur.

Pour moi, la véritable découverte sera celle qui montrera comment, à partir de cette séquence de génome, on peut mettre au point un médicament pour guérir ou prévenir le diabète. Et, cette fois, l'exploitation de telle ou telle séquence qui permet de guérir le diabète doit être protégée par un brevet. On ne brevette pas l'hévéa, mais on brevette le procédé grâce auquel, en ajoutant du soufre à la sève de l'hévéa, on fabrique du caoutchouc. Si vous refusez à une société pharmaceutique de breveter la manière dont elle va utiliser une fraction de génome pour guérir le diabète, elle ne fera plus de recherches. Vous bloquez toute l'industrie pharmaceutique. Et si la France décidait de prendre cette mesure seule, elle serait hors course en quelques années ! Les médicaments viendraient d'ailleurs. Cependant ces recherches en manipulation génétique ou en thérapie génique comportent aussi de petits risques. On peut, pour telle ou telle expérience, utiliser un virus qui, à l'usage, se révélera nocif, etc.

L.J. : Le politique peut s'appuyer sur l'expert...

C.A. : Oui, les experts sont utiles, mais l'idée traditionnelle qui consiste à dire : je consulte des experts et moi, homme politique, je décide au vu de l'avis de l'expert, ça ne marche plus non plus. Dans un domaine scientifique classique, l'expert, c'est celui qui possède une part de connaissance parfaitement maîtrisée. Lorsqu'on est à la frontière de la science, l'expert ne sait pas exactement ce qu'il en est. Le chercheur lui-même est indécis. Il fait une évaluation forcément hasardeuse. Par exemple dans le cas du sang contaminé, beaucoup de scientifiques qui ont sous-estimé le risque étaient de bonne foi. Si l'expert ou le chercheur sait qu'il ne participe pas à la décision, il appliquera le principe de précaution jusqu'à l'extrême. Il aura en tête l'exemple du sang contaminé. Il voudra se préserver. Le politique cherchera à s'appuyer sur lui. Il n'osera pas le contredire. Nous vivrons sous le règne de la non-décision. Fabius a été accusé, alors qu'il avait pris la bonne décision politique, à temps... Ça n'encourage pas les hommes politiques à agir !

Pour adapter la politique à cette nouvelle donne, il faudra procéder différemment. Bien sûr, l'avis des experts est indispensable. Mais la décision politique devra reconquérir son autonomie. Elle devra prendre en compte l'ensemble des facteurs. Et, parmi ces facteurs, l'économie jouera un rôle déterminant. Inutile de le nier. Si je vous dis : il risque de tomber une grosse météorite sur la Terre, elle peut détruire une ville entière, vous allez me répondre : comment se protéger ? Je vous dirai : en mettant en place un système de missiles nucléaires. Et, l'instant d'après vous rétorquerez très justement : à quel coût ? avec quelles chances de succès ? Autrement dit, quel est le prix de la précaution ? Il n'y a pas de décision sans dimension économique.

L.J. : Si le coût est trop élevé, on choisira de risquer des vies humaines ?

C.A. : Oui, malheureusement ! Prenons un exemple : on prévoit une éruption volcanique qui met en danger la ville de Sapporo. Les usines métallurgiques sont menacées. Va-t-on évacuer la ville, arrêter les hauts-fourneaux ?

L.J. : C'est une hypothèse ?

C.A. : Non, ça s'est produit. On a demandé au Premier ministre japonais : qu'est-ce qu'on fait ? Est-ce qu'on évacue la ville ? Il y avait une chance sur quatre pour que l'éruption se développe vers la ville. La décision a été de ne rien faire. Pas d'évacuation.

L.J. : Et si l'éruption avait provoqué un cataclysme épouvantable ?

C.A. : Je ne dis pas que le choix ait été bon, mais il a été fait. Mais on voit bien qu'on n'a pas appliqué le principe de précaution dans son acception extrême. Si je vous dis que, le mois prochain, il y aura un gros tremblement de terre à San Francisco – le fameux Big One –, allez-vous évacuer pendant un mois San Francisco ? Impensable. Des milliards seraient perdus.

Chaque année, il y a des typhons qui ravagent le sud des États-Unis. Les gens vivent avec. On a pris des précautions infinies à propos de la vache folle britannique. Mais était-on sûr que notre cheptel, âgé de plus de six ans, ait été sain ? On désamiante totalement Jussieu parce qu'un groupe de pression gauchiste l'a imposé à Bayrou, alors qu'on aurait pu plâtrer l'amiante pour beaucoup moins cher tout en assurant une parfaite sécurité sanitaire. Cela va coûter 3 milliards. S'il l'on avait dépensé cette somme à dépister les cancers du sein, on aurait sauvé des milliers de femmes ! Ces cas vont se multiplier. Il faudra faire des arbitrages aussi ajustés que possible entre des logiques contradictoires. Pas seulement en fonction du principe de précaution, mais aussi des facteurs économiques, sociologiques ou politiques. Voilà une réflexion que le politique devra mener....

L.J. : N'est-ce pas la mission du politique que de ne pas se soumettre à l'économie ?

C.A. : Ne pas se soumettre aveuglément à l'économie, certes. Mais, malheureusement, tout le monde est soumis à l'économie. Vous-même, vous êtes soumis à l'économie, à vos revenus et à vos dépenses fixes. Tout est un compromis entre le désirable et le possible.

C'est pour répondre à ce nouveau besoin que, lorsque j'étais ministre, j'avais le projet de proposer à Jospin la création d'une agence d'experts indépendante du ministre chargé de la Recherche – relevait du Premier ministre (ou du président), – comprenant des scientifiques, des juristes, des sociologues, des économistes, tous étroitement liés à la communauté scientifique –

et donc capables d'aller contacter les meilleurs spécialistes sur chaque sujet –, destinés à conseiller continuellement le gouvernement dans ces domaines d'interface sciences-politique. Ayant vécu les hésitations sur la vache folle ou la marée noire, je suis bien placé pour vous dire qu'une telle agence serait utile.

L.J. : Une agence de plus... sera-t-elle suffisante ?

C.A. : Bien sûr que non, c'est un élément que je crois nécessaire mais qui n'exonérera pas le pouvoir politique du risque inhérent à la décision. Nécessaire mais pas suffisant !

Il y a donc les découvertes nouvelles qui posent des problèmes de décision. Mais il y a aussi les catastrophes « naturelles » (je mets des guillemets) qu'il va falloir gérer. Par exemple, les séismes et les éruptions volcanique tueront de plus en plus de monde, car la croissance démographique oblige à vivre dans des zones à risques. Cela nous concerne à cause des Antilles et de la Réunion. Les inondations ou les cyclones deviennent de plus en plus fréquents. Ils résultent du mauvais entretien des sols et de la modification imposée par l'homme au climat.

L.J. : Gouverner, c'est prévoir... les catastrophes.

C.A. : Eh oui ! C'est surtout prévoir les conséquences et s'en prémunir. Là, il s'agit vraiment de précaution. Mais il y a l'autre aspect des découvertes scientifiques et technologiques, celui de l'action positive sur l'économie, sur l'humanité.

Le progrès technologique, c'est aujourd'hui le moteur de la croissance économique ; l'innovation, c'est la clé pour demain.

Découvrir, inventer et dans le même temps former les jeunes hommes et filles – de plus en plus nombreuses, et c'est bien – aux nouveaux savoirs, aux nouvelles technologies, mais plus encore ouverts sur l'invention, c'est cela construire l'avenir. Comme vous le savez, c'est la mission que j'avais donnée à mon ministère et que nous avons cherché à remplir.

À un moment historique où la matière grise devient directement un objet commercial, qu'il s'agisse d'un logiciel ou d'un produit culturel, nous autres Européens n'avons a priori aucun handicap pour bien figurer dans cette nouvelle économie, à condition de s'en donner les moyens. C'était le rêve qui avait présidé à la formation de mon ministère, qui associait recherche, technologie et enseignement supérieur. Malheureusement les problèmes, eux aussi importants, de l'enseignement scolaire m'ont trop occupé et, finalement, m'ont plombé.

L.J. : Vous n'avez pas cru au bien-fondé d'un ministère chargé à la fois de la Recherche et de tout l'Enseignement ?

C.A. : Si, j'y crois théoriquement, mais, après expérience, ça me paraît irréaliste. Le poids du personnel et de la gestion du secteur scolaire de l'Éducation nationale est trop grand. Il ne faut pas sacrifier démesurément à la logique dans la division des ministères. Tout y est discutable. Pourquoi dissocier économie et agriculture ? Pourquoi séparer police judiciaire et justice ? Pourquoi associer jeunesse et sport ? Tous ces regroupements ministériels sont artificiels. Aujourd'hui, séparer école et université correspond à une réalité. Par contre, dissocier université et recherche n'est pas une bonne chose pour préparer l'avenir. Tout comme la séparation recherche-technologie.

L'éducation de masse de la maternelle au lycée, c'est l'instruction publique. L'entité innovation-recherche, technologie-enseignement supérieur, c'est le moteur de l'économie ; c'est aujourd'hui fondamental et ça demande un ministre à plein temps. Là où il faut que l'esprit d'innovation, le développement des nouvelles technologies, des nouvelles biologies, se développent, c'est dans et autour des universités. Ça diffusera vers l'école d'un côté, vers le secteur des entreprises de l'autre.

C'est la même vision qu'a exprimée le Cercle des économistes dans son rapport sur la recherche française.

L.J. : En somme, Lionel Jospin aurait dû vous écouter lors de la formation du gouvernement et ne pas vous charger de l'enseignement scolaire en plus de la Recherche et de l'Université...

C.A. : Expérience faite, oui. Mais peut-être grâce à cela a-t-il réussi à faire évoluer l'enseignement, ce qui lui tenait à cœur. La conquête de la ligne bleue des Vosges, le trompette qui sonnait la charge mais qui n'était pas à l'abri des balles, c'était moi. Pacifier la Rhénanie, ce sera Lang !

L.J. : Quelle serait la mission d'un ministère selon vos souhaits ?

C.A. : Encourager l'innovation, notamment scientifique et technologique. Faire en sorte que les résultats des recherches puissent se transférer rapidement au secteur économique. Créer une ambiance, une atmosphère, stimulante pour la création, pour l'invention.

L.J. : Les chercheurs sont-ils d'accord ?

C.A. : Bien sûr, les vrais chercheurs, les enseignants du supérieur sont enthousiastes. Nous avons commencé à faire tout cela ; dans l'avenir, ce secteur doit devenir l'un des gros budgets de l'État. Mais on a aussi besoin de réglementations allégées, de règles d'exception, d'assouplissement de gestion, par exemple, par rapport au statut de la fonction publique, etc. Un effort accru pour les jeunes entreprises de haute technologie, pour leur faciliter des financements... Il faut que nos temps de réaction soient plus brefs, aussi bien pour l'innovation que pour l'investissement innovateur.

Il faut également renforcer la sphère financière et, pour cela, rendre notre Bourse plus transparente, moins suspecte.

L.J. : Que voulez-vous dire ?

C.A. : Que les Anglo-Saxons affirment qu'à la Bourse de Paris il y a trop de délits d'initié impunis. Je ne sais pas si c'est vrai, en tout cas ça éloigne les investisseurs...

L.J. : Venons-en à la seconde question qui est celle des relations entre la politique et l'économie.

Vous êtes socialiste, donc, en principe, vous êtes partisan d'un rôle direct de l'État dans l'économie...

C.A. : Les choses ont évolué. L'idée de l'État propriétaire des moyens de production, idée chère à Marx mais aussi – on ne le dit pas assez – à de Gaulle, a fait son temps. Bien sûr, il faut solder les résidus du passé, Renault, etc.

Pour autant, je ne suis pas prêt à laisser l'État en dehors du champ économique. Et c'est là le grand débat.

L.J. : Quel doit être le rôle de l'État ?

C.A. : Si vous le voulez bien, ne posons pas le problème sous la forme du mouton à *n* pattes dans le temps et l'espace relativistes, comme savent si facilement le faire les économistes mathématiciens modernes, mais d'un point de vue un peu égocentrique, c'est-à-dire français !

L.J. : Vous allez me sortir le discours complet sur la modernité !

C.A. : Non, je ne suis pas un moderne ! Vouloir être moderne à tout prix, ça m'a toujours paru ridicule. Dans l'ancien, il y a toujours quelque chose à prendre, dans la modernité aussi ; mais la modernité est toujours éphémère.

Je suis de sensibilité socialiste, et je persiste dans cet engagement. Cela ne signifie pas que je n'ai pas compris l'évolution du monde, les expériences, les réussites et les échecs. J'en tiens compte, sans pour cela me résigner.

Gérer l'Éducation nationale, le mouvement des enseignants, la carte scolaire depuis la centrale, c'est la conception du Gosplan.

C'est logique, rationnel, mais ça ne marche pas ! C'est pour cela que je suis pour la décentralisation.

D'un autre côté, prendre le socialisme traditionnel tel qu'il est et lui ajouter une dose de libéralisme pour faire moderne, ce n'est pas la solution. Pour vous dire la vérité, j'ai trouvé dans ma vie politique deux personnes qui cherchaient à prendre en compte les faits, les évolutions, les réalités, mais qui souhaitaient réfléchir sur l'ensemble : ce sont Henri Emmanuelli – qu'on a caricaturé à tort comme archaïque, parce qu'il refuse le conformisme et la mode économique – et Lionel Jospin, qui veut intégrer la modernité sans abandonner les principes de base du socialisme. Je me situe dans cette ligne, et notre complicité intellectuelle – quelles que soient les divergences conjoncturelles et les péripéties de la vie politique – se situe autour de cette volonté de synthèse entre modernité et tradition de justice sociale. Mais c'est une synthèse difficile qu'il faut constamment inventer.

L.J. : Mais quel est donc le pouvoir du politique sur cette économie mondialisée et débridée ? Ne sommes-nous pas condamnés à nous adapter a posteriori ?

C.A. : Je crois que l'État a un rôle important dans l'évolution du monde, y compris dans son évolution économique.

Pour moi, l'État gère les services publics, fixe les règles du marché et fait les investissements à long terme, que ce soient ceux des infrastructures ou de la recherche.

C'est pourquoi – j'insiste, au risque de paraître redondant – la réforme des services publics avec ou contre les syndicats de fonctionnaires est pour les socialistes une nécessité.

L.J. : Que doit faire l'État français pour peser sur l'évolution économique, la fameuse globalisation ?

Si on l'accepte, comment y prendre part ? C'est aujourd'hui le principal problème : la France doit-elle subir la mondialisation ou au contraire s'y opposer, ou encore y exercer une influence pour la contrôler ?

C.A. : Sans vouloir jouer les Cassandre, il faut rendre la France plus attractive pour les créateurs, pour les innovateurs. Les jeunes qui vont créer des entreprises en Angleterre, aux États-Unis c'est vrai, c'est inquiétant.

L.J. : Maintenant que vous n'êtes plus ministre, vous pouvez confirmer ce que nous, journalistes, disons depuis plusieurs années.

C.A. : Oui, hélas.

L.J. : Alors, que faut-il faire ? Baisser les impôts, comme le préconise Laurent Fabius ?

C.A. : La baisse des impôts est un slogan populaire mais ambigu lorsqu'on est de gauche et qu'on est attaché aux services publics. Oui, on peut diminuer les impôts, si on réforme les services publics et qu'on fasse des économies de gestion.

Baisser les impôts et réformer Bercy, c'est cohérent. Promettre l'un et abandonner l'autre, ça ne l'est guère...

Pour ma part, je crois qu'il y a plus urgent à faire que de réduire les impôts directs : c'est d'atténuer les charges sociales sur les petites entreprises et, d'un autre côté, de réformer la bureaucratie.

Enfin, et cet enfin est tout un programme, on pourrait alléger les prélèvements obligatoires sociaux, bien sûr, sans toucher aux prestations, ce qui suppose l'amélioration de la gestion et sans doute la mise en place de fonds de pension publics qui stabilisent à long terme le système de retraites par répartition. C'est là qu'est le grand chantier d'avenir... Et puis il y a la très injuste taxe d'habitation, mais il ne faut pas priver de ressources les communes. Alors, là aussi, allons-y doucement.

Sur les impôts d'État, les économies seront forcément limitées, sauf... si on veut abandonner la notion de service public républicain.

À structure constante, on ne peut abaisser massivement les impôts de l'État sans abaisser du même coup la qualité des services publics. Réduction des impôts égale réforme de l'État. Et à ce diptyque j'adhère pleinement.

L.J. : Vous êtes contre l'abandon de la réforme de Bercy et, à l'inverse, pour son extension aux autres administrations ?

C.A. : Si l'on veut que la France soit compétitive dans la nouvelle économie et l'innovation, la réforme véritable, c'est la lutte contre la bureaucratie. Moins de règlements, moins de paperasserie, une gestion financière des fonds d'État plus rapide. Pourquoi un fournisseur de l'État attend-il six mois pour être payé ?

Une plus grande rapidité dans l'élaboration des textes pour réformer – pourquoi faut-il toujours consulter le Conseil d'État pour le moindre décret ? Ne devrait-il pas se consacrer aux grands textes ? On pourrait accélérer toutes ces procédures.

Si l'on veut que la France soit un grand pays de l'innovation, de la création, et je crois qu'on pourrait en avoir les moyens, il faut qu'elle cesse d'être un pays bureaucratique champion des tracasseries administratives. Il faut aussi que l'appareil politico-administratif soit capable de réagir plus vite et de décider plus vite. Décider pour faire de grands investissements, décider pour aider les initiatives de recherches dès qu'elles émergent.

Ne pas prendre de décision, c'est choisir de s'en remettre à l'économie ou de passer à côté des opportunités.

En politique, c'est la même chose. En ce moment, l'Europe patine : c'est une décision. Nous prenons le pari de laisser la mondialisation avancer sans nous. Et bientôt contre nous : c'est une décision.

La grande affaire aujourd'hui, c'est la maîtrise du temps court, sans spécifier les objectifs du temps long. Plus qu'hier le temps c'est de l'argent. Toutes les réformes doivent êtres faites en pensant à réduire les délais, les temps de latence, les temps de paiement. C'est là que la fonction publique a un handicap sur le privé. Dans la fonction publique, il faut désormais écrire en gros, dans tous les bureaux, le fameux proverbe : « Ne remets pas à demain ce que tu pouvais faire la veille ! » Mais, en politique, c'est pareil. Sans précipitation, certes, mais il faut prendre les décisions sans attendre.

Rappelons-nous l'affaire des Balkans. On n'a pris aucune initiative, on a attendu. Au lieu de tenir un Conseil européen dès l'origine, quand la Yougoslavie s'est mise à se fissurer, on n'a rien fait. Les Allemands ont reconnu la Croatie de leur côté pendant que les Anglais et les Français soutenaient plus ou moins ouvertement les Serbes. La non-décision a favorisé la guerre. Nous gouvernons dans un contexte nouveau, celui de la vitesse. Il faut y adapter les structures et les méthodes des gouvernements.

L.J. : En quoi le gouvernement Jospin a-t-il tenu compte de ce contexte nouveau ?

C.A. : Il a fait l'effort de s'adapter. C'était d'abord une équipe resserrée. Jospin a ensuite imprimé un style de travail efficace, à la fois collectif et déterminé. Et, surtout, nous avons mis l'accent sur l'innovation. Nous avons travaillé dans ce sens, principalement avec Dominique Strauss-Kahn. Mais aussi avec Élisabeth Guigou et Martine Aubry, qui ont cherché à accompagner les évolutions de la société. Le droit prend une importance considérable dans les sociétés modernes. Élisabeth Guigou a entamé son adaptation. Elle a entrepris de mettre sur pied une vraie justice pour la délinquance financière. Elle a organisé la formation économique des magistrats. De même qu'elle a favorisé la justice de proximité pour éviter l'engorgement des tribunaux. Martine Aubry également a essayé d'avancer dans le sens d'une remise en ordre de la Sécurité sociale. Nous avons en même temps voulu nous insérer dans le paysage mondial, diplomatique bien sûr – c'est traditionnel – mais aussi économique, financier, intellectuel et scientifique. Dominique Strauss-Kahn et moi-même avons beaucoup travaillé avec Hubert Védrine dans ce sens. J'ai été fier d'appartenir à ce gouvernement. L'évolution du monde nous condamne à la réforme permanente. Ce gouvernement a commencé, me semble-t-il, à montrer l'exemple. Il y a un seul secteur où, à mon avis, il a manqué le coche.

L.J. : Ah ! Vous êtes quand même critique ?
Je croyais que, quand vous étiez au gouvernement, tout allait bien...

C.A. : On peut être à la fois discipliné, solidaire et lucide ! Ce qui n'a pas été réussi, c'est la transformation du secteur de l'environnement en un facteur économique majeur. D'après moi, l'une des nécessités des siècles prochains sera de faire en sorte que l'homme vive en équilibre avec la nature. Or, pour cela, il faut que l'environnement soit un élément moteur de l'économie. Ce n'est pas le cas. En France, une bonne chose qui a été faite a été la loi sur les déchets par Ségolène Royal quand elle était ministre de l'Environnement. Depuis, nous n'avons pas vraiment su faire des lois économiquement incitatives. Nous sommes revenus à une politique de l'environnement frein du développement industriel. Je pense que cette vision est archaïque.

L.J. : Qu'aurait-il fallu faire ?

C.A. : Développer la voiture électrique pour les villes – ça demandait des commandes publiques –, développer une réglementation stricte sur les rivières et l'air, obligeant le développement de laboratoires d'analyse, renforcer les lois contre le chlore et le brome, etc.

L.J. : La réussite du gouvernement provient pour une bonne part de la reprise économique, qui a changé le climat, réduit le chômage et procuré des marges financières...

C.A. : Oui, c'est incontestable. Mais pas seulement. On peut d'ailleurs faire une petite parenthèse. En Europe, la reprise économique n'a jamais assuré la popularité des gouvernements. Vous venez de voir deux exemples magnifiques : l'Autriche et l'Italie. L'économie se portait très bien et le gouvernement a été congédié. C'est un paradoxe. Aux États-Unis, la reprise économique est toujours attribuée au président. En Europe, elle est considérée comme un apport extérieur. Les gouvernements n'en sont pas crédités. Au contraire, ils doivent justifier l'utilisation de ce qu'on appelle « les marges de la croissance ». Je me souviens des critiques injustes qu'on a adressées à Michel Rocard. On a dit : qu'a-t-il fait de la croissance ? Le gouvernement Jospin a fait autre chose que de gérer la croissance même s'il l'a bien fait : une méthode, un style, des fortes personnalités et une volonté commune tendue vers l'innovation. Bien sûr, Jospin n'a pas pu aller aussi loin qu'il l'aurait voulu, car n'oublions pas qu'on est en cohabitation et qu'en cas de conflits graves le président n'est pas dénué de moyens d'action.

L.J. : Dans quels domaines la politique prend-elle du retard ?

C.A. : L'exemple le plus criant, c'est la construction européenne. Tout le monde sait que l'élargissement de l'Union aux pays de l'Est, aussi nécessaire qu'il soit, va changer la donne. Si rien n'est fait, on court à la paralysie. Comment voulez-vous que les décisions se prennent selon les procédures actuelles si nous sommes vingt, vingt-cinq ou trente ? Il faut donc réformer l'Europe. Or, on en parle, mais on ne fait rien. Delors, Giscard, Fischer ont beau tirer la sonnette d'alarme, la classe politique semble impuissante. Tout ce qu'on a trouvé, c'est ce qu'on a appelé les coopérations renforcées. C'est une mécanique infernale : si deux pays, l'Allemagne et la France par exemple, veulent coopérer en matière de chemin de fer, il faut l'accord des autres !

L.J. : Même si cela ne les concerne pas, ils peuvent empêcher les autres de le faire ?

C.A. : Oui. C'est fou ! Comment a-t-on pu accepter un truc pareil ? C'est typiquement une invention de diplomates. Pour amadouer les petits pays tout en faisant semblant d'avancer, ils leur ont donné un droit de veto sur ce que les grands pays veulent faire ensemble. Un des objectifs de la présidence française, c'est de supprimer cette clause. On tricote... on détricote.... Pour obtenir un consensus, on complique, puis on essaie de simplifier... Subsidiarité ou coopération renforcée... Par parenthèse, deux termes que le citoyen moyen ne comprend pas. La construction européenne s'exprime elle aussi dans un jargon qui ne favorise pas la démocratie.

La construction européenne doit avancer plus vite. Le monde change sans elle. C'est dramatique ! Et là-dessus j'ai un léger désaccord avec mon excellent ami Védrine, qui dans son livre récent d'entretiens fait une distinction entre les idéalistes et les pragmatiques dans les constructeurs de l'Europe. Les grands Européens étaient tout à la fois idéalistes et pragmatiques. Il classe Delors dans les idéalistes. Mais, si Delors n'avait pas été un formidable pragmatique, on n'aurait pas fait le marché unique ni même l'euro.

L.J. : Mais Chirac a proposé la Constitution européenne...

C.A. : Ce n'est pas une idée originale. Michel Rocard l'avait mise dans son programme quand il était candidat aux élections européennes. Je me souviens, c'est Guy Carcassonne qui en avait fait l'esquisse. Sur le fond, c'est une idée prématurée et, dans l'état actuel, un peu de la poudre aux yeux. Il faut d'abord tomber d'accord sur quelques principes avant de les couler dans le bronze. Mais un jour viendra où il faudra le faire.

L.J. : Les libéraux ont une réponse toute faite à votre réflexion. Pour eux, l'État est trop lourd, trop bureaucratique pour pouvoir s'adapter au changement. La seule solution, c'est de réduire ses prérogatives, son coût, sa taille, et de laisser la société prendre en charge les évolutions. Dans leur optique, le bon gouvernement est celui qui gouverne le moins.

C.A. : Oui, et l'Europe une grande zone de libre-échange ouverte à tous les vents ! C'est la question centrale. C'est elle qui continue de séparer radicalement la gauche et la droite. Un socialiste comme moi estime que l'État doit être le dépositaire d'un certain nombre de valeurs qui sont des valeurs de justice, d'harmonie, d'égalité des chances, d'équité sociale, et avoir les moyens d'agir pour les garantir. Seul l'État démocratique peut jouer ce rôle. Faire reculer l'État toujours et en tous lieux, comme le préconisent les libéraux, c'est abandonner nos valeurs. Mais, pour continuer à jouer ce rôle de garant des valeurs de justice, l'État doit s'adapter. Pourquoi croyez-vous que le libéralisme tende à dominer la société française, sans que personne ait jamais voté en faveur de cette évolution ? Parce que le marché va plus vite que l'évolution des mœurs et des pratiques politiques. Est-ce que vous pensez que les socialistes français, pour prendre ceux-là, ont décidé, il y a vingt ans, de lancer une grande réflexion publique et, en toute conscience, de se rallier au marché ? Vous savez bien que non ! Le marché s'est imposé, voilà tout. Et il a bien fallu l'admettre. Au début, sans le dire, puis en le disant. Mais où était la théorie, le raisonnement, qui justifiait ce revirement ? Il n'y en avait pas ! Nous n'avons pas eu le choix. Rien n'avait été pensé à l'avance, ou alors sur la base de concepts dépassés. Le marché a gagné. Nous n'avions pas vu les évolutions qui s'annonçaient. La mondialisation se profilait déjà. Nous n'avons rien voulu voir. Maintenant, on court derrière !

L.J. : On pouvait prévoir la mondialisation il y a vingt ans ?

C.A. : Oui, c'était facile. Il ne s'agissait pas de prévoir, mais d'observer. Les choses se sont déroulées sous nos yeux. Comme le règne du numérique. Tandis que la France s'acharnait à défendre la télévision haute définition malgré les mises en garde que nous avions faites auprès de Mitterrand, le numérique progressait sans nous. Et ce n'était pas difficile de prévoir cette évolution ! Je reviens à mon point de départ. Ce qu'on appelle aujourd'hui la mondialisation est né d'une révolution scientifique : celle qu'a provoquée la conquête spatiale. Pour aller dans l'espace, on a construit des satellites, des ordinateurs plus puissants, on a mis au point de nouveaux moyens de communication. Puis on les a appliqués dans la société, dans l'économie, et on a pu au bout d'un certain temps communiquer instantanément à l'autre bout de la planète. Dans le même temps, les progrès de l'aéronautique ont fait que le transport des hommes n'avait plus, en moyenne, qu'un jour de retard par rapport aux communications téléphoniques. Et puis il y a eu l'extraordinaire découverte de la « souris » et de l'ordinateur personnel, puis le développement du câble optique. Ce fut l'explosion de la société de la communication. Nous, Français, avons été à l'avant-garde avec le Minitel, mais nous ne l'avons pas compris ! La mondialisation est née de là. À partir de découvertes technologiques faites il y a à peine vingt ans, tout s'est accéléré de manière vertigineuse. Dans ces conditions, si l'État ne change pas, y compris dans sa capacité à analyser et à prévoir l'évolution du monde, il est mort !

L.J. : Certains disent qu'il est déjà condamné...

C.A. : Ils se trompent. Les peuples des démocraties exigent une régulation du marché. L'efficacité de l'économie aussi. Même aux États-Unis, on s'en rend compte. Les Américains ont estimé que l'avenir dépendait du savoir. Ils ont mis en place les liaisons informatiques les plus sophistiquées, les plus modernes, entre les universités. C'était une idée de Clinton. La responsabilité de la mise en place de ces réseaux incombait à l'État, pas au marché, qui n'aurait jamais pu le réaliser... Figurez-vous que nous l'avons réalisé aussi. Avec le réseau Renater qui fonctionnera bientôt à 2 gigabits par seconde, la France aura un réseau d'autoroutes de l'information parmi les plus rapides du monde. On n'en parle pas, évidemment, puisque ça s'est fait sans bruit....

L.J. : Vous dites que l'État doit être le garant d'un certain nombre de valeurs. Mais doit-il agir lui-même, être un opérateur ?

C.A. : Cela dépend des domaines. Pas un opérateur économique majeur omniprésent. Bien sûr, il intervient sur la vie économique par les marchés publics, le budget, la formation, la recherche, mais on n'est plus dans le mythe de l'État libérateur. Pour quelques services. Il doit déléguer en imposant un cahier des charges. L'État est responsable d'un certain territoire, d'une certaine population. C'est lui qui doit penser l'avenir de ce territoire et de cette population. Il doit donner les grandes lignes, fixer les objectifs majeurs, orienter les évolutions. Mettre en place les infrastructures fondamentales. La recherche est, comme je l'ai dit, le principal moteur de l'économie. Or, on constate que les groupes industriels dominants ont désormais tendance à confier la recherche aux laboratoires des universités, ou à des centres de recherche publics, à laisser démarrer les start-up en tant que PME, pour se consacrer, eux, au développement technologique ! Bien sûr, les entreprises maintiennent le lien avec l'innovation par l'intermédiaire de contrats ou de prises de participation, mais elles externalisent l'invention.

Or, la recherche de base, la recherche universitaire, est à la charge de l'État, il faut donc lui donner les moyens financiers mais aussi psychologiques de répondre à ce grand défi. Je reviens au rôle moteur des universités et de l'aménagement périuniversitaire. Voilà donc un domaine d'importance économique vitale où le rôle de l'État est primordial.

Je pourrais aussi parler de l'aménagement du territoire, du rôle que les nouvelles technologies peuvent y jouer dans la mesure où le télétravail, la robotique ne nécessitent plus les grandes concentrations humaines du siècle dernier. La reconquête de l'espace rural va se faire, se fait déjà dans les couronnes périurbaines. Le rôle de l'État va rester incontournable.... Mais, au jour le jour, il doit déléguer à d'autres, sous certaines conditions.

L.J. : Ce n'est pas un État acteur, c'est un État régulateur.

C.A. : C'est un État incitateur, entrepreneur et régulateur. N'oubliez jamais qu'Internet, la grande révolution du siècle, est une initiative publique de recherche et que le web a été inventé par les chercheurs du CERN de Genève.

L.J. : Donc, vous approuvez certaines privatisations si l'État garde un rôle régulateur.

C.A. : Oui. Si elles favorisent la construction européenne et qu'elles ne détruisent pas la notion de service public. Jospin et Strauss-Kahn ont eu raison de favoriser les rapprochements industriels européens, même si ce fut au prix de privatisations. Dans la compétition mondiale, assurer une présence industrielle européenne, c'est essentiel.

L.J. : Pourrait-on privatiser la SNCF en gardant la régulation du transport ferroviaire, la maîtrise des règles, la maîtrise de l'aménagement du territoire ?

C.A. : En fait, c'est ce qu'on a commencé à faire. On a séparé l'infrastructure de l'exploitation. C'est un pas dans cette direction. On a aussi délégué aux régions la responsabilité de certaines lignes. La SNCF agit comme une société d'exploitation. Mais elle doit garder l'esprit service public, c'est indispensable.

L.J. : Ce mouvement de privatisation va continuer ?

C.A. : Ce n'est pas forcément l'intérêt des consommateurs. En tout cas, il faut absolument conserver des conventions de service public. Regardez ce qui s'est passé aux États-Unis dans le transport aérien. On a dérégulé brutalement. La concurrence est devenue plus féroce et beaucoup de petites lignes ont disparu. Il y avait, par exemple, une compagnie d'avions qui desservait la côte est, qui allait dans des petites villes comme New Haven dans le Connecticut, comme Princeton dans le New Jersey... Après la dérégulation, ces petites lignes ont été rachetées par les grosses compagnies. Une fois l'opération réalisée, les petites lignes ont été supprimées ! On a obligé les gens à aller dans les gros aéroports qui étaient plus rentables pour les grandes compagnies. Maintenant, quand vous voulez aller à l'université de Cornell à Ithaca, vous ne pouvez pas prendre l'avion. Il faut faire des détours, passer par Syracuse. Il n'y a plus la moindre idée de service public. Dans le transport aérien, les retards se sont généralisés, les pratiques de « surbooking » ont encore plus proliféré, les pannes d'avion avec les retards correspondants se multiplient. L'accident de la TWA au large de Martha's Vineyard était prévisible, lorsqu'on connaît l'état lamentable des avions de cette compagnie. On serre les coûts d'entretien au détriment de la sécurité. Et les prix, après avoir baissé dans un premier temps, tendent à remonter : les grandes compagnies s'entendent pour remonter les tarifs en se partageant les lignes. Au total, les voyageurs sont de plus en plus mécontents. Comme utilisateur et sans idéologie, je peux vous dire que la déréglementation de Reagan dans l'aviation civile, ce n'est pas un succès ! Mais, à l'inverse, les monopoles européens sont des scandales. Le prix au kilomètre pratiqué par Air France pour vous emmener en Italie est invraisemblable, l'un des plus chers d'Europe. Il n'incite pas à construire l'Europe. Quant à la Corse, qu'attend-on pour faire comme les États-Unis avec Hawaï et subventionner le transport des hommes plutôt que celui des marchandises ?

Je crois aussi qu'on va de plus en plus s'orienter vers un système intermédiaire. Entre l'étatisme jacobin et le marché, il y a un service public décentralisé, régionalisé, plus proche des problèmes et des gens. C'est pour cela que je suis partisan de la décentralisation. C'est un mouvement européen naturel. Un État qui régule, un marché qui s'adapte. Une gestion de proximité qui permet le contrôle démocratique.

L.J. : L'État-nation peut-il continuer de réguler la société quand les problèmes s'internationalisent de plus en plus ?

C.A. : Non. L'État s'occupe d'un territoire. Mais beaucoup de questions dépassent ce territoire. La régulation doit donc être également internationale. Prenons un exemple : n est-ce pas archaïque d'organiser des enchères pour les téléphones mobiles à l'échelle de chaque pays européen ? Ne devrait-il pas y avoir une réglementation européenne des téléphones mobiles ? Il faut absolument aller plus vite à l'échelle européenne. Sinon, l'organisation internationale sera mise sur pied par les États-Unis avec leurs satellites. Clinton commence déjà à se comporter de cette manière. Quand il propose un système antimissile pour protéger les États-Unis, cela n'a d'autre fonction que de protéger les démocrates contre les faucons républicains ! Les Américains règlent leurs problèmes de politique intérieure sur notre dos, sans la moindre gêne. Car, scientifiquement, tout le système est une pure escroquerie intellectuelle. Il ne protégera rien du tout ! Quelques leurres assez simples suffiront pour égarer les missiles de la défense, comme les scientifiques américains eux-mêmes l'ont bien montré. C'est la même chose quand Clinton va à Moscou expliquer que la Russie doit faire partie de l'Europe. C'est peut-être une bonne idée pour les Américains, car ils pensent que l'Europe contrôlera le potentiel militaire russe, mais qu'ils nous laissent examiner le problème en fonction de nos intérêts, pas des leurs ! C'est notre affaire, pas celle des Américains. L'économie distance la politique. Et, comme les États-Unis dominent l'économie mondiale, ils domineront la politique mondiale. Ils négocieront avec les deux géants que seront bientôt l'Inde et la Chine, éventuellement avec le Japon. S'ils ne sont pas unis et forts, les Européens regarderont passer les trains. Nous serons satellisés.

L.J. : Comment rendre aux Européens la maîtrise de leur destin ? Vous disiez que l'Europe est paralysée...

C.A. : Il n'y a pas d'autre solution que de constituer un noyau central dans l'Union européenne autour des douze pays de l'euro. On a fait l'euro pour accélérer la formation d'une Europe politique. C'est autour de l'euro que l'Europe doit se fédérer. Nous avons une monnaie commune. Il faut placer en face un gouvernement fédéral.

L.J. : Beaucoup de gens y pensent...

C.A. : Je le sais bien. J'ai moi-même ajouté à ce débat un certain nombre de propositions concrètes.

L.J. : Que devient la Commission de Bruxelles ?

C.A. : Le gouvernement fédéral gère la fédération. La Commission gère la confédération qui comprendra bientôt trente pays. Elle ne sera pas inoccupée...

L.J. : Mais la Commission s'occupe aussi des pays qui sont dans l'euro... Ce sera une double commande permanente !

C.A. : Non, parce qu'on répartit les compétences. La Commission ne s'occupe pas de la régulation économique, elle ne fait pas de budgets, elle ne s'intéresse pas à la politique financière. De la même manière, la fédération ne va pas faire la politique de la concurrence, ni du GATT, ni la politique agricole commune. Ça relève de la Commission.

L.J. : Et qu'est-ce qui relève du gouvernement fédéral ?

C.A. : L'économie, les finances, une partie du commerce, la recherche scientifique et technologique, les télécommunications, l'espace, l'océan. Construire un espace scientifique et technologique européen est une priorité absolue après la politique agricole, comme développer une politique intellectuelle et scientifique commune.

Tout en laissant les Affaires étrangères aux nations, on pourrait prévoir une réunion périodique des ministres des Affaires étrangères sans ordre du jour, on pourrait aussi laisser se constituer une force d'intervention militaire européenne sans pour autant y inclure la défense nucléaire qui pose beaucoup de problèmes particuliers.

L.J. : Ce que vous dites là complète ou prolonge le projet du ministre allemand Joshka Fischer.

C.A. : Absolument, il faut essayer d'avancer ensemble. Il faut aussi assurer le contrôle parlementaire de cette fédération. Il faut, à mon sens, prévoir deux chambres : une chambre qui est le Parlement européen actuel, dont on extrait les députés des onze pays de la fédération pour deux jours de séance par semaine, pendant lesquels ils s'occuperaient des affaires de la fédération ; et ensuite un Sénat composé d'élus des Parlements nationaux.

L.J. : Comment seraient-ils désignés ?

C.A. : Je proposerais qu'on fasse d'une pierre deux coups : ces parlementaires seraient à la fois des députés nationaux et des sénateurs européens. Ces derniers devraient êtres élus au scrutin de liste à la proportionnelle. Cela permettrait d'abord d'introduire à l'Assemblée nationale des députés élus avec une dose de proportionnelle. Ensuite, ces députés n'auraient pas de circonscription. Leur circonscription serait l'Europe.

L.J. : Tout cela paraît compliqué...

C.A. : Ce n'est pas compliqué du tout. En premier lieu, personne n'est exclu. Ceux qui veulent participer à la fédération entrent d'abord dans l'euro. Cela garantit une certaine cohésion. Ensuite, je pense qu'un certain nombre de compétences devraient êtres rendues aux nations. Je ne vois pas pourquoi l'Europe se préoccupe de la chasse, des saucisses anglaises, du problème du camembert ou des courses de taureaux. Si on laisse la Commission empiéter sur des domaines sensibles qui concernent les cultures nationales, on va faire éclater le système. Il faut restaurer le rôle identitaire, culturel des nations. Les nations ne vont pas disparaître comme ça. Il faut leur réserver une place dans le système. Sinon, tout va se bloquer. C'est exactement ce que pense Fischer. Et Hubert Védrine a raison de dire que dans l'état actuel de la conscience politique on ne peut pas appeler nation un ensemble qui n'aurait la maîtrise ni de la police ni de la justice. La monnaie est européenne, mais il faut que les autres domaines restent de la souveraineté des nations. Ce qui n'empêche nullement, sur la base du volontariat, de se coordonner. Pour cela, il faut rompre avec ce concept de subsidiarité, inventé par Giscard d'Estaing, mais que personne ne sait bien appliquer. Il faut définir clairement le partage de souveraineté.

La répartition actuelle est trop floue. La Commission s'occupe de choses qui n'étaient pas dans le traité de Rome. Par exemple, l'éducation n'est pas dans le traité de Rome, ça ne relève pas de l'Europe. Pourtant, il y a des commissaires qui s'occupent d'éducation. Mais l'éducation en Europe ne peut dépendre que des États-nations tant elle est imprégnée de la culture et de l'histoire intellectuelle de chaque pays. Ce qui doit être fait, c'est une harmonisation sur la base du volontariat, comme nous l'avons fait pour l'harmonisation des disciplines universitaires 3-5-8. Il faut simplifier. Il faut revenir strictement au traité.

L.J. : Qu'est-ce qui se passe si un pays n'est pas d'accord avec une décision prise par le gouvernement fédéral ?

C.A. : Les décisions se prennent à la majorité qualifiée. Si un pays considère que la décision dessert ses intérêts essentiels, il peut sortir de l'euro. Mais, s'il est dans le système, il accepte la majorité qui se dégage du Parlement.

L.J. : Comment serait constitué le gouvernement fédéral ?

C.A. : Il aurait à sa tête un Premier ministre entouré de deux types de ministres.

Les ministres d'État qui seraient, chacun dans leur pays, ministres des Affaires européennes et vice-Premiers ministres pour bien marquer l'importance de l'Europe mais aussi la limite de son champ.

Les ministres opérationnels avec, chacun, un secteur : Finances, Économie, Recherche, etc.

Le Premier ministre serait désigné par les États et approuvé par le Parlement. Le gouvernement et son programme seraient approuvés par un vote de confiance du Parlement pour une durée de cinq ans maximum. Il pourrait être mis en minorité pendant cette période.

L.J. : Vos propositions ont-elles une chance d'être mises en œuvre ?

C.A. : Je n'en sais rien ! J'ai cherché à me placer dans une certaine continuité. J'ai intégré les réflexions de Delors, de Giscard, de Schmidt, de Fischer, et j'ai essayé de voir comment on pouvait avancer. Ce que je réclame, c'est un débat concret. En même temps, je suis très attentif aux arguments des souverainistes, ceux de Pasqua ou ceux de Chevènement, qu'on a grand tort de traiter par-dessus la jambe dans les milieux proeuropéens.

L.J. : Peut-on prendre en compte les arguments des antieuropéens pour construire l'Europe ?

C.A. : Ils ne sont pas franchement antieuropéens !

L.J. : Ils sont opposés à la forme actuelle de la construction européenne...

C.A. : Oui. Mais il faut en tenir compte. Nier les nations, c'est aller dans le mur. C'est pour cette raison que je propose de rendre aux États nationaux un certain nombre de prérogatives. Dans un grand ensemble politique comme l'Europe, les citoyens ne retrouvent pas pour l'instant d'identité commune. Ils auront toujours tendance à chercher des références communes, une appartenance commune. Alors, ils se raccrochent à cette idée floue mais forte de nation. Il y a une nation arménienne, une nation croate, une nation albanaise. Ce sont des acteurs importants de l'histoire européenne. Elles ne vont pas disparaître comme par enchantement. L'URSS n'a pas su respecter les nations. Si elle avait su les respecter, elle n'aurait pas éclaté dès qu'on a mis fin à la dictature. C'est une grande leçon pour l'Europe.

L.J. : Vous pensez que le cadre national va perdurer même si on fait une Europe fédérale ?

C.A. : Absolument. Et je crois qu'il faut lui permettre de perdurer. C'est le cadre normal, habituel, de la démocratie. Il ne faut surtout pas toucher à la démocratie au sein des nations. Le mot de « fédération de nations » inventé par Jacques Delors est la meilleure formule qu'on puisse proposer, même si on risque de confondre avec les États-Unis d'Amérique, alors que c'est très différent.

L.J. : Lionel Jospin est d'accord avec vous sur cette conception de l'Europe ?

C.A. : Jospin est un européen pragmatique.

L.J. : Il ne penche pas vers les souverainistes ?

C.A. : Il ne souhaite pas la dissolution des nations dans un ensemble fédéral, parce qu'il juge que c'est irréaliste. Il veut avancer dans la construction européenne mais en tenant compte des réalités des rapports de forces. Jospin dit que les grands pays comme la France, la Grande-Bretagne, l'Allemagne se priveront difficilement d'aller à Washington rencontrer le président américain.

L.J. : Il a tout de même agi en faveur d'un gouvernement économique de l'Europe au moment du débat sur l'euro.

C.A. : Il est socialiste : il demande que l'État contrôle la monnaie. Il ne peut pas faire autrement. Jospin est européen mais tout aussi pragmatique. Il a des convictions solides. L'Europe fédérale tout de suite, il n'y croit pas. Il ne veut pas que, par excès de précipitation, on fissure l'édifice actuel, qui a été si difficile à mettre en place.

L.J. : Au fond, Jospin et Chirac sont sur l'Europe assez proches.

C.A. : Pas très éloignés en effet. Comme Védrine ils appartiennent aux réalistes.

L.J. : Dans son discours d'investiture, Jospin a effectivement employé la formule : « Il faut faire l'Europe sans défaire la France. » C'est presque chevènementiste...

C.A. : Dans l'expression peut-être, dans le fond c'est différent. Chevènement a des arrière-pensées et des réflexes intellectuels parfois un peu anciens, alors que Jospin n'a pas d'attitude antieuropéenne.

Mais, si vous voulez bien, revenons au rôle de l'État-nation, en admettant qu'on ait construit cet assemblage européen en deux cercles concentriques, la fédération autour de l'euro, la confédération autour de Bruxelles.

L.J. : Oui, mais alors que reste-t-il aux nations, à la France ?

C.A. : Je crois d'abord qu'il faut confier aux nations la justice, la police, l'éducation, l'environnement pour une large partie, les transports, et surtout l'aménagement du territoire et la mise en place des infrastructures. Il faut laisser à l'intérieur de la confédération et de la fédération une certaine émulation entre nations.

Et puis il faut leur abandonner aussi la politique étrangère et la défense, même si je plaide pour une coordination européenne dans ces domaines, une coordination librement consentie qui ne bride pas la souveraineté.

L.J. : Et la démocratie qui semblait vous préoccuper beaucoup ?

C.A. : Il faut clarifier les institutions en France comme en Europe.

Autrefois, nous avions la famille élargie, la commune, la nation (le département n'était qu'un découpage commode de l'État). Désormais, nous avons la famille réduite au couple, la commune, les groupements d'agglomérations, le département (autonome), la région (autonome), l'État, l'Europe, sans parler des « pays » ou des « communautés urbaines ». Il faut simplifier, épurer tout cela et redéfinir le rapport au citoyen de chaque niveau, un citoyen de plus en plus submergé par la complexité.

Le citoyen ne s'y reconnaît plus, et toutes ces entités se font concurrence, particulièrement dans l'étalement de la richesse (qui provient de l'argent du contribuable), les voitures de fonction et la paperasserie. Il est urgent de définir des partages nets de souveraineté et de débureaucratiser tout cela. Nous disposons d'un bon outil pour les infrastructures ce sont les contrats de plan. C'est bien. Il nous faut maintenant mettre en place une commission de simplification et de débureaucratisation des collectivités territoriales. Là encore, il faut faire un partage net de souveraineté.

L.J. : Et le social, vous n'en avez pas parlé ?

C.A. : Mitterrand disait : On va faire l'Europe sociale. Élection après élection, nous avons promis de faire l'Europe sociale ; Chirac dit aujourd'hui à son tour qu'il veut une Europe sociale. Mais il ne suffit pas de sauter comme un cabri et de dire « l'Europe sociale » pour qu'elle se fasse ! Si elle ne se fait pas, c'est que c'est difficile.

Au risque de vous surprendre, je crois qu'il faut pour l'instant laisser le social au niveau des nations et laisser faire le temps. Sinon, je crains fort que l'Europe sociale ne se fasse a minima et que les Français n'y perdent. Parlons, discutons, rapprochons nos points de vue... Que la « souveraineté sociale », la Sécurité sociale, la protection contre le chômage ou la vieillesse restent du ressort de l'État. Là encore, l'émulation entre États peut apporter plus que des tentations de compromis diplomatiques prématurés. Le premier aura tendance à harmoniser en s'alignant sur le meilleur, le second construira des compromis a minima. Tout ce que nous venons d'évoquer concerne l'Europe institutionnelle, l'Europe des structures politiques, des lois, du règlement, mais il y a une Europe plus importante encore à construire...

L.J. : C'est-à-dire ?

C.A. : L'Europe des esprits. L'Europe de la création, de la culture, de la science, des échanges de jeunes, l'Europe de demain, quoi ! C'est pour moi une obsession.

Pendant que nous essayons avec fermeté de bâtir l'Europe politique institutionnelle, effort qui demandera du temps, de la patience, de la ténacité, établissons les fondements d'une Europe des esprits, multiplions les échanges de jeunes, de chercheurs, de créateurs, d'enseignants, développons une Europe des langues, des fonds d'intervention pour un cinéma européen, ou la création artistique audiovisuelle. Si nos enfants sont baignés dans cette construction européenne là, dans la diversité des cultures autour de l'histoire commune, l'étape suivante de la construction européenne ne sera pas difficile à franchir.

Créons une académie européenne des sciences propre à conseiller toutes les instances politiques, mais aussi à jouer un rôle d'animation scientifique de l'Europe et à représenter à l'extérieur l'Europe de la science.

Organisons la recherche, l'évaluation, le transfert de technologie, le capital-risque à l'échelle européenne.

C'est en mettant en concurrence Cambridge, Grenoble, Heidelberg, Uppsala, Édimbourg et les autres universités européennes que nous ferons éclore cette Europe de la connaissance, de la culture, de la création dont nous avons tous besoin.

C'est avec cela que nous poserons les fondements, les bases, de l'Europe de demain. C'est à cela que je crois intensément pour peser sur l'histoire du XXIe siècle. C'est à cela que j'ai cherché à contribuer...

Table

1. La blessure / 9
2. Le dinosaure de l'Éducation nationale / 23
3. Comment on devient ministre / 69
4. Une vie de ministre / 133
5. Gouverner c'est réformer / 181
6. Le destin des réformes / 227
7. La politique autrement / 279

Cet ouvrage a été réalisé par la
SOCIÉTÉ NOUVELLE FIRMIN-DIDOT
Mesnil-sur-l'Estrée
pour le compte des Éditions Robert Laffont
24, avenue Marceau, 75008 Paris
en septembre 2000

Imprimé en France
Dépôt légal : septembre 2000
N° d'édition : 41179/03 - N° d'impression : 52512